위험사회와 여성신학

위험사회와 여성신학

2016년 5월 17일 인쇄
2016년 5월 20일 발행

엮은이 | 한국여성신학회
지은이 | 김엘리 김은혜 김희선 박은정 박지은 이은선 이주아 정애성 최순양
펴낸이 | 김영호
펴낸곳 | 도서출판 동연
편 집 | 박연숙   디자인 | 황경실   관리 | 이영주
등 록 | 제1-1383호(1992. 6. 12.)
주 소 | (우 03962) 서울시 마포구 월드컵로 163-3
전 화 | (02) 335-2630
팩 스 | (02) 335-2640
이메일 | yh4321@gmail.com

Copyright ⓒ 한국여성신학회, 2016

ISBN 978-89-6447-315-3 93200

| 여성신학사상 제11집 |

위험사회와 여성신학

한국여성신학회 엮음

동연

2014년 4월 16일을 기억합니다. "가만히 있으라"는 안내 방송을 따라 침몰하는 세월호와 함께 304명의 목숨도 가라앉았습니다. 시신을 찾지도 못한 경우도 있습니다. 자녀를 앞세운 부모들의 애통한 이야기가 기억납니다.

호메로스의 일리아스입니다. 친구 파트로클로스의 죽음에 분노한 아킬레우스가 트로이의 헥토르를 죽이고 시신을 전차에 매달아 끌고 갑니다. 아들을 죽인 원수인 아킬레우스이지만, 헥토르의 아버지 프리아모스 왕은 온갖 선물을 들고 찾아가 간청합니다.

"불사신을 닮은 아킬레우스여, 그대의 아버지를 생각해보시오. 그러고 나서 나를 그대의 아버지라 여기고 바라봐주오. 그대가 살았다는 소식을 들으시면, 하루하루를 트로이에서 돌아올 아들을 만나 볼 희망으로 살아가실 것이요. … 아들을 잃어 슬픔에 잠긴 나를 불쌍히 여겨, 내가 가져온 이 선물들을 받고 내 아들의 시신을 돌려주시오. 장례라도 치를 수 있도록."

2년의 세월이 흘렀습니다. 세월호 사건이 일어나자 각계각층에서 애통해하고 우리 사회의 부조리를 고쳐야 한다고 말했습니다. 문학하는 분들은 곧바로 문집을 냈고, 영화하는 분들도 성명서와 영화를 만들고, 신학계도 발 빠르게 애통하는 글을 써서 책을 내는 일들을 했습니다. 여성단체들도 심포지엄과 토론회도 하고, 연극으로 애통하는 마음을 함께 나누기도 했습니다. 자녀를 잃은 단원고 학부형들을 방문하고 직접 아픔의 이야기도 들었습니다. 광화문에서 애통하는 마음을 나누며, 정부가 이들을 위로하고 사건의 전말을 밝혀주기를 탄원하고, 청와대와 가까운 청운동사무소 앞에서 매일 기도했습니다. 아무 것도 진전된 것은 없어 보입니다. 아직도 진상은 밝혀지지 않았고, 이해되지 않는 일들이 너무도 많이 산재해 있습니다.

그러나 분명해진 것은 우리 사회가 생명을 값없이 여기고 생명 죽임의 문화에 익숙해 있다는 사실입니다. 가정, 학교, 기업, 정부, 국회, 사법부, 교회 등 모든 영역에서 총체적 위험을 느끼도록 하고 있습니다. 부모가 자녀를 죽이고, 자녀가 부모를 죽이고, 정부가 시민을 죽이는 일들이 버젓이 일어나고 있는 사회입니다. 생명과 안전이 다른 가치들에 의해 희생당하는 사회입니다.

한국여성신학회는 2년 전 세월호 참사를 기점으로, 우리 사회가 하나님의 귀한 생명을 값없이 여기는 위험사회임을 깊이 인지하고, "위험사회와 여성신학"이라는 주제로 여성신학적 성찰을 시작했습니다. 그 성찰의 결과가 바로 한국여성신학회 학술지인 여성신학사상 제11집으로 출간되었습니다. 진지하게 생명의 가치와 보전을 위해 여성신학적 성찰을 하며 집필에 참여하신 여러 회원님께 진심으로 감사를 드립니다.

제11집을 준비하는 기간에 여성신학사상 제 10집인 『21세기 세계여성신학의 동향』이 2015년 세종도서 학술부문 선정도서가 되는 기뜸도 누릴 수 있었습니다. 이번에 발간되는『위험사회와 여성신학』은 우리 사회에서 생명이 위협받고 위기를 느끼는 모든 분들께 위로를, 위협적인 위험사회에 저항하면서 살아갈 삶의 지혜를, 새로운 세계를 기획하고 만들어 가고자 하는 마음에 용기와 격려가 되길 바랍니다.

이 책이 나오기까지 아이디어를 내시고 구체적인 결과물이 나오기까지 수고하신 필자들과 편집위원들, 특히 편집위원장으로 수고해주신 김정숙 박사님과 편집위원회 서기 최순양 박사님의 노고에 감사드립니다. 아울러 학회 행사를 위해 아낌없이 수고해주신 임원진들, 이윤경 총무, 박지은 서기와 김혜령 부서기, 장영주 회계와 김태연 부회계 모두를 치하하고 싶습니다. 여러분들의 수고 덕분에 우리 학회 모임이 아름답고 자랑스러웠습니다.

또한 한국여성신학회의 발전을 위해 물심양면으로 지원해주신 경동교회, 남성교회, 능동교회, 이화여자대학교 대학교회와 초동교회에도 이 자리를 빌려 진심으로 감사를 드립니다. 마지막으로 이 책의 출판을 기꺼운 마음으로 맡아주신 도서출판 동연의 김영호 대표님께도 감사드립니다. 동연은 여성신학사상 제9집부터 10집에 이어 이번 11집까지 꾸준히 출간해 주시고 있습니다. 진심으로 감사드립니다.

이번에 출간되는『위험사회와 여성신학』도 많은 분들에게 읽혀 우리 사회가 좀 더 건강해지고, 생명을 아끼는 문화로의 이행에 도움이 되기를 소망해봅니다.

2016년 5월
한국여성신학회장 김판임

『위험사회와 여성신학』의 출간에 부쳐

지금의 한국 사회를 진단하는 언어들이 상서롭지 않다. 종교적 영역에서 가상의 장소로만 치부되는 지옥, '헬'에서부터 현 인공지능의 시대를 한참이나 거슬러 조선시대로 소급하더니, 최악의 장소와 시간의 조합으로 탄생된 언어 '헬 조선'이 현 한국 사회를 대표하는 상징이란다. 동서고금을 막론하고 문제가 없었던 시대와 사회가 어디 있었겠는가마는, '자살공화국', 이혼율과 저출산율 세계 1위에 '삼포세대'인가 싶더니 어느새 'N포세대'로 희망의 끈을 놓아버린 대한민국 젊은이들의 절규. '계급 수저론'에 이르기까지 '헬 조선'의 현실을 묘사하는 언어가 다채롭기만 하다.

온 국민이 지켜보는 가운데 330여 명을 그대로 수장시켜 버린 그날의 충격이 아직도 생생하건만 여전히 사태의 원인과 책임의 소재는 묘연하기만 한 세월호 이후 2년, 대한민국 사회를 진단하며 한국여성신학회 여성신학자들은 '위험사회'라 명명한다. '헬 조선'보다는 좀 더 부드럽고 순화된 언어를 찾고자 오랜 시간이 걸렸고, 마침내 결정한 정직한 이름이 '위험사회'다. 단순히 선언적이고 선동적이며 주관적인 의미에서의 '위험사회'가 아니고, 젊은이들이 외치는 '헬 조선'이 그저 낭만적 푸념이 아니라는 판단에서 현 대한민국의 사회가 '위험사회'라는 것이다. 소위 '지옥'은 공의의 하나님이 만든 처벌과 교훈의 장이기에 우리의 노력으로 바꿀 수 없는 곳이지만, 그래도 인간이 만든 '위험

사회'는 우리 행위의 결과이기에 그 원인을 분석하고 판단하고 대안을 찾고 이를 위해 노력한다면 아직은 달라질 수 있는 여지, 변화될 수 있지 않겠는가라는 소망의 판단이기도 하다.

언제 풍랑이 넘쳐 배가 뒤집힐지 모르는 위기의 상황, 적으로 첩첩 둘러싸인 사면초가의 상황을 우리는 위험하다고 판단한다. 국민을 보호하고, 위기의 상황에서 구해낼 능력도, 의지도 그리고 최소한의 책임과 의무도 방기해버린 무능력하고 무책임한 국가에서 자식을 키워야 하는 대한민국의 부모들은 하루하루가 위험하기만 하다. 언제 또다시 제2, 제3의 세월호 침몰 사태가 반복될지 예측할 수 없는 불안감을 가지고 살아야 하는 대한민국 국민의 일상이 위태롭다. 사람도 자연도 자본화되고 상품화된 사회, 사람의 생명보다 기업의 이익과 자본의 축적이 우선시되는 사회, 미래세대의 삶을 저당 잡힌 무차별적 개발, 희망을 잃어버린 세대, 이런 위험사회를 진단하고 살만한 세상, 더 나은 세상은 어떻게 가능할 것인가를 고뇌하며 한국여성신학회 여성신학자들이 펜을 들었다. 풍전등화와 같은 위기에 처한 유대 민족을 향해 애끓는 탄식으로 호소했던 예언자들의 목소리가 그리운 시대다. 위기 사회를 진단하며 대한민국 국민 모두가 안전한 사회, 생명의 가치가 존중받는 사회에 대한 간절한 소망과 이상을 이 책에 글을 실어 주신 9명의 여성신학자들에게서 만날 수 있을 것이다.

"기억의 윤리와 기독교 생명가치: 세월호에 대한 신학적 성찰과 반성"이라는 글을 통해 김은혜 박사는 '세월호' 사태로 극명하게 드러난 대한민국 사회의 충격적 실상을 우리에게 생생하게 상기시킨다. 생명경시로 인해 일어난 수많은 생명 학살의 역사적 사건들과 세월호 사태를 비견하며 기억 행위를 통해 저항하고 현실을 새롭게 타개할 것을 제안한다. 세월호 사태가 일어난 지 2년이 지나도록 아무 것도 책임지지 않는 무책임한 대한민국 정부와 시간이 지날수록 잊혀져가는 현실에 직면하여 국민 모두가 의도적이고 책임적인 행위인 기억 행위를 통해 대한민국 사회가 세월호의 기억공동체가 되자고 말한다. 김 박사는 정치신학자 요한 뱁티스트 메츠의 신학적 용어 "위험한 기억"을 전거 삼아 기억 행위란 과거 고통과 아픔의 경험을 현재의 삶에 재구성하여 변혁적 현실을 꾀하는 정치적 행위가 될 수 있음을 설명한다. 세월호의 희생자들의 억울한 죽음과 유가족의 고통을 기억한다는 것은 그들의 아픔과 고통과 억울함을 바로 우리 각자 삶의 현실로 각인시키는 행위이며, 억울한 피해자들과 연대하는 급진적 행위인 동시에 가해자의 회심과 행위를 촉구하는 위험한 행위라고 말한다.

김은혜 박사는 교회란 다름 아닌 바로 '기억의 공동체'라는 것을 우리에게 상기시킨다. 예수께서 당하신 십자가의 고통과 죽음과 부활의 사건이 시공을 넘어 예배와 예식이라는 '기억의 성례전'을 통해 전수되어 그리스도인으로서의 공동체적 정체성을 가지게 하며, 제자로서의 삶을 살도록 하는 추동력이 되고 있음을 설명한다. 따라서 올바른 기억 행위란 불의에 대한 저항이며 억울한 피해자에 대한 연대인 정치적 행위라는 것이다. 따라서 한국교회 역시 세월호의 진실을 밝히는데 함께하며, 고통당하는 유족들과 연대하고, 세월호의 기억을 재현하는 기억의 공동체여야 한다고 말한다. 더욱이 세월호 이후 기독교 신학의 과제는 생명 가치를 최우선에 놓고 고통당하는 타자와 희생자를 위한 고난에 참여하고 연대함으로 생명공동체의 희망을 제시하는 신학이어야 한다고 강조한다.

이은선 박사는 "다른 유교, 다른 기독교, 한국 生物여성정치의 여성신학적 근거 — 한나 아렌트의 '탄생성'과 정하곡의 '생리'를 중심으로"
라는 주제를 통해 한국 사회의 근본적인 문제점을 진단하고 더 나은
사회를 위한 대안점을 제시하고자 한다. 이 박사는 세월호 사태가 보
여주듯 끝 모르게 추락하는 한국 사회의 문제는 모든 존재를 단지 자원
과 자본 등 상품으로서의 효율적 가치로만 판단하는 비인간화된 사회,
생명 경시의 사회로 판단하며 이를 치유하고 회복할 수 있는 대안으로
모든 존재 속에 본유적으로 내재된 '거룩(聖)'과 '존숭(敬)', '참됨(誠)'
을 다시 발견하고 회복하고 이를 실생활에서 현실화시키는 것에 역점
을 둔다. 이 박사는 세계 존재의 거룩함, 존숭, 참됨의 차원을 회복시키
는 것은 비단 한국 사회에 만연된 문제만을 치유하는 것이 아니라 세계
화 차원에서 근본적으로 같은 문제를 안고 있는 범세계적 문제에 접근
할 수 있다고 본다. 그런 면에서 위험사회에 대한 이 박사의 대안 제시
는 종교적이며 신학적 접근으로서 우주적 구원의 차원으로까지 다가
갈 수 있음을 보인다.

이은선 박사는 만물에 내재된 거룩성을 회복하기 위한 목적을 위해
서 개체와 공동체, 즉 자아와 가정과 나라와 천하를 잇고 확장하는 관
계적 영성을 특징으로 하는 유교 전통과의 대화를 시도한다. 특히 모
든 관계의 핵심적 씨앗으로서의 인간의 마음을 중시한 맹자가 4가지
생명원리로 제시한 '인의예지仁義禮智'를 소개하고 있다. 이 박사는 인간
의 마음에 심겨진 생명의 원리로서의 인仁, 의義, 예禮, 지智의 개념을 보
다 깊이 설명하기 위해 20세기 서구 여성정치철학자 한나 아렌트와
18세기 조선 성리학자 하곡 정제두(霞谷 鄭齊斗, 1649-1736)의 사상을
엮어 우리의 현실에 다가올 수 있도록 설명하고 있다. 더욱이 이 박사
는 평범한 한 사람의 일상의 삶과 순간 속에서 어떻게 인仁, 의義, 예禮,

지智의 생명의 원리가 체현되어 삶으로 표출되는지를 보여주기 위해 극단 크리에이트브 VaQi 공연에서 만난 74세 할머니의 이야기를 소개하고 있다. 이 박사는 고난의 시대 속에서 교육의 기회를 박탈당한 채 일생 어려운 삶을 살았던 한 여인의 고단하고 힘겨운 삶 속에서도 인仁, 의義, 예禮, 지智 생명의 원리가 꽃처럼 피어나 만개된 삶을 살아냈는지를 생생히 묘사하고 있다. 인仁, 의義, 예禮, 지智 거룩의 확대와 실현이 특정한 사람에게서 만이 아니라 평범한 우리네 일상의 삶 속에서 표출됨을 보임으로 모든 존재 속에 본유적으로 내재된 거룩의 일상화를 통해 한국 사회의 변혁과 새로움을 추구하고 있다.

김엘리 박사는 "신자유주의 시대 군사주의와 젠더, 불안의 감정동학"을 주제로 한국 사회의 근본적인 문제는 안보 논리를 앞세운 군사주의, 즉, 국가의 안전을 위해 군사 문화, 군사 가치를 강화시켜야 한다는 잘못된 군사주의의 가치에서 찾고 있다. 오랜 피식민의 역사, 한국전쟁과 분단, 남북한의 오랜 군사적 대치를 근거한 분단 이데올로기의 색깔론이 불필요한 불안감을 조성하고 안보를 빙자한 군사주의의 논리가 우리 삶의 구석구석을 지배하고 통제하고 있음을 지적한다. 김박사는 푸코의 계보학적 탐구를 통해 군사주의가 어떻게 대한민국 사회에서 생성되었고 변천되어 왔으며 작동하고 있는지를 설명한다.

과거의 군사주의적 문화는 폭력과 억압의 정치적 관료주의로 작동했다면, 2000년 이후의 군사주의는 폭력과 억압적 작동에 더하여 신자유주의적 통치성 안에서 생산되고 소비되고 차용되고 있다는 것이다. 특별히 최근 들어 중국을 견제하는 미국이 '아시아 회귀'(Pivot to Asia) 정책을 감행함에 따라 대한민국의 군사주의가 탄력을 받으며 신자유주의 경제 체제의 '이익 논리'와 결탁한 신군사주의로 변신되고 있음을 지적한다. 김 박사는 전쟁이 불가피하다는 인식의 조장에 따라 군사주의를 사회의 전반적 가치로 고양시키는 군사화는 단지 정치 군사 문화에만 국한되지 않으며, 삶 전반에 걸친 군사화 전략은 정부와 군, 교육, 기업과 엔터테인먼트의 문화 사업과도 네트워크를 형성해 전략적으로 공모하여 작동하고 있음을 지적한다. 따라서 현대인들은 의식적으로 혹은 무의식적으로 군사주의의 가치화, 군사화에 동조하고 즐기며 이익을 취하고 있음을 보인다.

김엘리 박사는 군사주의가 얼마나 밀접하게 젠더 정체성과 연결되어 있는지를 설명한다. 흔히 군사주의는 남성적 가치와 문화라고만 인식되어 온 것에 대해 반박하며 남성성의 가치를 지원하고 유지하는 힘으로서 다양한 방식으로 군사화된 여성성이 작동하고 있는지를 구체적인 예를 들어 설명하고 있다. 신자유주의 시장 경제체제에 근거한 법과 제도와 문화 속에서 군사주의의 논리와 가치가 어떻게 교묘하게 작동하는지, 더욱이 개인의 정체성과 관계 그리고 의식, 무의식의 영역까지 주입되어있는지를 살피지 못한다면 우리는 군사주의의 피해자만이 아니라 공모자요, 가해자가 될 수 있음을 설파한다. 세계에서 하나 남은 분단국가, 남북의 군사적인 대치로 인해 위험하기보다는 오히려 개인과 공동체, 사회 전반에 이르기까지 군사화의 가치에 흠씬 빠져있다는 사실이 더 위험하다는 것을 상기시킨다. 위험한 한국 사회를 위기로부터 지키는 것은 철저한 군사주의의 안보화가 아니라 군사주의가 어떻게 작동되는지를 깨닫고 생명의 가치와 존엄의 가치를 우리 사회의 진정한 삶의 가치로 만드는 것이라고 한다.

최순양 박사는 "'여성'과 '가난'에 '가족'이 기여하는 바는 무엇일까?"라는 질문으로부터 위험 한국 사회의 문제를 접근하고 그 대안을 제시

하고자 한다. 2014년 발생한 빈곤으로 인한 세 모녀의 동반 자살 사건
으로부터 수많은 여성들의 현실을 실례로 들어 '여성'과 '가난'과 '가족'
의 문제가 얼마나 상호적으로 깊이 연관되어 있는지를 분석함으로 경
제 대국이라는 표면 속에 감춰진 대한민국 국민이 처한 절대적 빈곤
상황을 여성을 중심으로 폭로하고 있다. 철저하게 신자유주의 시장경
제 논리를 신봉하는 대한민국 사회에서 가난하다는 것은 다면적이고
다층적인 원인과 과정과 결과를 내포하고 있음을 최 박사의 글을 통해
잘 이해할 수 있다. 특별히 '여성의 빈곤화', '빈곤의 여성화'라는 개념
에서 볼 수 있듯이 여성이 남성보다 더 쉽게 가난할 수밖에 없는 상황,
빈곤한 환경이 더 쉽게 여성을 피해자로 만드는 상황을 최 박사는 가족
제도, 가족 내에서의 여성의 역할 구조 속에서 면밀하게 분석한다.

최 박사는 '여성의 빈곤화'의 가장 큰 원인을 가족과의 연관 속에서
찾는다. 가난한 가족의 딸이라는 상태는 단순한 불명예나 불편의 문제
가 아니다. 가난으로 인해 교육과 자기 발전과 성취의 기회를 박탈당
하는 억울한 성장기, 때로 도피로 이어지는 불행한 결혼, 무능하고 폭
력적인 남편의 아내로의 이행, 가족을 위해 끊임없이 희생해야 하는
주부이자 어머니로서의 삶, 그래서 전 일생을 담보로 가난이 낳은 치
명적 세습자, 빈곤의 덫에 걸리는 가장 큰 피해자가 된다는 것을 구체
적 실례를 들어 지적한다. 대한민국 사회의 가족 구조와 관계 속에서
딸과 아내와 엄마라는 여성의 지위와 역할이 (여전히 가부장적 사회 구조
와 노동 현장 속에서) 빈곤의 악순환, 부익부 빈익빈의 악폐가 낳은 최대
의 피해자로 만들고 있음을 구체적으로 밝히고 있다. 더욱이 건강하지
못한 성 역할과 성 정체성을 근거로 한 교회의 신앙 교육은 여성의 희
생을 당연시하는 가족이데올로기를 재생산함으로 여성이 올바른 판단

과 결단을 내리지 못하게 함을 지적한다. 따라서 최 박사는 여성이 자기 자신을 돌보면서 가족을 돌볼 수 있는 방식의 신앙교육이 이루어져야 한다고 말한다. 최 박사는 억압적 가족중심 이데올로기로 인해 빈곤의 희생자가 된 여성들의 삶을 살펴볼 수 있는 눈을 사회와 교회가 가져야 하며, 여성 자신의 자아와 정체성을 세울 수 있는 가족 교육이 필요하다고 말한다. 여성이 건강하고 행복할 때 가족도 사회도 밝아질 수 있기 때문이다.

정애성 박사는 "하나님의 동료 피조물, 동물의 권리" 주제를 통해 동물에게 가하는 인간의 잔인한 폭력과 이로 인한 동물들의 비참한 현실을 폭로하며 "동물은 과연 인간에게 누구인가"라는 근본적인 질문을 던진다. 그리고 대답하기를, 인간과 함께 줄곧 이 땅에서 더불어 살아온 동물은 창조주 하나님의 피조물이며 인간의 동료라고 말하며, 따라서 동물은 인간이 침해할 수 없는 권리가 있기에 지금까지 유린당한 동물권이 회복되어야 함을 주장한다. 정 박사는 인간이 지금까지 동물을 감금하고 사육하고 죽이고 그들의 몸을 먹고 필요에 의해 몸의 각 부분을 해체해 이용해 온 그 권리는 도대체 어디에서 비롯된 것인가에 대한 성찰을 촉구한다. 그동안 오직 인간의 시각에서 모든 동물 존재를 단지 인간 탐욕의 도구로서 사용하고 오용하고 남용해온 종차별주의적 인간 중심주의를 이제부터라도 창조주 신 중심적 시각을 통해 극복할 것을 촉구한다.

정 박사는 인간이 동물과 더불어 살아온 역사 속에서 어떤 논리적 근거를 구성해서 인간의 동물에 대한 차별과 학대와 지배를 정당해 올 수 있었는지에 대한 종 차별적 이론의 변천 과정을 서술한다. 창세기의 자연에 대한 돌봄과 청지기적 역할을 인간우위의 지배와 통제로 해석한 성서의 근거에서부터 아리스토텔레스의 목적론적 존재의 계층 구조를 정당화한 이성 중심적 스콜라 신학과 자연적 대상과 이성 주체를 이분화한 과학적 세계관에서의 동물기계론까지 인간이 동물을 착취해온 폭력의 근거로서 소개하고 있다. 더불어 신자유주의 세계관 속에서 생명적 존재로서의 동물을 인간의 소비 대상으로서 전락시켜 상품화해오고 있는 현실도 폭로한다. 정 박사는 인간의 '종 차별적 태도'와 '정신적 마비 메카니즘'을 통해 동물을 학대하고 착취하고 정당해온 잔인함을 비판하며 '동등 고려의 원칙'에 근거한 평등주의를 주장하는 피터 싱어와 의무론적 권리론을 주장하는 톰 리건의 동물 권리와 동물 복지 이론을 소개하며 동물권에 대한 인간의 의식 변화도 설명한다. 인간중심주의에서 벗어난 신 중심적 신학을 제안하는 동물 신학자 앤드류 린지Andrew Linzey의 신학을 소개하며 정 박사는 자신이 던진 질문 "동물은 우리에게 누구인가"라는 물음에 동물은 바로 하나님의 피조물인 인간의 동료라고 답한다.

박지은 박사는 "저항과 치유로서의 생태정의"의 주제를 통해 인류에게 주어진 단 하나의 거주지, 지구의 자연 생태계의 위기상황을 환기시키며, 생태 정의를 통한 자연의 회복을 강력히 촉구하고 있다. 박 박사는 모두의 문제이기에 누구도 관심하지 않는 문제, 위급하고 절실하면서도 모두가 긴장의 끈을 놓아버린 생태 위기의 문제에 대해 환기시키며, 생명을 위협하고 파괴하는 모든 문화와 가치에 대해 저항하고 파괴되고 있는 자연을 치유하는 것이 바로 생태 정의라고 주장한다. 박 박사는 유기적 공동체로서 지구의 온 거주민이 하나의 운명공동체라는 것을 상기시키는 용어를 사용할 것을 제안하며, 인간 주체가 중심이 되는 환경이라는 용어 대신 자연 모두의 상호 관계성에 초점을 둔 포괄적 용어로서의 '생태'라는 용어를 사용하기를 권면한다.

박 박사는 생태위기의 문제는 하나님을 우주의 창조주로 고백하는 그리스도인에게는 단순히 인간과 자연의 문제에 국한되는 것이 아니라 모든 자연을 만드시고 유지하시는 하나님의 권한과 생명에 대한 위협이 되는 것임을 상기시킨다. 따라서 생태 정의란 그리스도인이 예언자적 소명과 예수 그리스도의 제자됨의 인식을 가지고 자연 파괴에 대해 저항하고 죽어가는 자연을 치유하는 것이라 말한다. 우리가 저항해야 할 생명 파괴의 문제로서 박 박사는 핵발전소의 문제를 심도 있게 다룬다. 지구를 몇 십번 폭파하는 인류 자멸의 무기인 핵무기뿐만 아니라 미래 세대의 생존을 담보로 하는 현 세대의 핵발전소와 이로 인한 핵폐기물의 문제 등을 상세히 설명한다. 박 박사는 우리나라 역시 핵의 위험에 얼마나 노출되었는지를 여실히 보이면서 생태 정의를 회복하기 위한 교회와 기독교인의 책임과 성찰을 강력히 촉구한다.

창조주 하나님이 지으시고 우리에게 허락하신 선물, 하나님의 집을 회복하는 것은 창조주가 우리에게 드러내신 '사랑과 이타성'에 모든 피조물이 참여하는 것이라 한다. 따라서 인간의 탐욕으로 인한 착취와 파괴가 배태한 온 피조물의 고통에 귀 기울이며 철저한 회개를 요청한다. 박 박사는 불의에 저항하며 정의 회복에 앞장서는 예수의 제자로서의 삶을 통해 파괴된 생명 공동체를 치유하고 하나님 집의 풍성함을 회복하는 것이 온전한 생명, 정의, 평화로 이르는 첫 걸음이라고 힘주어 말한다.

이주아 박사는 "기독교 이야기 디지털 스토리텔링화 방안 모색: 청소년의 긍정적 자아정체성 형성을 위한 기독교교육적 접근"에 관한 연구를 통하여 대한민국 청소년의 문제를 분석하고 대안으로 교회에서 성서의 내용을 디지털 스토리텔링화하여 청소년의 문제에 접근하자고 제안한다. 수학 여행길에 나섰던 안산 고등학교 2학년 학생들 250여 명이 진도바다 한가운데 수장되는 것을 지켜본 또래의 이 나라 청소년들, 특히 교회 공동체에 속한 청소년들에게 그 충격의 여파가 계속적으로 지속되고 있는 상황이다. 이에 더해 이 박사는 끝없는 경쟁과 불신으로 가득 찬 환경 속에서 청소년 자살이 속출하고, 소위 왕따를 하고, 왕따 당하는 차별이 일상화된 이 나라 청소년 현실을 구체적으로 분석하며, 교회가 청소년들의 건전한 자아 정체성을 키우는데 활용할 수 있는 적극적 대안 방법으로 기독교 이야기를 디지털 스토리텔링화하자고 제안하며 그 방법론을 구체적으로 소개한다. 스토리를 통한 정체성의 구현이 중요한 만큼 구술이나 문자를 통해서보다는 요즘 청소년들에게 가장 관심 있는 매개체인 디지털 미디어를 사용하여 성서의 이야기를 스토리텔링을 하자고 한다.

학생들의 전인 교육이 학교에서 이루어지지 않은지 이미 오래되었고, 그만큼 교회가 학생들의 전인교육을 담당할 수 있는 주요한 장이 되었지만, 기대만큼 부응하지 못하고 있는 현실이다. 교회에서도 학생들의 문제에 적극적으로 다가가고 학생들 스스로가 재미와 관심을 가지고 반응할 수 있는 상호교류적인 방법이 부족한 상황에 대해 디지털 미디어는 중요한 전략적 도구가 될 수 있기에 적극적으로 사용하자는 것이다. 소위 디지털 미디어 시대라고 하는 현대에 디지털 미디어가 다양한 방법을 통해 청소년들의 삶을 장악하고 있는 점을 감안한다면 적극적이고 긍정적인 매개체로 사용되어야 함을 설명한다. 이 박사는 그러나 디지털 미디어를 사용하여 청소년들의 건전한 자아 정체성을 구성하는데 필요한 적절한 콘텐츠가 부족한 상황임을 지적하며, 성서의 이야기가 청소년의 문제를 진단하고 치료하여 건전한 정체성을 형성하는 가장 좋은 내용이 될 수 있다고 말한다. 우리에게 익숙한 성서 이야기 '부자와 나사로', '돌아온 탕자', '선한 사마리아인' 등의 내용을 콘텐츠로 사용한 실례 들어, 예수 비유 디지털 스토리텔링화를 개발하고 사용한다면 불안하고 위험한 사회에서 살아가야 하는 대한민국 청소년들이 건전한 자아 정체성의 형성하는데 크게 기여할 것이라고 제안한다.

김희선 박사는 "21세기 한국 사회와 폭력: '인간 고통에 응답하는 하나님'에 대한 여성신학적 고찰"을 통해 폭력이 만연한 위험사회, 여전히 가부장적인 한국교회 구조 내에서 고통당하는 여성들에게 어떻게 여성신학이 친밀하게 다가가 그들과 고통의 문제를 함께 나눌 수 있을 것인가를 고민한다. 특별히 여성신학이 여전히 교회 내 여성들에게 친숙하게 인식되지 못한 점을 들어 여성신학은 교회 여성들의 문제에 근본적으로 접근 할 수 있는 교회에 매우 친화적인 신학임을 강조하고 있다.

김희선 박사는 하나님의 명명에 대한 문제에 다양한 상징적 표현을 사용하자고 한다. 셸리 맥페이그의 신학적 이론을 들어 하나님의 이름을 나타내는 다양한 상징과 은유를 통해서만이 하나님의 풍성한 사랑의 속성을 나타낼 수 있음을 설명한다. 아버지의 이미지로만 고정된 하나님의 명명은 자칫 우상숭배가 될 수 있는 점을 감안, 각자의 삶 속에서 가장 친숙하게 다가갈 수 있는 상징과 이미지를 사용할 수 있도록 하나님의 상징을 확장하자는 것이다. 딱딱한 교리로만 다가왔던 삼위일체의 도그마가 실제로는 모든 관계들의 이상적 표상이 되는 평등과 사랑과 정의의 관계적 모형이 된다는 것이다. 성부-성자-성령의 관계가 종속적이며 위계적인 관계가 아니라 상호교류하며 서로가 서로를 위해 자신의 자리를 내어주고 자신을 일치 않으면서도 신비 속에서 하나가되는 사랑과 평등의 관계의 모형임을 설명한다. 삼위일체의 본래적 의미가 하나님께서 우리를 위해 자신을 내어주고 우리를 용납하고 죽기까지 사랑하고 품는 '우리를 위한 하나님'의 관계적 모형임을 캐더린 모로우 라쿠나와 엘리자베스 존슨, 캐런 베이커-플리처 등 3명의 여성신학자들의 신학적 입장을 근거로 설명한다.

사랑 때문에 우리를 위해 고통에 참여하시고 고통당하는 우리와 함께 하시는 하나님은 지금도 어려움 속에서 고통하는 우리에게 응답하는 하나님이시라는 것이다. 십자가의 죽음에서 부활하신 그리스도는 만물을 살리시는 하나님이심을 설명한다. 마치 여성들이 매일의 과제로 하는 살림살이를 통해 가족의 생명을 지키고 돌보고 살려내는 것처럼 삼위일체 하나님이 우리를 위해 일하심은 바로 살림이라고 정현경, 이정배 두 신학자의 이론을 통해 설명하고 있다. 바로 이렇게 고통 중에 신음하는 여성들에게 응답하는 하나님, 고통에 참여하고 관계하는 하나님, 생명을 주시고 보존하시고 살리시는 삼위일체 하나님을 친화적으로 전하는 신학이 여성신학이라고 김 박사는 강조한다.

박은정 박사는 "부모 상실을 경험한 아동을 위한 놀이치료 연구"를 통해 여러 가지 이유로 인해 부모와 이별을 경험한 아동들을 위한 구체적인 치료 방안을 소개하고 있다. 현재의 한국 사회처럼 실업률이 높아지고 적정한 최저임금제가 확보되지 못한 극단적인 부익부 빈익빈의 양극화 체제가 지속되는 상황에서 발생하는 가정 파괴의 가장 피해자는 아무래도 어린이들일 것이다. 가정을 유지할 수 없을 정도의 가난 속에서 생활고로 인해 부모가 자살하거나 이혼, 별거 그리고 부모가 아이들을 방기하고 가출하는 경우가 많은 현실 속에 어린 자녀들은 무방비 상태에서 폭력과 학대, 굶주림에 처해지고 있다. 박 박사는 특별히 여러 가지 이유로 인해 부모와 이별한 아이들의 상실감을 어떻게 치료할 수 있을 것인가에 대해 구체적인 놀이치료 방안을 대안적 해결로 제시한다.

박 박사는 부모와의 이별을 경험한 아동들의 상실감이 치유되지 않고 성장할 경우 인격 장애, 관계성 장애, 죄책감 등 평생 동안 폐해가 됨을 지적하며 반드시 애도와 돌봄의 과정을 통해 치유되어야 한다고 조언한다. 상실감으로 인한 폐해로 고통당하고 있는 아동은 가까운 친지 또는 부모를 대신하는 좋은 대상으로부터 일정기간 돌봄을 받는 치유의 과정이 반드시 수반되어야 한다고 말한다. 그러한 치유 과정을 통해 따듯한 이웃, 공동체와의 안정애착을 재 경험함으로서 상실감이 치유되어야 아이의 상처와 아픔이 또 다시 대물림하지 않는다고 말한다. 박 박사는 구체적으로 만 6세에서 만 11세까지 초등학교에 다니는 아동기의 어린이 가운데 상실감으로 인해 어려움을 겪는 어린이를 대상으로 놀이치료를 통해 점진적으로 치유되는 과정을 사례를 통해 상세하게 설명하고 있다.

박 박사는 부모에 대한 상실감을 겪고 있는 11세 여자 아동을 대상으로 그림을 통한 심리 검사를 실시하며, 그 결과에 대한 분석을 소개하고, 모래 놀이를 통해 아동이 치유되어가는 과정을 구체적으로 설명한다. 따라서 상실감을 경험한 아이들에게 놀이를 통한 치료가 상실감을 치유하고 건전한 자아를 가질 수 있는 좋은 방법임을 임상을 통해 보여주고 있다. 이에 더하여 박 박사는 교회 여성들에게도 여성신학적 놀이목회상담 시도로서 정희성 박사의 이론을 들어 '한-여성-놀이로서 성서 읽기'도 소개한다. 놀이로써 성서 읽기라는 새로운 시도를 통해 여성들이 여성의 눈으로 성서의 내용을 다각적으로 독해함으로서 자기 변혁적인 체험을 할 수 있고 남성 중심으로 이해되어온 성서에 대한 전복적 독해가 되고 있음을 설명한다.

아홉 명의 여성신학자들이 각자의 분야에서 현 한국 사회를 진단하며, 문제에 대한 분석 그리고 그 문제에 대한 대안적 해결을 고뇌하며 글을 쓰고 엮어 책으로 발간하게 되었다. 문제를 파악한다는 것은 그 문제로부터 한걸음 비켜나 해결점을 모색할 수 있기에 새로운 가능성을 볼 수 있다는 것이다. 대한민국 사회에 대한 위험 진단은 더 안전하고 평화로운 사회로 가는 첫걸음이 될 것이다. 국민이 국가를 신뢰할 수 있는 대한민국 사회, 여남소노 모든 차별이 철폐되고 모두가 행복한 사회, 하나님이 지으신 모든 피조물, 동물과 자연 모두가 하나로 창조주를 찬양할 수 있는 사회, 예수께서 그토록 이루려했던 그 사회, 그 나라를 꿈꾸며 이 글을 써주신 모든 여성신학자들에게 감사를 표한다.

2016년 5월
한국여성신학회 편집위원장 김정숙

차 례

기억의 윤리와 기독교 생명가치
― 세월호에 대한 신학적 성찰과 반성

김은혜

I. 서론

 '기억'은 그 자체가 저항이다. 너무 깊은 슬픔과 처절한 고통 앞에서 그것을 당한 자들에 대한 공감보다 남겨진 자들의 윤리적 선택으로서의 기억이 때로는 더 큰 저항이 된다. 이는 인간의 고통에 대한 공감보다 고통 받은 자들의 희생에 대한 기억이 남겨진 자들에게 더 중요한 윤리적 책임이 된다는 것이다. 수전 손택은 연민의 감정을 비판하면서 "그것이 너무 쉽게 인간의 무능력함을 증명할 뿐 아니라 자신의 잘못 때문이 아니라는 무고함까지 증명해주는 알리바이를 제공한다"고 지적한다.[1] 전쟁의 수많은 참상을 이미지로 고발해온 그녀는 '상기하기 remembering'는 일종의 윤리적 행위이며 그 안에 고유한 윤리적 가치를 가지고 있다고 말한다.[2] 인간의 고통의 심연 앞에서 감정적 공감이나

---

1 수전 손택/이재원 옮김, 『타인의 고통』 (서울: 이후, 2008), 115-122.

연민의 태도보다 오히려 의식적으로 기억하는 것이 더 중요한 윤리적 결단이 된다는 의미이다.

인간은 타자의 고통에 연민할 수 있는 유일한 존재라고 하지만 세월호 500일을 지나면서 이타주의적 연민의 무능함을 뼈저리게 느낀다. 세월호 참사 직후 온 국민적 공감과 연민은 곧 세상을 변화시킬 것 같은 분노와 안타까움으로 국민의 공감대를 형성했었다. 그러나 우리들은 너무 쉽게 일상으로 복귀하였고 그 깊은 슬픔은 망각과 무정함 속으로 사라져 버렸다. 지난 세월호 참사 이후 정부는 국민안전처를 신설하고 국가적 재난관리를 컨트롤하겠다고 했지만 9월 7일 세월호 참사와 닮은 낚시어선 돌고래호 침몰사건을 보면 여전히 국가안전시스템은 마비된 것과 다름없어 보인다.[3] 세월호 참사 500일이 지났지만 달라진 것은 없다.

아리스토텔레스는 그의 수사학에서 '연민'을 우리 자신이나 우리가 사랑하는 사람들에게 언제라도 비슷한 불행이 닥쳐올 수 있다는 현실을 통해 느끼는 일정의 아픔이라고 논했다. 그가 말한 대로 부당한 불행을 겪고 있는 사람들에 대해서 품게 되는 감정이 연민이라면 연민은 도덕적 판단을 일으킬 지도 모른다.[4] 그러나 반대로 많은 사람들은 '세월호 참사'가 나와 가까운 사람들의 일이 아니기 때문에 너무나 빠르게 눈을 감아버렸고, 역사 속으로 가라앉는 듯하다.[5]

---

2 앞의 책, 168.
3 「JTBC」, (2015. 9. 7), "청와대, 세월호 참사에도 달라진 게 없는 안전시스템". http://news.jtbc.joins.com/html/534/NB11022534.html.
4 수전 손택, 『타인의 고통』(2008), 115.
5 사회는 세월호를 기억하기 위하여 2015년 8월 29일 토요일 오후 7시 광화문 세월호광장에서 세월호참사 500일 추모합창제가 열렸다.

본 논문은 세월호 500일을 보내면서 생명신학적 관점에서 세월호에 대한 신학적 성찰과 반성을 통해 기독교 윤리적 행위로써의 '기억의 윤리'를 재구성함으로 생명존엄의 가치를 확산시키고 고양시키는 한국교회의 사명과 과제를 제시하고자 한다. 생명이신 예수 그리스도를 따름은 그리스도에 대한 기억의 중심부인 그의 고난에 동참하는 것이다. 따라서 그리스도 고난에의 동참은 세계와 분리되어 있지 않고 고통 받은 자들과 연대함이며, 그들의 고통에 참여하는 기억공동체를 형성함으로 연민의 한계와 공감의 무력감을 넘어서게 하는 기억의 윤리의 신학적 의의를 살펴보고자한다.

II. 그리스도의 고난과 기억의 윤리

세월호[6] 희생자 가족들은 세월호가 잊히는 것이 가장 두렵다고 한다. 억울한 죽음이기에 밝혀져야 하고 제 자리를 찾아야 하는 일들이 있다고 생각하기 때문이다. 이처럼 역사의 수많은 고통의 현장은 망각하지 않고 기억해야만 진실을 마주할 수 있는 기회를 가질 수 있고, 동일한 고통을 반복하지 않을 수 있으며, 가능한 변화를 이끌어내고 더 나은 세상에 대한 희망을 만들어나갈 수 있다. 기억이야말로 오히려 그 고통의 현장을 목격한 우리의 슬픔과 분노를 치유하는 중요한 길이다.

그런데 어떤 기억에는 국가 혹은 권력과 같은 힘이 작용하기도 한다. 자신들의 입장에서 편의적인 기억을 만들어내어 역사를 대신하려

---

6 인문학자들 중에는 세월호 참사를 4·16으로 명명하고 4·19, 5·16 등과 같이 한국현대사에서 정치적으로 특별한 의미를 부여하는 이들도 있다.

는 시도는 위험한 일이다. 국가와 권력에 의한 편의적 기억은 검증된 역사와 일치할 수 없기에 종종 진실을 왜곡시킬 가능성이 있다. 예를 들어 수많은 세계적 박물관을 소유하고 있는 미국에는 흑인 노예사 박물관이 없다는 사실이 이를 증명하는데, 흑인 노예와 관련된 기억은 사회적 안정과 통합을 위협할 수 있으므로 그 기억을 자극하거나 현재화시켜서는 안 된다고 판단했을 것이다.7 이러한 맥락에서 '기억'과 '역사'는 다른 의미를 갖는다. 그래서 우리는 역사적 비극 앞에서 때로는 국가가 은폐하려는 '위험한 기억'을 되살리고 망각의 일상성을 넘어서려는 노력을 해야 한다. 즉 '기억'은 고통당한 자들을 치유할 수 있는 방법을 넘어서 그들의 경험을 되살리고 역사를 보존하는 윤리적 행위가 된다.

그러므로 바른 역사를 만들어 나아가기 위해 가장 중요한 일은 '바르게 기억하기'이다. 이것은 역사의 남은 자들에게 주어진 임무이기도 하다.8 특히 학살과 전쟁 그리고 고통의 현장에 대한 집단적 기억 Collective Memory은 우리의 현재의 정체성을 형성하는 능동적 과거이다. 따라서 우리의 기억행위remembering는 끊임없는 '재-구성-하기'(re-membering)의 과정이 된다. 이런 관점에서 일군의 종교사회학자들9은 진정한

---

7 수전 손택, 『타인의 고통』(2008), 133.

8 알브바슈는 기억을 '자서전적 기억', '역사적 기억', '역사', '집단기억'으로 세분화하기도 하였다. 자서전적 기억(autobiographical Memory)은 우리 자신이 경험한 사건의 기억인 반면, 역사적 기억(historical Memory)은 사료로만 접근할 수 있는 기억이다. 역사(history)는 우리와 유기적 관계가 없는 과거의 기억, 곧 우리 삶에서 더는 중요하지 않는 과거를 말한다. 반면에 집단기억(collective Memory)은 우리의 정체성을 형성하는 능동적 과거를 일컫는다. 신응철, "문화적 기억과 자기이해 그리고 기억 책임,"「해석학연구」35(2014), 216.

9 R. N. Bellah, et al. *Habits of the Heart: Commitment and Individualism in American Life* (New York: Haper and Row, 1985), 153.

공동체란 '기억의 공동체'라고 말하고, 그들의 기억이 가지는 구성적 서사의 역할을 강조한다. 그래서 개인의 정체성과 집단의 정체성은 서로 다른 현상이 아니며 상호 밀접한 관계를 가지며 공동체를 만들어 간다.[10] 현재의 의미는 과거의 수많은 기억되어진 서사들이 겹겹이 쌓여서 구성되기 때문이다. 이러한 의미에서 한국 사회 공동체가 세월호 사건을 망각하지 않고 공동체적으로 바르게 기억하는 것은 매우 중요하다. 그 기억들이 현재에서 재구성될 때, 우리가 '지금 여기에서' 무엇을 해야 하는지 어떻게 살아야 하는지 끊임없이 묻고 응답할 수 있기 때문이다.

정치신학자 메츠는 기독교는 구체적 역사 안에서 하나님의 현존을 증거하기 위해 십자가에 달리신 예수 그리스도에 대한 기억이 잊히지 않고 계속해서 살아있도록 회상하는 것, 특별히 고난에 대한 기억을 회상하는 것은 자유를 향한 위험한 기억(a dangerous memory)이라고 말한다. 그러므로 '기억'이 우리의 신앙의 정체성을 형성하는 중심이며 또한 윤리적인 행위임을 인식할 때, 예수에 대한 기억 역시 은폐당할 수 있는 '위험한 기억'으로서 바르게 기억해야 한다. 이러한 위험한 기억들(dangerous memories) 속에서 과거의 경험들은 우리들의 삶의 중심적 목표로 돌파하여 들어오고 현재를 구성하는 새로운 변혁적 통찰을 가능하게 한다.

이러한 의미에서 고난과 고통에 대한 위험한 기억은 정치적 삶 속에서 새로운 도덕적 상상력을 가능하게 한다. 그것은 타자의 고통에 대한 새로운 비전을 제시함으로 약하고 대표성을 가지지 못하는 사람들 편에서 개방적이고 비타산적인 당파성을 성숙하게 발전시키는 것을

---

10 신웅철, "문화적 기억과 자기이해 그리고 기억 책임"(2014), 218.

말한다.[11] 메츠의 정치신학의 핵심적 특징은 참여와 실천으로서의 신학과 역사에 뿌리내린 역사 속에서 배태된 신학이다. 그에게 예수의 고난에 대한 회상의 중요성은 단순히 예수의 십자가에 대한 기억에 참여하는 것으로 끝나는 것 아니라 현존하는 세계 역사의 고통에 참여해야 함을 강조한다.[12]

카타콤의 암울함과 짙은 암흑에서 그리스도의 살아계심을 기억하는 일, 로마제국의 시퍼런 칼날 앞에서 하나님의 통치를 고백하는 일, 물신이 지배하는 세상에서 생명되신 주님을 기억하는 일은 고통, 때로는 죽음과 바꾸어야하는 행위이며 급진적인 저항이다. 그러므로 생명이신 그리스도의 몸 된 교회야말로 이 '위험한 기억'을 잊지 않고 살아가며, 생명공동체로서의 교회는 이러한 위험한 기억을 회상함으로써 자신의 정체성을 구성해나가는 기억의 공동체이어야 한다. 이러한 공동체의 '기억하는 행위'는 그 기억 속에 담긴 억울한 죽음을 통해 현실에서 억울하게 희생당한 자들과의 연대를 가능하게 한다. 그리고 그 기억 속에 담긴 그리스도의 부활을 통해 현재에서 생명의 근원이신 그리스도의 살아계심을 고백하게 하고, 잘못된 국가와 불의한 정치 구조에 저항하고 비판하는 정치적 삶을 지향하도록 만든다.

특히 예수 그리스도에 대한 기억에서 중심부를 차지하고 있는 '고난의 기억'은 세계와 분리되지 않고, 세계 고난의 기억의 지평에서 융합되고 현재화되며 공동체의 정치적·윤리적 방향성을 결정하고 제시한다. 예수 그리스도의 '고난의 기억'에 내재되어 있고, 지금의 세계 속에 표출된 예수의 윤리는 고난 가운데 있는 타자를 정죄하지 않고, 우선

---

11 앞의 책, 14.
12 앞의 책, 13.

적으로 타자의 고통과 연대하는 윤리이다. 예수 그리스도는 인간을 위해 인간의 비참한 실존 안으로 직접 성육신을 감행하신 분이다. 그런데 '하나님의 신적 권능을 지니신 그리스도가 어떻게 인간과 같은 고통을 경험할 수 있는가'라는 질문을 할 수 있다. 이에 발타자르는 예수 그리스도가 인간의 고통과 동일하게 구체적으로 그 고통을 겪고 함께 하였다는 것을 'passio'와 'compassio'를 통해 설명한다. 'passio'는 감각적 아픔을, 'compassio'는 영적 본성 안에서의 아픔을 의미한다.[13] 예수 그리스도의 십자가의 고난은 'compassio'로서, 인간의 온전한 구원을 위하여 예수께서 인간과 동일한 존재가 되어 죄와 고통 그리고 죽음의 연대를 이루신 일이다.

예수 그리스도의 공감적이고 연대적인 사랑으로 인해, 인간은 자신의 존재가 용납되고 공감 받는 경험을 하게 된다. 그리고 그 경험을 소유한 자들만이 다시 타자를 용납하고 공감하며 연대할 수 있는 능력을 소유하게 된다. 그들에게 공감적 사랑이란 어떤 상황과 고통에 대한 단순한 감정이입을 의미하지 않는다. 그들은 초월적인 존재에 의해 자신들이 공감 받는 것을 실존적으로 경험하였기 때문에, 그들의 공감적 사랑은 고통을 당하는 이들의 삶에 직접적으로 참여한다는 의지이며 자유를 근거로 한 결단이자 실행을 뜻한다.[14] 이때 타자에 대한 공감은 함께 아파한다는 점에서 감정이입과 비슷하지만, 상대방의 고통에 실존적으로 참여하며 그 고통을 덜어주기 위해 수고를 아끼지 않는다는 점에서 차이점을 지닌다.

---

13 Han Urs von Balthasar, *Mysterium Paschale: the mystery of Easter*, tran, Aidan Nicholas, (San Francisco: Ignatius press, 2008), 104.
14 김기석, 『가시는 길을 따라나서다』 (서울: 한국기독교연구소, 2009), 82.

십자가를 기억하며, 역사의 억울한 죽음과 그 죽음에 수반되는 수많은 고난과 고통을 잊지 않고 기억하고 그들이 다시 살아 돌아오는 부활의 소망을 갖는 행위는 분명 위험한 '기억의 성례전'이다. 예수 그리스도의 생명의 공동체인 교회가 '기억의 성례전'을 행하는 것은 예수를 뒤따르는 것이며 이 시대의 고통에 구체적으로 동참하는 것을 의미한다. 그러므로 그리스도인들도 예수 따름의 윤리적 결단을 통하여 감정적 공감과 연민을 넘어 고통에 적극적으로 참여해야 한다. 현재 한국 사회는 세월호 500일을 맞이하여 2015년 8월 29일 팽목항과 서울, 광주 등의 곳에서 추모문화제, 추모합창제 또는 가족별, 단체별로 다양하게 기억의 공동체를 구성하여 고통에 적극적으로 참여하고 있다. 이와 같이 '낯설고 먼 이웃의 고통에 대한 연대'와 고통에의 동참과 그 고통을 경감시키고자 하는 참여적 실천은 더 위대한 생명문화와 생명의 존엄성에 대한 가치를 고양시키는 실천 조건이 될 수 있다.[15]

그렇다면 그리스도인들은 어떻게 해야 고귀한 생명들이 파괴되고 처절하게 죽어가는 죽임의 현장을 잊지 않고 기억할 수 있을까? 또한 어떻게 해야 생명의 존엄성이 회복되는 공동체의 비전을 제시할 수 있을까? 생명공동체로서의 교회는 이제 생명의 존엄성이 보장되는 사회를 위해 망각과 은폐의 숱한 유혹을 벗어나 그 죽임의 현장을 기억하고 생명공동체의 길을 보여주어야 할 것이다. 이 생명의 길은 정치신학적 관점에서 보면, 희생자의 편을 들어주는 세계 고통의 보편주의와 가해자의 편을 드는 인간 죄의 보편주의가 함께 주장하는 것이며, 희생자 중심의 용서의 과정과 가해자 중심의 정의실현을 통해 진정한 의미의

____

15 이석규, "문화적 기억과 그것의 정치-신학적 영향사에 관한 연구,"「조직신학논총」 26(2010), 123.

회복적 정의를 실현하는 것이다. 그리고 이와 함께 교회는 한국 사회의 깊어가는 죽임의 문화 속에서 공동체의 회복을 위해 고통의 현장에서 기억된 역사를 재기술하여 정의를 세우고 진정한 생명의 길을 제시해야한다. 예를 들어 지난해 대한예수교장로회 통합교단이 교회적 실천으로써 세월호 유가족을 초청하여 인권주일예배를 드리고 그들의 고통의 이야기를 경청하였는데 이는 모범적 사례로 볼 수 있다.[16]

그러므로 우리는 계속해서 위험한 기억을 잊지 않고 재현하기 위해 망각에 맞서는 용기와 망각을 승화시키는 다양한 실천들을 이어나가야 한다. 더 나아가 위험한 기억을 미학적 그리고 문화적 형식으로 비극의 예술로 고양시킬 때 기억은 잠시의 슬픔의 감정으로 사라지거나 잊히지 않고 사람들의 정서 속에 오랫동안 저항의 정신으로 남겨질 수 있다.[17] 이러한 기억과 고통에 대한 참여, 연대의 과정은 집단의 기억을 다시 재구성하여 우리의 도덕적 무감각과 화석화된 신앙 양심을 용해시키는 사회적 회심의 과정을 제공한다. 도덕성은 단순히 기억을 기억하도록 부추기는 데서 머무는 것이 아니라 그 기억이 공동체의 이상적 가치를 향하도록 만든다. 예를 들어, 일본인들이 강탈한 그 시대 우리 삶을 기억하고 그것을 평가하고 판단하는 일은 단순히 상기하는 것을 넘어 그에 수반되는 도덕성이 그 과정을 통해 정치공동체에 속한 구성원 개개인의 인격과 품격 속에서 표현된다.[18] 또한 아우슈비츠의 고통을 다양한 예식과 상징으로 끊임없이 재현하고 수많은 장르의 예

---

16 「기독공보 기획」, 2015년 8월 29일 9면.

17 단원고에서는 500일을 기념하여 "304 시낭독회-애들 보러 학교가자"를 진행하였고 음악인들은 세월호를 기억하는 노래집 '다시 봄'이라는 음반을 제작하여 발표하기로 하였다.

18 신웅철, "문화적 기억과 자기이해 그리고 기억 책임"(2014), 223.

술을 통하여 현존의 역사에서 다시 기억하고 과거를 재구성하는 과정
들도 그 억울한 죽음이 무가치하지 않고 현재 생명의 존엄성을 떠받치
고 있음을 보여주는 기억공동체의 지속적인 윤리적 행동이 된다. 세월
호에 대한 기억은 세월호에 국한되어 있지 않다. 그 기억은 우리 사회
의 총체적 생명 현실을 근원에서부터 새롭게 생각하도록 도전한다. 애
도하는 일, 기억하는 저항, 함께 연대하는 일 등을 통하여 진실을 규명
하려는 사회 정치적인 실천이 지향하는 바는 기억의 윤리를 실천함으
로서 다름 아닌 생명이 존중받는 나라를 이루어가는 것이다.

Ⅲ. 한국 사회의 반생명문화와 기억공동체로서의 한국교회

우리나라는 근대적 산업화를 1960년대 이후 50여 년 동안 경제개
발과 수출입에 매진하여 눈부신 속도로 돌진적 근대화를 이뤄냈다.[19]
이러한 돌진적 근대화과정을 거치면서 생명의 가치가 경시되고 오로
지 '돈'의 가치에 혈안이 되어 왔다. 세계 10위권의 경제대국이면서도
어처구니없는 사고가 잇따라 터지는 21세기 대한민국의 정신적 가치
관은 세계에서 거의 바닥 수준이다. 언제부터인가 한국 사회는 내일에
대한 희망은커녕 절망과 좌절이 횡행하는 사회로 서서히 변해왔다.[20]
그런 흐름 속에서 세월호는 그나마 지키려 했던 마지막 보편의 가치인

---

19 울리히 벡의 '위험사회론'에 따르면 압축적인 근대화 덕분에 우리 사회는 다른 나라들의
　 몇 배 되는 위험을 감수하고 있을 것으로 손쉽게 추론해 볼 수 있다.
20 가족해체, 전세 값 폭등, 가계부채, 상대적 박탈감, 불평등, 비정규직문제, 불안한 노후,
　 취업전쟁 등 전 사회가 우울하다.

인간의 생명에 대한 존엄성이 처참하게 짓밟히는 것을 온 국민이 목도한 사건이다. 이 사건은 한국 사회의 반생명의 문화가 얼마나 깊이 뿌리내리고 있는지를 드러냈다.

한국 사회는 이 참사를 통하여 한 생명에 대한 소중함을 잃어버린 우리 모두의 민낯을 확인하였다. 모든 공무원들이 생명가치에 앞서 이윤을 생각했고, 그것이 규제완화로 이어졌으며, 세월호 출항부터 침몰에 이르기까지 어디에도 생명에 대한 경외감은 존재하지 않았다.[21] 또한 세월호는 사회구조적 측면뿐 아니라 정신적 관점에서 가치관의 깊은 심연에 뿌리내린 악이 총체적으로 드러나는 사건이어서 많은 인문학자들과 신학자들이 부지런히 세월호의 근본 문제와 원인들을 성찰하고 분석하면서 한국 사회의 미래를 전망하고자 했다. 그럼에도 불구하고 한국교회는 500여 일이 지나갔지만 엄중하고 무심한 현실 속에 마치 자신들과 무관한 일로 치부하며 인간의 존엄한 죽음을 위한 최소한의 애도를 허락하는데 인색했고, 이 사회의 고통과 아픔을 품에 안고 가야하는 교회의 공적이고 본질적 모습은 볼 수 없었다.

이제 남겨진 그리스도인들은 총체적 생명 위기의 사건으로서의 세월호를 바라보면서 "한국교회가 어떤 공동체를 원하고 그 공동체를 위해 무엇을 할 것인가? 그리스도인들은 어떤 세상을 만들고 그 세상을

---

21 정부에서 책임지고 마지막 한 명까지 우리의 품으로 돌아올 수 있도록 구조에 총력을 기울여주시기를 바랍니다. 우리는 정부가 우리의 목소리를 진심으로 경청하기를 원합니다…… [해경이] 그 책임에 맞는 역할을 할 수 있도록 대통령께서 힘을 실어주고 권한을 부여하며…… 국민 한 사람 한 사람을 보호할 수 있도록 했어야 합니다…… 저희는 인간의 존엄성이 존중되고, 모든 사람의 안전이 보장되는 나라, 국가에 대한 믿음과 사회에 대한 신뢰가 회복된 나라에서 살고 싶습니다. 「미디어오늘」, (2014년 5월 20일), "박근혜 대국민 담화, 생명의 소중함 잃어". http://www.mediatoday.co.kr/news/articleView.html?idxno=116696.

위해 그리스도인들은 어떤 역할을 할 것인가? 죽임이 만연한 한국 사회 속에서 한국교회는 어떻게 기억공동체로서 생명을 제시할 수 있는가?"에 대해 응답해야만 한다. 기억공동체로서의 한국교회의 사명은 죽임의 세력과 생명을 대적하는 폭력과 체념, 그리고 무감각과 망각에 대한 강한 부정이 되는 길에서 실현될 것이다.

2014년 4월 16일. 여객선 세월호가 침몰했고 많은 사람들이 목숨을 잃었다.[22] 시간이 훌쩍 지난 지금도 여전히 희생자 가족은 죽음보다 더 힘겨운 삶을 이어오고 있으며, 그들의 간절한 노력에도 불구하고 변화는 쉽게 일어나지 않고 있다. 이러한 현실은 우리에게 역사를 바꾸는 것은 희생자들이 아니라 오히려 남아 있는 자들의 책임이라는 사실을 통감하게 한다. 왜냐하면 우리가 의인이어서 살아남은 것이 아니라, 차가운 바다에 수장당한 어린 영혼들, 즉 타자의 고통에 빚짐으로써 이렇게 살고 있기 때문이다. 세월호는 이 '죽임의 사회'가 어떤 구조와 층위, 또 어떤 관례와 거래 속에서 유지되어 왔는지를 자세히 폭로해주면서 마치 필연적으로 일어날 수밖에 없는 사건인 것처럼 발생하였다.[23] 이제 이 죽임의 문화가 지배하는 세상에서 그리스도의 따르는

---

22 2명 구조, 295명 사망, 9명 실종(2014년 8월 7일 기준). 많은 죽음이 잇따랐다. 생존자의 자살(단원 고등학교 교감), 유족의 자살 시도, 잠수사 2명의 사망, 경찰의 자살, 소방대원 5명의 사망 사고가 이어졌다. 시사저널의 설문조사에 따르면 세월호 침몰은 IMF 외환위기를 제치고 1945년 광복 이후 한국에 가장 큰 영향을 미친 사건 5위에 오르기까지 했다. 「시사저널」, (2014년 9월 4일), "세월호 참사 5위… 재난이 남긴 충격". http://www.sisapress.com/news/articleView.html?idxno=63166.

23 세월호 참사를 가져온 한국 사회의 총체적 부실, 무능함 그리고 온갖 탈법과 불법의 온상인 집권층의 은폐와 조작, 해경과 국정원의 행태 등 한국 사회의 마주하고 싶지 않은 즉 구조 과정에서 드러난 현 정권과 집권당의 끝을 알 수 없는 정치적 무책임과 무능력, 보수 야당의 무위도식으로 그들에 대한 막연한 기대조차 허물어지면서 이 사건의 '필연성'을 확인하게 되었다.

한국교회는 생명을 선택해야 한다.

연세대학교 정치학과 박명림 교수는 "대한민국은 진도의 절규를 처절하게 직시하지 않는다면 '사람 사는 사회, 좋은 나라'를 위해 한걸음도 나아가지 못할 것이다"라고 말했다. 그는 절대적 비극에는 절대적 반성이 필요하고 절망적 상황에는 전면적 개혁만이 살길이라고 주장한다. 그러면서 "이 죽음들을 참되게 위로하고 바르게 기리는 길은 한국 사회가 생명이 우선되는 사회로 환골탈태하는 길이다"고 강조했다. 이러한 한국 사회 속에서 교회는 세월호의 기억을 지속적으로 회상함으로 생명의 가치를 통해 우리 삶의 밑바닥을 철저하게 다시 돌아보아야 한다.

그러나 진실에 응답하고 타인의 고통에 예의를 갖추고 애도하는 것이 인간의 가장 기본적인 자세임에도 불구하고 일부 한국 교계 지도자들은 세월호 주제를 언급하는 것을 불편하게 생각하였고, 한국교회에게 주어지는 새로운 과제들을 목회적으로 깊이 숙고하지 못했다. 더 나아가 부활에 대한 소망으로 그리고 일상의 삶의 중요성을 근거로 그리스도인들에게 이제는 잊을 것을 요청하였다.[24] 이러한 한국교회의 태도는 무관심과 무감각과 궤를 함께 하면서 고통의 현장과 소리를 지우고자 했다. 독일의 정치학자인 도로테 죌레Dorthee Söelle는 고통에 무감각하고 무관심한 사람은 인간이 이 세상에서 소유하고 있는 가장 강력한 무기를 포기하는 것이라 했다. 그중에서도 가장 나쁜 형태의 무관심은 정치적 무관심이라고 말한다.[25] 즉, 그녀에 따르면 정치적 그

---

24 그러나 한국교회는 세월호 참사에 관한 이러한 열망에 대하여 '국가를 분열시킨다', '갈등을 조장한다', 더 나아가 '정치적으로 이용한다' 또는 '공동체의 연합을 방해한다' 등의 말로 반응하였는데, 더 이상 생명의 종교이기를 포기한 듯하다.

25 도르테 죌레/채수일 · 최미영 옮김, 『고난』 (충남: 한국신학연구소, 1993), 52.

리고 사회적 무관심은 고난 받을 능력이 없는 형태로서 고난의 회피를 목표로 자신의 고난을 깨닫는 능력과 다른 사람의 고난을 지각하는 능력이 결여된 것을 의미한다.[26] 한국 사회가 겪고 있는 참사를 한국교회가 충분히 애도하지 못하고, 그 고난의 현실을 다양한 논리로 외면할 수 있었던 것은 고난을 인지할 능력이 심각하게 결여되었기 때문이다. 더 나아가 한국교회는 생명연대를 지향하고자 하는 많은 선한 사람들로부터 정치적 무관심으로 고통에 대한 공감 능력의 상실과 생명 경외의 결핍, 타자에 대한 인식이 부재한 종교로 비추어지고 있다.

따라서 시대의 고통과 죽임의 세력 앞에 침묵하거나 마치 아무 것도 일어나지 않았던 것처럼 일상을 살아간다면 고난의 참여자로 생명을 살려내신 예수 그리스도를 따라야하는 그리스도인의 정체성을 포기한 것이고, 시대의 고통에 예언자적으로 응답하고자 하는 생명공동체로서의 교회 존재의 의미도 부정하는 것이다. 침착한 일상의 삶은 이렇게 망각과 무관심으로 가능해진 것이다. 하지만 생명의 주 그리고 고난의 종 예수 그리스도를 따름은 우리를 더욱 생기 있게 살아 있게 만들며 고난도 견디고 희망을 파괴하는 혹독한 고통까지도 그 자체로서 변화시키며 더욱 사랑할 수 있도록 우리를 변화시킨다.[27] 그리고 이러한 기억의 공유를 통한 고난에의 참여는 우리를 그리스도의 형상으로 변화시키며 타자에 대한 선한 삶을 살아가게 한다.

실제로 세월호 유가족 중 76명의 부모가 기독교인데 그 중 80%는 다니던 교회를 떠난 것으로 알려졌고, "교회가 지금까지 보여준 이런 식의 의식에 머물러 있다면 유가족 부모들은 교회로 다시 돌아가지 않

---

26 앞의 책, 42-43.
27 앞의 책, 137-138.

을 것 같다"고 말하였다.[28] 예수는 고난 받는 자들과 자신을 급진적으로 동일화시키며 고난 받는 자들을 위해 스스로 고난 받으시고 십자가의 길을 가셨다. 인간이 괴로워하고 고통 받는 곳에서 언제나 그도 고난을 받는다.[29] 세상이 아파하는데 교회가 건강할 수 없으며 세상이 암울한데 교회가 행복할 수 없다.

2015년 세월호 1주년을 보내면서 새로운 질문을 던질 때가 되었다. 이제 생명의 주되신 그리스도를 따르는 교회공동체는 "잊지 않겠다"고 약속한 그 최소한의 양심과 애통하는 마음으로 하늘의 위로를 신원하고 억울한 죽음의 진실이 밝혀질 때까지 기억을 공유해야 한다. 그러한 공동체로서 고난 받는 이들과 연대하고 지속적으로 그 죽음의 이유를 물어야한다. 독일의 정치신학은 '아우슈비츠'라는 고난의 사건에 직면한 본질적인 질문들로 "어떻게 그러한 대참사가 기억되며 전승될 수 있을까?"를 쉼 없이 물었다. 이 질문은 아우슈비츠를 고난의 기억으로 다시 불러오고, 그러한 고난의 기억은 세상의 모든 불의한 고난의 역사 가운데서 위기를 극복하도록 아우슈비츠를 역사와 사회 속에서 반복적으로 현재화한다. 그것은 또한 우리 모두를 이러한 상황에서 성서적-메시아적 종교로 재구성하게 한다. 그러므로 우리 모두는 언제 어

---

28 세월호 유가족 중 76명의 부모가 기독교인이다. 이중 80%는 다니던 교회를 떠난 것으로 알려졌다. 세월호 유가족 대책위를 맡았던 유경근 위원장은 세월호 1주기 개신교추모예배에서 "부디 우리 한국교회가 사회에 하나님의 의를 심을 수 있도록 세월호 참사 진실을 밝히는 것에 함께 해 주시고, 재발방지 대책 마련을 위해 힘써주셨으면 한다"며 "교회가 지금까지 보여준 이런 식의 의식에 머물러 있다면 유가족 부모들은 교회로 다시 돌아가지 않을 것 같다"고 말했다. 「한국기독공보」, (2015. 4. 14), "세월호 유가족이 교회 떠나는 이유 아세요", 42.
http://www.pckworld.com/news/articleView.html?idxno=67600.
29 도르테 죌레, 『고난』 (1993), 144.

디서든 아우슈비츠를 만난다.[30] 한국교회는 기억의 공동체로 예배와 예식을 통하여 그리고 기억을 공유하기 위한 다양한 방법으로 세월호의 진실을 묻고 고통을 재현함으로 생명의 가치를 불러와야 한다.

하지만 혹자는 아우슈비츠와 세월호를 비교하는 것은 지나친 것이라 말할지도 모르겠다. 그러나 이 사건, 295명 사망, 9명 실종이라는 숫자는 한국 사회의 거대한 반생명의 구조와 세력의 실체에 뿌리내린, 그리고 근대화 과정에서 철저하게 배제되어 왔던 생명 가치와 생명 경외가 무참하게 짓밟힌 상징적 사건이다. 그래서 이 참사 전후의 모든 죽임의 문화를 총체적으로 반성하고 성찰해야하는 중대한 사건으로 보기에 충분하다. 그러므로 세월호 이후 신학함은 생명 가치를 최우선에 놓고 불의하게 고통당하는 타자들과 역사의 희생자와 패자들을 위한 고난에 참여함으로 망각에 맞서야 한다. 이제 우리는 그리스도의 고난에 대한 구체적 참여를 통하여 4.16 기억 공동체의 정체성을 충분히 구성할 수 있도록 숙고하고 반드시 고통당하고 탄식하는 생명과 연대하는 생명공동체 희망을 제시해야 한다.

IV. 기억공동체의 생명윤리적 과제

참사 직후 우리 국민 모두는 세월호 사건으로 우리 사회가 지향해야 할 삶의 가치의 근본적 성찰과 생명의 가치가 중심이 된 공동체가 되어야 한다는 합의에 도달한 듯 보였다. 그러나 1년이 지난 지금 세월호에

---

30 이석규, "문화적 기억과 그것의 정치-신학적 영향사에 관한 연구,"「조직신학논총」제 26권(2010), 120-121.

대한 논의는 망각의 덫에 걸려 어디로 가야할지 그 방향을 잃은 듯하다. 그리고 생명 가치의 부재 속에 대형 인재로 점철된 사회에서 살아남은 자들은 알 수 없는 답답함과 죄책감 그리고 부채의식을 가지고 살아가고 있다. 애도는 죽음을 슬퍼하는 행위이다. 사람들은 사고 당사자들에게 "안됐다"가 아니라 "잊지 않겠습니다, 가만있지 않겠습니다"라고 말했다. 누군가의 고통을 위로하는 분리된 별개의 주체가 아니라, 사고의 원인에 간접적으로 기여해왔다는 가해자로서의 마음을 고백한 것이다. 희생자에 대한 이러한 공감은 사람들이 연대로 나아갈 수 있었던 토대가 되었다.

이 사건은 한국 현대사의 가장 아픈 고통의 이름인 동시에 우리 사회를 근본적으로 변화시킬 가장 중요한 전환의 자리여야 한다. 또한 세월호 사건을 바라보며 슬픔을 넘어 함께 애도하고 기억해야 하는 이유는 한국 사회가 근본적인 자기성찰을 통해 진리를 밝히고 정의를 회복하기를 바라기 때문이다. 하지만 이러한 고통에 대한 기억의 공동체로서의 연대는 죽임의 문화를 넘어서는 생명에 대한 존엄성과 가치를 회복할 때 가능하다. 그러므로 생명신학적 관점에서 한국교회는 세월호의 고통과 상처에 대한 예언자적 능력을 회복하고 그 기억공동체로서의 연대에 기초하여 기독교 생명윤리를 향한 새로운 희망을 만들어가야 한다.

또한 한국교회는 생명신학적 관점에서 생명의 가치를 최우선으로 하는 기억의 공동체로서 성서적 전승과 교회에 그 근거를 가지고 아우슈비츠/베트남/유고슬라비아/소말리아, 그리고 한반도의 분단의 고통과 같은 인간 고난사의 위험스런 기억의 전달자이어야 한다.[31] 즉,

---

31 앞의 책, 126.

세월호를 망각한 채로 그리고 가난한 자와 억압받는 자들의 희생적 죽음을 망각한 채로 지낸다면 어떤 신학도 정당화될 수 없다는 것이다. 그래서 세계의 낯설고 먼 이웃의 고통에 연대적으로 참여하고 오늘날 우리 생활세계에서의 희생자들을 개인적, 집단적으로 기념하는 책임적인 태도로, 다양한 예술적·예전적 방법을 통해 잊지 않고 그 고통을 기억하고 전승함으로 기독교 기억 문화를 형성하며 기억의 공동체를 세워나가야 한다. 그나마 잊지 않고 기억하기 위해 세월호 유가족 초청 인권주일예배를 드리고, 세월호 참사를 기념하기 위해 추모공원을 건립한다는 소식이 들리는 일은 다행이다.[32] 이러한 의미에서 기억의 윤리는 생명윤리와 상호관련 속에 발전된다. 왜냐하면 죽은 자들에 대한 기억은 과거에로의 회귀가 아니라, 미래의 공동의 구원을 위한 희망의 원천이기 때문이다.[33]

구체적으로 한국교회가 만약 기억공동체로서 기도와 찬양과 예배 등 예전과 예식 그리고 예술적 양식을 통하여 죽은 자들을 기억한다면 그들을 희생시킨 현실적인 세계의 지배자들을 향한 부단한 고발과 항의가 될 것이다. 그러므로 이러한 기억의 윤리는 교회공동체를 통하여 예수 그리스도의 죽음과 부활에 대한 기억의 담지자로서 불의하게 살해당한 수많은 무죄한 희생자들과의 기억 연대를 형성하고, 기억 투쟁을 지속하게 하는 기억의 공동체가 되어야 함을 강조한다. 즉, 교회가 억울한 희생자들의 고난과 죽음에 대한 기억을 보존하고 재현하는 기억의 문화와 공간을 형성하는 장소가 되어야 한다는 의미이다. 또한

---

32 「여성신문」, (2015. 9. 4), "세월호 500일 망각과 기억".
    http://www.womennews.co.kr/news/86182#.VejzjLWwdaQ.
33 이석규, "문화적 기억과 그것의 정치-신학적 영향사에 관한 연구"(2010), 219-220.

교회는 동시에 죽임의 세력을 물리치고 권력의 반생명적 정치를 감시하며 물신 숭배를 비판하는 대항 공론장이 되어야 한다. 특히 기억의 윤리는 물신이 지배하고 있는 소비사회에서 잊어버리기 쉬운 타자의 고난에 대한 민감성과 연대성을 추구하고 나아가 진정한 의미의 치유와 화해를 지향해야 할 것이다.

기억의 정치학을 지향하는 벤야민은 역사를 미래 대신 '현재를 예언'하는 정치적 역사관, 그리고 과거를 향한 예언자로서의 역사가의 사명을 주장하였다. 그는 집단적으로 확보해야 하는 기억은 존재했던 것에 대한 '아직 의식되지 않은 지식'으로 기억은 완결되지 않은 것(행복)을 완결된 것으로 만들며, 완결된 것(고통)을 완결되지 않은 것으로 만들 수 있다고 말한다.[34] 구약의 예언자들 역시 자신들의 시대에 가득 찬 고통과 절망의 소리에 신실하게 응답하며 새 역사를 만들어 갔다. 현실의 고통과 절망을 외면하고서는 우리는 바람직한 미래를 소망할 수 없다.

한국교회는 미래적 희망 속에서 죽임의 시대에 생명공동체로 계속해서 고통의 역사에 대한 '기억하기'를 수행해야 한다. '기억rememberance'이란 비록 과거는 현재 존재하지 않지만, 과거야말로 우리가 행동하기 위해서 끌어내야 하는 결론들의 원천임을 인식하는 것이다.[35] 또한 기억은 진정 존경심과 올바른 마음을 지니고 고통 받은 사람들과 자신을 변호

---

34 그는 역사를 완결되지 않고 불연속적인 것으로 바라보는 시각, 결을 거슬러 역사를 손질하는 것을 진정한 역사가의 과제로 보는 역사관, 미래 대신 '현재를 예언'하는 정치적 역사관, 그리고 역사가는 과거를 향한 예언자로 분류하여 설명한다. 최성만, 『발터 벤야민 기억의 정치학』 (서울: 길, 2014), 380-381.

35 John Berger, *Ways of Seeing* (London: Harmonsworth, 1971), 11: 하비 케이/오인영 옮김, 『과거의 힘-역사의식, 기억과 상상력』 (서울: 삼인, 2004), 224-225쪽에서 재인용.

할 수 없었던 사람들에 관하여 '기꺼이 증언하려는 의지'이다. 마르쿠제는 망각은 복종과 포기를 지속시키는 능력이며 과거의 고통을 잊는 것은 그 고통을 야기한 세력들을 청산하지 않은 채로 그들을 용서하는 것이라고 말하였다. 이렇듯 시간에 굴복하지 않고 맞서 싸워 진상 그대로 기억을 복원하는 것은, 해방의 수단으로서의 사상의 가장 고귀한 임무 중에 하나다.[36] 때로는 위험한 통찰을 이끌어내는 과거의 기억은 진정한 미래의 약속 안에서 새로운 공동체를 견인해 낸다. 하나님 나라에 나타나는 종말론적 소망은 그 시대의 절박한 현실과 밀접한 관계가 있고 그 나라의 도래는 절박한 역사적 상황 때문에 가능해진다. 또한 각 시대의 신학자는 자신의 역사적 상황 속에서 구체적 질문을 가지고 하나님께 나아가야 한다.[37]

V. 결론 : 기억과 생명감수성

기억은 오늘 우리를 존재하게 하는 출발점이다. 어떠한 기억을 가지고 있는가에 따라 공동체의 미래와 방향이 달라질 수 있다. 한국 사회 속에서 '생명'은 그리스도인들로 하여금 죽임의 문화에 저항하고 반생명 현실 세계를 바르게 해석하며 구체적 현장에서 충만한 삶을 가능하게 하는 새로운 인식구성의 핵심 개념이다. 왜냐하면 하나님이 창조하신 모든 생명은 그 어떤 순간이라도 존중받아야 하는 고귀한 것이고 그 생명은 고립되어 존재할 수 없으며 공동체적 관계 속에서만 가능한

---

36 하비 케이, 『과거의 힘-역사의식, 기억과 상상력』(2004), 224-225.
37 윤철호, "통전적 신학 방법론," 「장신논단」, Vol. 47권 1호(2015), 132.

것이기 때문이다. 그러므로 세월호 이후의 신학은 생명의 존엄성 위에
교회를 다시 회복시키고 생명가치를 최우선에 놓고 새로운 세계를 소
망해야 한다.

이러한 의미에서 기억의 윤리적 행위는 '생명감수성'을 가지고 현실
을 재해석하며 생명 존엄의 가치를 현재화하는 적극적 태도이다. 특히
생명이신 예수 그리스도를 따르는 공동체로서 교회는 그 어느 때 보다
도 생명 파괴의 문화에 저항하는 정의로움과 생명에 대한 깊은 감수성
으로 고난당하는 자들을 기억하고, 고난에의 참여를 통한 연대를 지속
해 나가야 한다. 그러므로 한국교회는 기억의 윤리적 연대와 남겨진
자들의 고통에 동참함으로 고통과 위기에 대한 표면적 진단과 피상적
치유, 감정적 공감을 넘어 진실이 드러나기까지 기억의 윤리적 행위를
실천해야 한다. 그리고 이를 통해 각각의 위기와 고통을 양산하는 구
조와 체제, 이념들을 분석하여 좀더 실천적이고 변혁적인 대안을 제시
할 수 있어야 한다. 이것이 진정한 의미에서 한국교회의 회복적 희망
이다.

그리스도의 고난에 참여하는 한국교회의 '기억의 질'은 그들이 기억
하고자 하는 내용에 얼마나 가까이 가느냐에 달려 있고, 생명의 원천
이 되시는 그리스도를 구주로 고백하는 한국교회의 '생명감수성의 질'
은 그들에게 얼마나 가까운 이웃이 되어 오랫동안 함께 공통의 기억을
회상하며 함께 그 고통에 참여 할 수 있는가에 달려 있다. 이제 한국교
회는 교회와 사회를 분리하여 안주하지 말고 겸손하게 세상에서 들려
오는 소리에 귀를 기울이고 이웃들의 아픔과 고통에 마음을 열어야 한
다. 왜냐하면 예수의 고난과 부활을 기억하는 교회공동체는 고난의
길, 그리고 그 너머에 나타나는 부활을 소망하는 공동체이며, 그 기억

을 잊지 않는 공동체는 고통의 역사에 의한 위협과 어둠을 물리치지 않는 한 부활의 기쁨을 전제할 수 없기 때문이다. 인간 고통의 위협과 어둠의 역사로부터 분리되어진 부활의 진정한 기쁨은 불가능하다는 의미이다.[38] 이렇게 진정한 희망을 가능하게 하는 그리스도인들의 기억의 윤리적 실천은 예수 그리스도의 부활의 한 가운데서 그의 고난을 기억하고 현재 고난 받은 자들의 고통에 참여함으로 하나님 나라 실현을 이미 경험하며 살아가게 하는 것이다.

---

38 John-Baptist Metz and Jürgen Moltmann, *Faith and Future: Essays on Theology, Solidarity, and Modernity* (New York: Orbis Books, 1995), 11.

김기석. 『가시는 길을 따라나서다』. 서울: 한국기독교연구소, 2009.

손택, 수전/이재원 옮김. 『타인의 고통』. 서울: 이후, 2008.

신응철. "문화적 기억과 자기이해 그리고 기억 책임." 「해석학연구」 제35권(2014). 201-231.

윤철호. "통전적 신학 방법론." 「장신논단」 Vol. 47-1(2015). 125-149.

이석규. "문화적 기억과 그것의 정치-신학적 영향사에 관한 연구." 「조직신학논총」 제26권(2010). 103-131.

죌레, 도르테/채수일·최미영 공동 옮김. 『고난』. 충남: 한국신학연구소, 1993.

최성만. 『발터 벤야민 기억의 정치학』. 서울: 길, 2014.

케이, 하비/오인영 옮김. 『과거의 힘-역사의식, 기억과 상상력』. 서울: 삼인, 2004.

Balthasar, Han U. *Mysterium Paschale: the mystery of Easter*. tran, Aidan Nicholas. San Francisco: Ignatius press, 2008.

Baptist Metz, John- and Moltmann, Jürgen. *Faith and Future: Essays on Theology, Solidarity, and Modernity*. New York: Orbis Book, 1995.

Bellah, R. N. et al., *Habits of the Heart: Commitment and Individualism in American Life*. New York: Haper and Row, 1985.

Berger, John. *Ways of Seeing*. London: Harmonsworth, 1971.

「기독공보」. 2015년 8월 29일.

한국기독공보. (2015. 4. 14.) "세월호 유가족이 교회 떠나는 이유 아세요". http://www.pckworld.com/news/articleView.html?idxno=67600. 2015년 11월 24일.

미디어오늘. (2014. 5. 20.) "박근혜 대국민 담화, 생명의 소중함 잃어". http://www.mediatoday.co.kr/news/articleView.html?idxno=116696. 2015년 11월 24일.

시사저널. (2014. 9. 4.) "세월호 참사 5위…재난이 남긴 충격". http://www.sisapress.com/news/articleView.html?idxno=63166. 2015년 11월 24일.

jtbc. (2015. 9. 7.) "청와대, 세월호 참사에도 달라진 게 없는 안전시스템". http://news.jtbc.joins.com/html/534/NB11022534.html. 2015년 11월 24일.

여성신문. (2015. 9. 4.), "세월호 500일 망각과 기억".
    http://www.womennews.co.kr/news/86182#.VejzjLWwdaQ. 2015년 11월
    24일.

다른 유교, 다른 기독교, 한국 生物여성 정치의 여성신학적 근거 — 한나 아렌트의 '탄생성'(natality)과 정하곡의 '생리'(生理)를 중심으로

이은선

I. 시작하는 말: 우리 시대와 유교 영성

지난 4.16일 진도 앞바다 팽목항에서 일어났던 세월호 참사의 해법을 범사회적으로 성찰하는 가운데 한국의 한 원로 사회학자는 '부'와 '권력'은 사람을 행복하게 할 수 없다는 최근의 뇌과학자들(두뇌신경학)의 실험이야기를 들었다. 그것은 부와 권력이 인간을 인간답게 하는 '공감력'을 훼손시키기 때문이라고 하는데, 그 뚜렷한 예로 다시 한나 아렌트에 의해서 '악의 평범성the banality of evil'이라는 개념으로 정리된 제2차 세계대전의 전범 아이히만을 들었다. 즉 그의 사고 없음이 바로 공감력의 부재이고, '역지감지易地感之'할 수 있는 능력의 부재였으며, 그렇기 때문에 그는 그렇게 '정상적으로' 자신의 살인 직업을 수행할 수 있었다고 말한다.[1]

---

1 한완상, "피로담론을 퍼뜨리는 이 땅의 '선장들'," 「한겨레」 9월11일(목), 2면.

이 설명은 그렇게 새로운 것이 아니다. 그럼에도 불구하고 이 성찰은 오늘 다시 우리 문제적 상황의 핵심구조를 잘 밝혀주고 있다. 세월호 사태만이 아니다. 오늘 우리 삶과 사회적 삶의 정황은 어느 지경까지 추락할지를 가늠할 수 없을 정도로 비인간적으로 추락하고 있다. 지금까지의 인간에 대한 기본적인 기대와 상식, 믿음이 여지없이 깨지고 있고, '국가'에 대해 가졌던 최소한의 신뢰마저 배신당한 느낌이다. 멀쩡하게 수학여행을 떠난 그토록 많은 학생들이 어쩌면 국가에 의해서 수장당했을지도 모른다는 '괴담'이 떠돌고 있는 나라가 오늘의 한국 사회이다. 그렇다면 우리는 어디서부터 다시 시작해야 하는 것일까? 왜 상황이 이러한 데도 우리의 행위력은 거의 정지된 느낌이고, 그런 사태에 대해 작동하는 우리의 감수성과 공감력은 점점 더 떨어져만 가는 것일까? 회복과 개선이 가능하기나 한 것일까? 범인류적인 차원에서도 인간 문명이 총체적으로 "절체절명의 순간"을 맞이하고 있고, "앉아서 기다리면 떼죽음뿐"이라고 하지만,[2] 거기에 '반응하는reaction' 우리의 실천과 행위는 느릴 뿐이다.

오늘 우리가 대면하고 있는 현실은 일찍이 러시아의 사상가 베르댜예프가 근대 부르주아 문명의 노예성으로 그린 '돈'과 '자아'에의 노예성과 잘 상통한다.[3] 이러한 상황에서는 남아나는 것이 없다. 인간은 말할 것도 없고, 산천, 강, 들판과 역사, 미래의 시간까지 시간과 공간의 찬탈이 끝없이 이어져서 모든 존재가 이용되고 조작되고 수단화될 뿐이다. 이렇게 부와 권력이 삶의 목적이 된 사람에게는 존재는 한갓 이

---

2 르웰린 보간리/김준우 옮김, 『생태영성-지구가 울부짖는 소리』 (서울: 한국기독교연구소, 2014), 324.

3 니콜라스 베르댜예프/이신 옮김, 『노예냐 자유냐』 (서울: 늘봄, 2015), 243.

용가치가 되므로 그 존재들과의 하나됨을 경험하기 어렵다. 그리고 그로 인해 스스로가 불행해진 사람들이 어떻게 타인과 세계를 존엄과 생명과 거룩으로 받아들일 수 있겠는가? 오늘 온 산하와 거기에 사는 생명들이 이렇게 망가뜨려지고 폭력을 당하는 것은 그 일을 행하는 사람들 스스로가 자신들을 귀하게 여기지 못하기 때문이다. 지금까지 자신들의 삶에서 종교와 정치와 문화, 교육 등을 통해서 온통 도구와 사용가치로만 취급받아온 사람들이 어떻게 타인과 세계를 거룩과 존엄과 생명으로 알아차릴 수 있겠는가? 이렇게 해서 우리 시대의 문제는 다시 한편으로 '거룩'(聖)과 '존숭'(敬), '참됨'(誠)을 알아보는 종교와 신학의 문제이고, 세계 존재의 거룩함의 차원을 회복시키는 구원의 일과 관계되며, 특히 거룩의 기원으로부터 철저히 소외되어서 오직 인간 자원으로밖에 여겨지지 않는 현대 인간의 '자아'의 개념을 새롭게 하는 일이라는 것을 알 수 있다. 플라톤은 "(아무리) 단순한 사용물조차도 그것의 척도는 神이다"는 말로 이미 오래 전에 공리주의 극복의 열쇠를 신학적 물음으로 던져주었다.[4]

하지만 우리도 잘 알다시피 종교도, 특히 오늘날 한국 사회에서의 개신교의 정황을 살펴보면 오히려 그 교회도 우리 정황의 한 원인제공자라는 것을 부인할 수 없다. 한국 사회가 처음 기독교의 '복음'을 만났을 때 거기서의 예수의 새로운 성속聖俗의 이야기는 큰 해방과 구원의 목소리가 되었지만, 오늘날은 그 소리가 오히려 강한 배타의 원리가 되어서 너무 많은 영역들을 성속聖俗과 속된 영역으로 배제하고 배척하고 있다. 그 속된 것으로 배제되는 영역에 자연과 교회 바깥과 이웃종교와 많은 경우 여전히 여성과 평신도도 포함되므로 오늘 훨씬 더 포괄

---

4 한나 아렌트/이진우·태정호 옮김, 『인간의 조건』(파주: 한길사, 2002), 217.

적이고 보편적으로 존재의 거룩함을 회복하는 일이 무엇보다도 시급
하다. 나는 그 변화의 가능성을 특히 동아시아 유교 전통과의 대화에
서 보았다. 동아시아 농경문화의 토양에서 자라서 하늘과 땅 사이 만
물의 '살아있음'(易)을 강조하고, 바로 이 세계 속에서 지극히 '세간적世
間的'으로 존재의 궁극적 의미를 실현하려는 유교 영성(聖人之道)이 오
늘 거룩의 영역을 보다 넓게 보편적으로 확장하는 것이 요청되는 상황
에서 좋은 가르침을 줄 수 있다고 본 것이다. 성직자 그룹을 따로 두지
않았고, 역사에서 비록 적장자 그룹의 경색이 있었지만, 인간 누구나
가 이루고 사는 가족적 삶을 거룩의 공동체로 가꾸려 했고, 또한 주체
의 자유와 가능성을 인정하지만 동시에 이 세계 타자들과의 관계의 도
를 무엇보다도 중시하면서 그들과의 하나됨(平天下)을 추구하는 유교
적 도가 오늘 보편적인 거룩의 탈각으로 심하게 고통 받고 있는 우리
시대에 많은 의미를 지니고 있는 것으로 보였다. 나는 이것을 "聖의 평
범성의 확대"의 일로 보았다.5

　이 유교 전통에서 특히 한국 사람들의 정서를 가장 잘 대변해주고
있다고 여겨지는 맹자는 "천하(天下)의 근본은 나라(國)에 있고, 나라
의 근본은 가정(家)에 있으며, 가정의 근본은 자신(身)에게 있다"라는
말을 "인간 보편의 말(人有恒言)"로 들면서6 그 천하의 출발점이 되는
주체(身)의 핵심을 다시 '마음'(心)으로 파악했다. 후대에 더 생생하게
"곡식의 씨앗"(穀種)으로 간파된 그 인간의 마음을 맹자가 또 다시 '인
의예지仁義禮智'라는 4가지 씨앗을 싹틔우는 생명원리로 제시해 주었는

---

5 이은선, "종교문화적 다원성과 한국 여성신학," 『한국 생물生物여성영성의 신학』 (서울:
　모시는 사람들, 2011), 29.
6 『맹자』이루 上, 5, "人有恒言".

데, 이 이야기는 한국 사람들에게는 그가 오늘 어떤 종교 그룹에 속하는가에 상관없이 보편적인 인간 이해와 사회 이해의 틀로서 역할을 해왔다. 나는 오늘과 같이 삶이 총체적으로 흔들릴 때는 이렇게 사람들이 널리 말하고, 보편으로 인정하고, 그것에 기대어 살아왔던 삶의 원칙들을 재성찰하는 일이 긴요하다고 생각한다. 그것들이 우리들을 다시 가장 밑동으로부터 돌아보게 하고, 거기서 우리들을 다시 보편적으로 묶어주는 가능성을 제시할 수 있다고 보기 때문이다. 그래서 이렇게 오늘 '주체'와 '가정'과 '나라'와 '천하'가 총체적으로 심하게 문제가 된 상황을 맞이하여 맹자가 일찍이 그 전체의 문제점의 출발로 삼았던 네 가지의 생명 원리를 다시 살펴보고자 한다. 그것이 무엇이기에 그는 거기로부터 천하의 안녕이 달려있다고 보았고, 그 네 가지의 덕목 속에 천지의 생명을 살릴 수 있는 어떤 근거가 있다고 보았는지, 우리 시대를 위해서도 어떻게 하면 그 보편의 원리로 다시 진단하고 검토하면서 변화의 실마리를 찾을 수 있겠는가를 알아보려는 것이다.

이 일을 하는데 있어서 20세기 서구 여성정치철학자 한나 아렌트를 주로 언급할 것이다. 또한 18세기 조선 성리학자 하곡 정제두(霞谷 鄭齊斗, 1649-1736)의 언어도 힘이 닿는 대로 같이 초대할 것이다. 이런 일들을 통해서 구하고자 하는 나의 뜻은 21세기 한국의 여성신학자로서 '한국 生物여성정치'의 근거를 찾고, 그것에 기대서 우리 시대를 위한 나름의 실천적 대안을 찾으려는 것이다.7

---

7 여기서 내가 쓰는 개념인 '生物'은 특히 『중용』의 '天地生物之心'에서 얻어온 것으로 '生'을 형용사가 아닌 동사로 먼저 이해하고자 한다. 즉 천지의 '만물을 낳고 살리는 일'이라는 의미에서 한국여성들의 오래된 살림과 생명의식을 지시하는 의미이다. 나는 이러한 이해를 하곡의 '생리'를 이해하는 데도 그대로 적용할 수 있다고 생각한다; 이은선, "한국 페미니스트 그리스도론과 오늘의 기독교," 『한국 생물生物여성영성의 신학』(2011),

II. 仁, '탄생성'(natality)과 '생리'(生理)

한 편의 연극을 보았다. "몇 가지 방식의 대화들"이라는 제목으로
극단 〈크리에이티브 VaQi〉의 공연이었다. 그런데 그 연극의 주인공
은 지금까지 한 번도 연극을 해 본 적이 없는 74세의 노인 할머니(아주
머니)였다. 초등학교도 나오지 않았고 어릴 때 고아가 되어서 일생을
남의 집 일을 하면서 힘들게 살아오신 분인데 1941년생으로 이름에
사랑 '愛'자와 착할 '順'자를 쓰는 이애순 할머니이다. 열 살 때 6.25 폭
격으로 언니를 잃고 뒤이어 어머니, 아버지를 잃고서 서울 홍은동과
홍제동에서 거의 일생을 살아오셨는데 지금은 '행복한 시절'을 보내고
있다고 한다. 여전히 일주일에 한 두 번 남의 집일을 다니고 일 년 전부
터는 동네 복지관에서 요가도 배우고 등산 동호회에서 한 달에 한 번씩
등산도 다닌다. 2남 1녀 중에서 매우 "자상한" 사위와 "친구 같은" 딸과
카톡도 하고, "작은 아들이 잘해서" 행복하다고 한다.8

그런 할머니가 자신의 삶에서 제일 신나게 서술한 일은 어떻게 혼자
서, 학교도 다닌 적이 없는 자신이 "남의 집 살면서 그 집 애들 공부하
는 거 보고" 한글을 "한자 한자" 깨우쳐나갔는가 하는 것이다. 그녀는
ㄱ, ㄴ, ㄷ만 가지고는 글자가 안 되어 ㅏ, ㅑ, ㅓ 등을 거기에 붙이니까
글자가 되는 것을 알았다고 한다. 지금도 받침 같은 것은 많이 틀리고,
여전히 더 많은 글자를 배워야 하지만 "내가 하고 싶은 마음이 있어가
지고" 그렇게 글자를 깨쳐나갔다고 밝힌다. 그녀는 스물다섯 살에 지

96.

8 〈페스티벌/도쿄2014〉초청작, "몇 가지 방식의 대화들," 2014. 9. 13-21, 아르코예술극
　장 소극장, 크리에이티브 VaQi, 팸플릿, 13.

인의 소개로 동네에서 나이가 훨씬 많은 남편을 만나서 결혼한 후 아이들 셋을 낳았다. 아이들이 중학교에 갈 나이가 되어서 학교에 보내야 했지만 남편이 그것을 원하지 않아서 그때부터 발 벗고 나서서 온갖 장사와 배달일과 남의 집 일 등을 하면서 혼자 벌이로 아이들을 학교에 보냈다고 한다. 그렇게 모진 삶을 살게 한 남편이지만 세상을 떠난 남편에 대해서는 그래도 자신에게 "가족을 만들어주어서" 고맙고, 죽을 때 그렇게 "길게 고생시키지 않아서" 고맙다고 한다. 남의 집에 가서 일을 할 때도 그녀는 청소와 빨래를 정성을 다해서 하고, 남의 집 자식이지만 밥을 정성스럽게 차려주고 "사랑해"하고 말하곤 했다. 그래서 사람들은 그녀와 한번 인연을 맺으면 쉽게 보내지 않는다. 그녀의 착한 마음씨와 성실함, 능동성과 자발성, 공감력, 명랑함을 좋아하기 때문이다.

나는 바로 그런 그녀의 마음씨와 인격을 '仁'이라고 부르는데 주저하지 않겠다. 유교 전통은 인간은 누구나 태어나면서 그런 마음의 씨앗을 가지고 태어나는데, 그러한 마음씨는 나중에 후천적인 공부를 통해서 얻게 된다기보다는 '탄생'과 더불어 인간의 마음속에 선한 씨앗으로 놓인 것이라고 한다. 이애순 할머니가 "하고 싶은 마음"이라고 표현한 대로 매우 능동적이고 자발적이라는 것을 강조한다. 그녀는 바로 그 마음을 가지고 타인과 세상과 관계하면서 살아왔다. 그 가운데 자녀들을 '낳았고'(生), 그들을 길러내고 '살려냈으며'(生), 자신이 모르는 것을 알고자 하는 마음으로 대상에게 다가가서(親) 그들을 품어 안으면서 하나가 되었다(仁). 즉 '공감력sympathy'이며, 선천적 '양지良知'이고, 이 마음을 통해서 그녀 주변의 세상을 생겨나게 하는 '심즉리心卽理'의 창발력과 창조력이다. 남도 자신과 하나로 볼 수 있는, 그들을 배려하고 보살피고 사랑할 줄 아는 착한 '인간성'(仁)인 것이다.

한나 아렌트는 그 인간의 선천적인 능력을 "탄생성natality"이라고 이름 지었다. 그것은 모든 인간이 그 탄생과 더불어 얻어지는 그의 고유한 행위력이고, 그의 탄생이 아니었다면 이 세상이 몰랐을 전적 "새로움newness"을 가져올 수 있는 능력이며, 힘든 고난에도 불구하고 그것을 넘어서 "새로 시작할 수 있는 힘"이다. 그래서 아렌트는 그 인간 탄생성과 창발력을 어거스틴의 말을 빌어서 "새로운 시작이 있기 위해서 인간은 창조되었다. 이 시작은 각자의 새로운 탄생에 의해서 보장되어진다. 참으로 모든 사람이다"라는 말로 인간이 어떠한 능동성과 창조력을 가진 존재인가를 표현했다.9

18세기 조선의 성리학자 하곡 정제두(1649-1736)는 이 인간 마음의 살아있는, 살리는 능동성과 창발력을 '생리生理'라는 고유한 언어로 표현해주었다. 그는 임진왜란과 병자호란 이후 17세기 후반의 조선 성리학의 풍토에서 모든 학문적 경직과 정치적 소용돌이와 개인적 불행에도 불구하고 인간 마음의 속의 생명을 살리는 '생리'를 발견했고, 그것이 우리 마음의 선험적인 '밝은 인식력'(良知)이라는 것을 파악했다.10 그의 40대의 작품 『존언存言』에서 그는 당시 조선사회에서 이단으로 치부되던 명나라 양명학의 사고에서 얻은 인간 마음의 선한 능동성을 자신의 언어로 표현했다. 두 번의 큰 재난 이후 점점 더 마른 나뭇가지와 식은 재처럼 경직되어가는 조선 성리학의 정신풍토에서 전심으로 '仁을 구하는'(求仁) 삶을 살아가던 중 생명과 신변에 대한 심각한

---

9 Hannah Arendt, *The Origins of Totalitarianism* (New York and London: A Harvest/HBJ Book, 1983), 479.

10 민족문화추진회 옮김, 『신편 국역 하곡집』1, 「임술유교」(壬戌遺教) (서울: 한국학술정보(주), 2007), 294.

위험에도 불구하고 양명의 인간 존엄과 만인평등에 대한 영성을 이어받아서 인간 존엄의 근거를 보다 웅장하게 범생명론적으로 펼친 것이다. 그는 양명이 『전습록傳習錄』에서 "어린아이가 어머니 뱃속에 있을 때에는 다만 순수한 氣일뿐이니 무엇을 알 수 있겠는가?"라고 한 말을 들어서 "이 한 점의 순수한 氣는 오직 生理이며, 이것이 理의 체이고 神의 주재자(主)이다"라고 밝혔다.[11] 아렌트가 인간의 '탄생성'을 그의 새로 시작할 수 있는 힘으로 본 것처럼 하곡은 인간 한 몸의 "정신생기精神生氣"로서의 생리를 다시 천지의 낳고 살리는 仁과 연결한다. 그는 仁을 "생리의 主이며 발생시키는 주체"(仁者, 生理之主, 能發生者也)로 보았고,[12] 인간의 불쌍히 여기는 마음(측은지심)을 "인간의 생도"(人之生道)라고도 하고, 또 "생신生神"이나 "인간 마음의 神"(人心之神)으로도 표현한다.[13] 그는 또 맹자의 호연지기浩然之氣 이야기를 특히 좋아하였는데, 맹자가 '의를 쌓는 것'(集義)과 '밤에 잠을 잘 자는 것'(夜氣擴充) 등과 더불어 이야기한 호연지기를 기르는 공부가, 착하고 선한 말을 하면서 욕심을 부리지 않고 바르게 사는 일과 우리 몸의 건강이 결코 둘이 아님을 잘 드러내준다고 보았다.[14]

하곡이 300여 년 전에 인간 모두의 마음 안에 일점으로서 있다고 한, 생명을 낳고 살리고 만물을 새롭게 하고, 측은, 수오, 사양, 시비의 사단四端의 고유한 덕과 우리 인식력이(理性/良知)이 되어서 참된 인간

---

11 민족문화추진회 옮김, 『신편 국역 하곡집』 3, 「존언(存言)」 上 '生理性體設' (서울: 한국학술정보(주), 2007), 143.

12 앞의 책, 「존언(存言)」 上 '仁性心知', 160.

13 앞의 책, 「존언(存言)」 上 '生理虛勢設', 95.

14 앞의 책, 「학변(學辯)」, 48; 김길락, "하곡 정제두의 심성론 연구," 동양예문연구원·김교빈 편저, 『하곡 정제두』 (서울: 예문서원, 2005), 203.

이 되고자 하는 소망을 갖게 하고, 더불어서 우리 몸을 건강하고 아름
답게 하는 "생명의 근원(生身命根)"이라고 한 우리 마음의 生理가 이
애순 아주머니의 몸과 마음속에 잘 체현되고 있는 것을 다음과 같은
언술에서 본다;

"건강비결은 몰라 그냥 나는 나대로 살아갔으니까 건강비결 같은 건 없어
…. 사람들이 '건강하다'라고 하면 건강한 거 같은데 건강이란건 자기도
몰라. 지금 현재로서는 아침에 자고 일어나면 찌뿌듯하지 않고 벌떡 일어
나서 좋아. 왜냐하면 잠을 잘 잔거잖아. 그리고 아침에 자고 일어나서 한
10-15분 있다가 난 화장실을 가 대변을 봐. 아침에만 봐. 낮에 잘 안보고
아침에만. 내가 11시쯤 자면 딱 다섯 시간이나 여섯 시간 자고 일어나.
중간에 깨지도 않고. 그게 건강하다고 해. 그러니까 '내가 건강하구나' 그
러고 있지."[15]

나는 이것을 '천지의 낳고 살리는 창조의 영'(天地生物之心)이 그녀
의 몸에서 성육신한 것으로 보고자 한다.[16] 오늘날 이 인간에 대한 실
천력 있는 신뢰를 회복하는 일이 무엇보다도 시급하고 긴요한 일이라
고 여기는데, 거기서의 신뢰의 근거는 '탄생했다'는 참으로 보편적인

---

15 〈페스티벌/도쿄2014〉초청작, "몇 가지 방식의 대화들," 2014. 9. 13-21, 아르코예술극
　　장 소극장, 크리에이티브 VaQi, 팸플릿, 14.
16 이은선, "한국 여성신학 '천지생물지심(天地生物之心)의 영성과 생명, 정의, 평화", 생
　　명평화마당 엮음, 『생명과 평화를 여는 정의의 신학』(서울: 동연, 2013), 374. 하곡의
　　생리에 대해서 들은 한 여성 지인이 묻기를 여성들이 매달 하는 '생리'(menstruation)
　　와 하곡의 '生理'가 같은 단어인가 했다. 그러한 연결은 생각하지 못했는데 찾아보니
　　같았다. 이것은 매우 의미심장한 발견으로서 여성들의 몸이야말로 생명의 근원, 생신
　　명근이라는 것을 다시 잘 지적해 주었다고 생각한다.

'존재의 사실'(sui generis)에 기초해 있으므로 모두를 포괄할 수 있고, 실천적으로 작동할 수 있다.[17] 오늘 우리 시대는 그렇게 다시 그러한 존재의 원리에 근거해서 인간의 성성聖性을 드러내는 것이 중요하다. 만물을 싹틔우는 생명의 원리(仁)가 인간 자체이고(仁者人也, 仁也者人也), 이 세상이 살만한 세상이 되기 위해서 인간의 '측은지심'과 '차마 못하는 마음'(不忍之心)과 인간성이 어떤 종교나 정치의 구호를 넘어서 마지막 보루이고, 그래서 그것은 인간 마음의 네 가지 덕 중에서 가장 으뜸이 되고, 만물의 생명원리가 됨을 말하는 것이다.

III. 義, '자유'(freedom)와 '진리'(眞理)

위의 이애순 할머니가 참으로 명랑하고 꺼리지 않고 자신의 삶에 대해서 말하지만 한 가지 머뭇거리고 '부끄러워' 하는 것이 있다. 자기 혼자 벌어서 자식들을 가르치느라고 그들 모두를 '대학'에 보내지 못했다는 것이다. 그러나 그들이 그래도 모두 고등학교를 나왔고, 특히 작은 아들은 안정된 우체국 직장도 마다하고 나와서 스스로 '전문대학'을 졸업했고, 큰아들은 상고를 졸업할 때 "전교 8등"이었기 때문에 좋은 직장에 갈 수 있었다고 하는 이야기는 많이 자랑스러워한다. 여기에서도 드러나듯이 사람은 누구나 '부끄러워하는 마음'(羞惡之心)을 가지고 있다. 그것이 무엇이든 간에, 물론 할머니의 부끄러움은 우리 사회의 학벌주의가 만들어놓은 오히려 극복해야 하는 좋지 않은 허심일 뿐이

---

17 이은선, 『생물권 정치학시대에서의 정치와 교육-한나 아렌트와 유교와의 대화 속에서
　　』(서울: 모시는 사람들, 2013), 74.

라고 반박당할 수 있지만, 우리가 좀더 근본적으로 생각해 보면 다른 이야기를 할 수 있다고 본다. 즉 여기서 할머니의 부끄러워하는 마음은 꼭 '대학'이라는 배움 기관의 절대 단위 때문이라기보다는, 오히려 인간은 배워야 하는 존재라는 것, 즉 혼자 스스로 모든 것을 알고 할 수 있는 존재가 아니라 다른 사람들을 통해서 축적된 지식과 경험들을 얻어야 하는 존재이기 때문이라는 것이다. 그래서 그렇게 하지 않을 때 그것은 자기 속에 갇히는 것이고, 타자의 시간과 존재를 인정하지 않는 것이기 때문에 자연스럽게 부끄러운 마음이 든다는 것을 지시하는 의미로 이해할 수 있다는 것이다. 다시 말하면 전통적 유교의 개념으로 하면 타인에 대한 인정과 존숭, 자신을 삼가고 비우는 겸손, 남에게 마땅히 돌아가야 하는 것을 빼앗지 않는 마땅함, 자신이 탄생하기 전의 시간과 과거에 대한 존중이며, 그것은 곧 '義'를 말하는 것이다.

맹자는 그 義를 "인간의 길"(人路)이라고 하면서 그것을 "경장"(敬長, 오래된 것/웃어른을 존숭하는 것)이라고 했다. 플라톤의 『이상국가론』에 따르면 사람들이 함께 사는 바람직한 사회를 만들기 위해서는 '정의'는 금싸라기보다도 귀하고, 그것은 사회를 썩지 않게 하는 '방부제'와 같은 역할을 한다. 그러면 오늘 한국 사회가 한없이 부패하고 불의하다고 했을 때 그것은 무엇을 말하는 것인가? 맹자의 이야기에 따라 살펴보면 오늘 사람들은 점점 더 부끄러움을 모른다는 이야기이다. 부끄러움을 모른다는 것은 타인과 세계를 인정하지 않는다는 것이고, 자신이 천지의 영(靈)인 仁의 씨앗을 받아서 태어난 귀한 존재이지만 다른 사람도 그와 같은 정도로 귀하다는 것을 인정하지 않고 존중하지 않는 일인 것이다. 오늘 사람들은 세상의 일들을 쉽게 자기가 생각하고 싶은 대로, 자기에게 편리한 대로 재단하고 평가하고 '의견'을 내고 조작한다. 옛 언어로 하면 '인물위기認物爲己', '세상을 자기 자신으로 착각하는 것'이고, 아렌트의 말로 하면 '세계 소외worldlessness'이다. 즉 타자와 세계와 과거의 사실과 객관을 온통 주관과 자기 욕심과 오늘과 현재의 이득을 위해서 조작하고 왜곡하고 존중하지 않는 것을 말한다.

오늘 한국 사회에 정의가 없다고 하는 예로, 나는 맨 먼저 힘과 권력에 의해서 과거의 '사실적 진리들factual truths'을 그들의 권력 유지와 이익과 미래를 위해서 왜곡하고 거짓으로 조작하는 것을 들고자 한다. 맹자가 '오래된 것을 존숭함'(敬長)을 정의라고 했고, 그것이 한 사회를 바르게 유지하는데 방부제와 같은 역할을 하는 것으로 보았다면, 그것은 바로 과거의 사실을 있는 그대로 인정하고 존중하는 것, 자신들의 이익이나 의도를 위해서 왜곡하거나 조작하지 않고 사실 그대로 드러나게 해주어서 사람들의 판단력을 흐리지 않게 하는 일이 정의이고, 그것이야말로 한 사회를 유지하고 살만한 세상으로 만드는데 기초가 되고 토대가 되는 일임을 밝혀주는 것이다. 아렌트는 그녀의 탁월한 논문 "진리와 정치(Truth and Politics)"에서 어떻게 불의한 사회에서 정치와 사실적 진리가 적대적으로 충돌하는지, 그것이 자유사회에서 인정된다 하더라도 어떻게 '의견opinion'이라는 이름으로 왜곡되고, 감추어지고, 일파만파로 패러디화 되는지를 잘 밝혀주었다. 그녀에 따르면 그렇게 거짓과 의견과의 경계 허물기를 통해서 사실적 진리를 사라지게 할 수는 있지만, 그 결과는 인간 사회에서 거짓말이 진리로 수용되고 진리가 거짓으로 폄하되는 일보다 더 심각하게 바로 "실재를 읽어내고 거기서 의미를 찾아내는 사람들의 감각과 능력이 훼손되어 간다"는 것이다. 즉 '용서'나 '약속'과 같은 인간 고유의 행위는 말할 것도 없고, 어떤 인간적인 행위나 그것을 통해서 미래를 구상해 낼 수 있는 능력, 다시 말하면 우리의 사고력과 우리 삶을 계속할 수 있는 근원적인 생명력이 고갈되어 가는 것을 말하는 것이다.[18] 그것은 인간 삶의 부인할 수 없는 조건인 과거를 마치 현재의 일부분인 것처럼 마구 다루면서 그 존재가 가지는 완고성과 토대성을 오늘의 이익을 위해서 거짓으로 훼손하는 일이고, 그럴 때 우리 존재의 미래도 함께 날아가 버리는 것을 가르쳐준다. 즉 인간 공동 삶의 토대를 부수어버리는 처사이고, 그래서 그녀는 공론 영역에서 말과 행위의 진실성과 위대성을 보장하는 바른 정치의 일이야말로 인간 세계의 "생명줄lifeblood"이라고 했다.[19] 오늘 우리 사회의 생명줄이 끊어지고 있는 것이다.

양명이 설파한 우리 마음의 생생한 생명력(心卽理)과 선험적 인식력(良知)을 우리 마음의 생리生理로 파악한 하곡은 거기서 더 나아가서 그 생리 중의 '진리眞理'를 구별해 낸다. 그것은 우리 주체(마음)가 그 고유한 선험성과 창발력에도 불구하고 한편으로 인정하고, 기대야 하는 '세계(타자)'와 그 '다양성'과 더불어 같이 살아가야 하는 우리 삶의 존재조건에서 나오는 피할 수 없는 일인 것이다. 이것은 우리 삶에서의 '공부'와 '배움'의 문제를 드러내준다. 특히 우리 마음속의 '의지'의 순화 문제(誠意/正心)이고, 나 자신의 '생의生意'를 어떻게 타인의 의지와 잘 조화시키느냐는 물음이다. 하곡은 그래서 우리가 마음의 생리로 '낳고 또 낳고, 살리고 또 살릴 수 있는'(生生之謂易) 창조력의 존재이지만, 그 마음이 때때로 사사로운 욕망에 치우치고, 무엇이 공평한 것인지를 잘못 판단하는 현실(情)로 우리 마음이 "심포心包와 기막氣膜"으로 덮여있는 것을 지적하며, 그래서 그 생리 가운데서도 "진실한 본체"(眞實之理/

---

18 한나 아렌트/서유경 옮김, 『과거와 미래사이』 (서울: 푸른숲, 2005), 345.
19 한나 아렌트, 『인간의 조건』(2002), 267.

眞體)와 "참된 본성"(性之本體)을 구별할 것을 요청한다.

맹자는 義를 경장敬長, "오래된 것에 대한 존숭"이라고 했다. 몽테스키외는 '덕'이란 "공평에 대한 사랑"(the love of equality)에서 나오고, 존경심(honor, 敬)이란 인간 조건의 다원성과 긴히 연결되어서 "다름에 대한 사랑"(the love of distinction)에서 나오는 것이라고 했다.[20] 오늘 한국 사회에서 정의가 짓밟혀지고, 존숭의 마음이 없다는 것은 '타자'가 안중에 없다는 것이고, 특히 그 타자 중에서 나의 존재 이전의 존재, 과거의 사실, 부모와 나이든 세대, 오래된 자연 등에 대한 존중과 자리가 없는 것을 말한다. 그 과거의 사실과 많이 관계되는 배움이나 공부도 본래의 뜻을 잃고 심하게 뒤틀려서 많이 배운 사람일수록 더 이기적이 되고, 한갓 돈벌이 수단으로 전락해서 더 이상 존중받지 못한다. 오늘로부터 그렇게 멀지 않은 함석헌 선생의 어린 시절에는 글이 써져 있는 종이로 함부로 코를 풀거나 밑을 닦는 것을 엄하게 경계하는 글과 배움에 대한 존숭이 남아있었다고 하지만 오늘은 '교과서'도 조작되는 일이 특별한 일이 아니게 되었다.[21] 배움에 대한 큰 존중을 가지고 있는 이애순 할머니는 비록 학교는 다니지 못했지만 비굴하지 않고 떳떳하며 친절하고 따뜻하다. 그녀는 나이로 권위를 부리지 않고 오히려 젊은 사람들과 어울리는 것을 좋아하고, 앎에 대한 존중으로 혼자서 힘들게 깨우친 문해력으로 아침마다 성경도 읽는다. 특히 창세기를 읽으면서 나름대로 세상의 기원과 인간 삶의 이치들을 알아가는 것에 대해서 즐거워한다.[22] 할머니의 이런 호연지기와 세계에 대한 존

---

20 Hannah Arendt, *The Promise of Politics* (1983), 66.
21 함석헌, "한 동발목의 이야기," 노명식 지음, 『함석헌 다시 읽기』 (서울: 책과 함께, 2011), 36; 이은선, "仁의 사도 함석헌 사상의 유교적 뿌리에 대해서," 『陽明學』, 33(2012), 297.

중은 그녀가 다른 사람과 더불어 "조화 속에서 행위할 수 있는"(acting in concert) (正)義를 살고 있다는 것을 지시한다.

IV. 禮, '권위'(authority)와 '경학'(經學)

이상의 수오지심의 '義' 자字를 풀어 보면 '자아'(我)를 순한 '양'(羊)으로 만드는 일을 가리키는 것이라고 한다. 즉 더불어 사는 인간적 공동 삶을 이루기 위해서는 스스로를 양 같이 순화시키는 일이 긴요하고 그렇게 타자에게 순하게 대하는 일이야말로 義라는 것이다. 그런데 이처럼 인간성 속에는 서로에게 늑대가 아닌 양으로 살 수 있는 능력, 타자성과 다원성을 인정하면서 그렇지 않을 경우 부끄러워하는 마음이 있다고 하는데 왜 오늘날처럼 불의가 판을 치고 인간 공동 삶이 의롭게 유지되지 못하는 것일까? 왜 타자에 대한 인정과 공경심으로 자신을 삼가면서 함께함을 지속하지 못하고, 혼자서 모든 것을 독식하고 군림하면서 고독과 두려움과 불신으로 자신과 공동체를 파괴하는가?

앞의 이애순 할머니는 "나한테? 나한테 가족이란 건 중요한 거지", "나에게 제일 소중한 것은 자식"이라고 말한다.[23] 그렇게 그녀에게 가장 소중한 자식들이 중등교육을 받을 나이가 되었지만 남편이 그것을 허하려하지 않자 그녀는 그때부터 모든 힘을 쏟아서 온갖 종류의 노동으로 돈을 벌어 자식들 공부시키는 일에 몰두했다. 그녀는 그 일을 위

---

22 〈페스티벌/도쿄2014〉초청작, "몇 가지 방식의 대화들," 2014.9.13-21, 아르코예술극장 소극장, 크리에이티브 VaQi, 공연대화.
23 "몇 가지 방식의 대화들," 2014년 9월18일 공연: 팸플릿 13.

해서 자신을 철저히 삼가고, 바로 자신이 가장 소중하게 생각하고 그녀에게 가장 큰 '기쁨'(樂)이 되는 자식들을 위해서 자신을 내어주며 헌신했다. 그렇게 그녀가 30년 이상을 자신을 버리고 삼가고 흔들리지 않고 인간다운 삶을 유지하고 지속할 수 있었던 근거는 바로 '자식'과 '가족'이라는, 그녀에게는 한편으로 '궁극the ultimate'이 되고 '태극'이 되는 '경敬'의 대상이 있었기 때문이다. 또한 그녀에게 그 무조건의 敬의 대상인 자식이 그녀의 현재에 '樂'을 선사했기 때문이다. 즉 그녀는 비록 우리가 일반적으로 종교나 신앙이라고 부르는 것을 가지고 있지 않았다 해도 나름으로 일종의 신앙생활을 한 것이고, 그것이 그녀에게는 가족과 자식이라는 매우 세간적世間的인 대상과 관계한 경우이지만 오히려 여느 형식적인 종교보다도 역할을 잘한 경우라고 할 수 있다. 다시 말하면 우리의 義를 싹틔우기 위해서는, 그리고 삶에서 '지속적으로' 그러한 능력을 발휘할 수 있도록 하기 위해서는 '공경'과 '사양'의 대상이 요청된다는 것이다.

유교 전통에서는 보통 부모를 말하지만 여기서 이애순 할머니의 경우에는 부모보다는 자식이 그 역할을 했다. 부모를 일찍 여의었기 때문이기도 하지만, 오늘날 많은 한국 사람의 경우에도 부모가 생존함에도 불구하고 오히려 자식이 그 역할을 하는 경우가 빈번하다. 이것은 앞의 義 이해에 따르면 오히려 '경장'으로서의 의가 사라진 경우이므로 비판받을 만하지만, 오늘 현실적으로 한국 사람들을 그래도 끝까지 인간적 삶으로 붙드는 것이 자식인 경우가 다반사인 것을 보면 한편으로 그만큼 우리 사회의 비인간성이 심각하다는 증거이다. 그렇지만 인간의 생의지(生意)에서 '자식'이라는 주제가 가지는 절실성과 보편성이 그만큼 큼을 지시해 준다고도 할 수 있다. 이렇게 해서 여기서의 우리의 문제는 삶에서의 궁극의 의미를 묻는 '종교'와 '신앙'(禮/信)의 물음이고, 우리 몸과 마음을 습관들이는 '교육'과 '문화'의 일이며, 그 일에 있어서의 '권위'와 '전통'에 관한 물음이라는 것을 알 수 있다.

그런데 오늘의 세속화 시대에 聖과 俗을 과격하게 실체론적으로 이분하는 종교의 방식은 더 이상 보편성과 진정성을 얻지 못한다. 거기서의 궁극자는 점점 더 외면을 당한다. 오늘 한국 사회에서 기독교 신앙도 더욱 더 자아와 부의 확장을 위한 하수인이 되어감으로써 그 신앙을 통해 타자와 세계와 궁극에 대한 공경심과 사양심을 배우는 일은 더 어렵게 되었다. 오히려 그 반대의 현상을 불러오는 것이 오늘 한국 교회의 현실이다. 그렇다면 대안이 요청되는데, 오늘 21세기 인간 사회에서 그래도 보편적으로 그 안에서 내가 마음대로 할 수 없는 대상과 권위가 있다는 것을 경험하게 하고, 그와의 관계를 통해서 깨우쳐진 인간성을 계속 수행하게 하며, 그것을 담지하여 다음 세대로 전해질 수 있게 하는 마지막까지 남을 인간 공동체가 무엇일까를 묻게 된다. 거기에 대한 답은 '가족 공동체'라고 할 수밖에 없다. 그런 의미에서 그 가족 공동체 안에서의 관계의 윤리를 세속적인 예절이나 예식의 차원을 넘어서 '제사'와 '예배'의 차원으로까지 승화시켰던 유교적 내재적 초월의 가족 영성을 그 모든 억압적 요소에도 불구하고 우리 시대에 다시 돌아볼 필요가 있다.[24]

물론 오늘날 이러한 강조가 특히 여성들을 다시 사적 영역의 게토에 갇히게 할 위험이 있는 것도 사실이다. 하지만 그럼에도 불구하고 인간의 인간됨의 조건이 '관계성'(禮) 속에서 살아가는 것이고, 그 관계성

---

24 이은선, 『잃어버린 초월을 찾아서 – 한국 유교의 종교적 성찰과 여성주의』 (서울: 모시는 사람들, 2009), 53.

의 도와 예를 배우기 위해서는 작은 반경의 긴밀한 인간관계에서의 지속적인 배려와 관심과 사랑이 꼭 필요한 것을 생각한다면 오늘 한국 사회에서 무차별적으로 시행되는 '공공' 육아정책은 우선적으로 재고되어야 한다고 본다. 정부는 무상보육을 천편일률적으로 공공어린이집을 대상으로 시행할 것이 아니라 각 가정이 어린 후세대의 양육을 스스로 할 수 있도록 부모의 양육 휴가와 휴직을 대폭 가능하게 하고, 부모가 스스로 그 일을 할 경우 보육비를 그들에게 직접 지급하면서 어찌되었든지 지금까지의 가족 공동체의 좋은 점들이 이제 공공적으로 계속 활용되고 적용될 수 있도록 최선을 다해야 한다는 것이다.

오늘 한국 사회에서는 노인들을 모두 요양소로 보내고 아기들을 모두 공공탁아소에 보내는 일이 동시에 이루어지고 있고, 그러한 우리 사회의 범사회적 불의와 무례로 핵가족도 해체될 날이 멀지 않았으며, 이것은 사회의 기반 자체가 무너지는 일이 된다. 이렇게 될 때 사람들은 더 이상 어떤 삶의 추구도 없이 허무와 우울에 빠지기 쉽다. 궁극에 대한 관심은커녕 순간적 불편이나 조그마한 자기희생도 참지 못하면서 쉽게 두려움과 불신과 폭력, 조작적 쾌락과 퇴폐, 음란에 빠진다. 오늘날 선진국들이 앞 다투어 가족과 사회의 일이 양립될 수 있도록 여성들을 위해서 각종 제도를 고치고, 무엇보다도 아기 양육의 일을 우선으로 해서 모유먹이는 일, 산모와 양육하는 가정의 건강과 경제 형편을 배려하는 일, 동성 간의 결혼을 포함해서 어떤 형태로든 가족의 형태를 유지시키고 권장하는 일 등은 모두 같은 이유에서 나오는 개혁이다.[25] 아렌트는 건강한 공동체와 참된 교육을 위한 '종교'와 '권

---

25 30여 년 전에 본인이 스위스에 유학하면서 두 아이를 낳고 키우면서 경험했던 스위스 육아정책과 공공육아시스템은 바로 이 가정적인 요소와 공공적인 요소를 잘 통합하여

위', 그리고 '전통'의 "로마적 삼중주Roman trinity"를 이야기했다.26 그녀에 따르면 우리가 권위가 없이 산다는 것은, 또한 그 권위의 기원이 현재의 힘과 그 힘을 가진 사람을 넘어서 있다는 것을 모르는 것은, 성스러운 시원에 대한 믿음도 없이, 또한 전통적인 것이어서 자명한 우리 삶과 행동의 기준도 없이 그저 모여 살면서 그 사는 일의 기본적인 문제들에 봉착해 있는 모양이라고 지적했다. 그렇게 권위와 전통과 종교가 없이 산다는 것은 그래서 처음부터 완전히 다시 새롭게 시작해야 하는 위험과 부담에 노출되는 것을 말하고, 그런 부담과 위험을 완화시켜주고 이 세계에 우리보다 늦게 도착한, 새로 온 세대들을 도와주고 안내해주는 일이 '교육'이고 '문화'의 일이라면, 전통과 권위에 대한 의식과 믿음의 덕을 전해주고 심어주는 초기 양육에서의 긴밀한 인간적 돌봄과 배려는 매우 중요하다. 인간 공동 삶의 지속을 위해서 꼭 긴요한 일이고, 그것은 한 마디로 禮의 체화를 돕는 일이기 때문이다.

장이 많이 다르지만 17세기 조선의 정하곡도 그 사고의 전개에서 양명의 심즉리와 지행합일의 주체사상을 받아들여 生理와 眞理의 창발력과 직관력을 매우 강조했지만, 다시 말년으로 갈수록 '경학經學' 공부의 뜻을 밝히고 전심을 다해 새롭게 전통의 경전들을 이해하고자 했다. 그는 만년에 이르러서 『사서해四書解』, 『정성서해定性書解』, 『경학집록經學集錄』, 『심경집의心經集議』 등을 저술하면서 자신이 발견한 인간 정

서 누구든지 편안하게, 여유를 가지고 아이를 키울 수 있도록 하려는 것이었다고 기억한다. 모유를 먹이는 모든 엄마들에게 그 수고비를 국가가 지급하고, 공공육아에 맡기기 전에 가정적인 환경에서 돌봄을 받을 수 있도록 그런 가정들을 서로 연결하고, 주택과 일자리를 육아를 용이하게 하고, 가족의 삶이 훼손 받지 않도록 하는데 우선 배려하는 모습 등이었다. 그 당시 이미 비정규직이 아닌 정규직으로서의 파트 타임제, 기간제 등이 활성화되었던 것으로 기억한다.

26 Hannah Arendt, *Between Past and Future* (London: Penguin Classics, 2006), 125.

신의 원리에 입각해서 그 도야를 위해서 전통의 경전들이 어떤 가르침을 주는지를 깊이 있게 탐구하였다. 그의 『존언存言』이나 『학변學辯』이라는 저술의 이름 자체에서, 그리고 말년의 심도 깊은 경학에의 천착에서 양명학이라는 전통의 바다에서 건져 올린 진주에 조선의 성리학자로서의 자신만의 새로움을 보탠 것이 잘 드러난다고 생각한다.27 그의 일생의 탐구는 참된 인간성의 추구를 통한 세상의 평화였고(求仁成聖, 克己復禮), 그 일에 있어서 주체의 창조성에 대한 웅대한 믿음과 그러나 동시에 전통과 권위에 대한 깊은 존숭, 본래적 사실성이 훼손되지 않은 경전의 회복과 자신만의 고유한 해석, 글공부와 사회적 실천의 하나됨, 깊이 있는 형이상학과 세상을 위한 경세학의 통합 등을 대안으로 제시하면서 새로운 유교 공부(聖人之道)의 지평을 이어나간 것이다.

오늘 한국 사회에서 '자연의 학교'인 가정적 삶이 점점 더 위기에 빠지고 있다. 정치는 어떻게 하든 알량한 경제적 대가를 구실로 여성과 모성을 밖으로 끌어내서 그 생명력을 착취하는데 혈안이다. 자아와 돈의 노예성에 사로잡힌 교육은 오늘의 가정적 삶을 파괴하는 주범이 되었다. 또한 사회와 더불어 점점 더 외형에 집착하고 대형화되어가고 기업화되는 기독교회를 포함한 종교도 더 이상 공적 가정과 가족의 역할을 하지 못하고 오히려 또 다른 노동 현장처럼 그 구성원들을 더욱 곤고하게 한다. 어린 시절 인간적인 배려와 관심으로 양육을 받지 못하고서는 참된 공경심과 사양지심을 배우기 어렵다. 또한 늙은 할머니나 할아버지가 가족으로부터 소외되고 외롭게 죽어가는 것을 보는 아

---

27 김낙진· 김교빈 편저, "정제두의 『중용설』에 나타난 반주자학적 경전 해석," 『하곡 정제두』 (서울: 예문서원, 2005), 316.

이들의 마음속에 참된 '권위authority'가 자라는 것을 기대하기는 어렵다. 이애순 할머니의 경우 비록 부모가 일찍 돌아가시기는 했지만, 열 살 정도까지 '애순'이란 이름을 준 부모의 배려로 그런 마음 바탕의 힘을 얻지 않았을까 생각해 본다. 그녀는 자신의 딸에게도 말하기를, 아이들이 어렸을 때는 돈 벌러 나가지 말고 집에서 아이들 잘 돌보고 절약해서 알뜰하게 사는 것이 오히려 더 낫다고 했고, 그렇게 두 외손자를 잘 키운 딸과 사위와 더불어 친구처럼 지낸다. 작은 아들과 며느리에게도 같은 가르침을 주었다고 하고, 그렇게 해서 그들의 자녀들이 편안하다고 한다. 하지만 그녀에게도 그녀 자신의 고단한 삶과 권위 없음이 흔적을 남기지 않은 것이 아니어서 그녀의 또 다른 자녀는 부모에 대한 공경으로부터 멀어졌고 가족 공동체로부터 떨어져 나가서 그녀를 가슴 아프게 한다. 오늘 많은 여성들이 보편적으로 '자식들'을 가장 소중하게 여기지만 그들을 위해서 시간을 쓸 수 없고, 함께할 수 없고, 돌볼 수 없어서 야기되는 우울과 절망이 매우 큰 것을 본다. 자신이 귀하게 여기는 대상과 함께하고 거기서 얻어지는 기쁨과 더불어 편안해지는 것이 아니라 항상 분주하고, 여유가 없고, 집중할 수 없어서 그녀들은 불행을 느끼고, 그런 가운데 타인에 대한 배려나 자신을 기꺼이 사양하는 넓은 마음을 기르기 어렵다. 삶의 현재적 '기쁨'(樂)을 누리는 가운데서 남의 것을 탐내지 않을 수 있는 힘과 통찰이 생기고, 자신을 기꺼이 내려놓을 수 있는 여유가 생긴다. 그런 가운데서 義와 禮가 실천되며, 그것을 통해서 인간의 공동 삶은 지속된다.

V. 智, '판단력 확장'(the enlargement of the mind)과 '실심실학'(實心實學)

앞의 이애순 할머니는 아침에 성경 읽는 것을 좋아하고, 특히 창세기를 좋아한다고 말한다. 창세기를 읽음으로써 "아, 사람이 이렇게 해서 생겨난 것이구나!", "아, 이렇게 해서 사람 사는 이치가 되가는 것이구나!"라고 깨닫는다고 한다. 그런데 거기에 덧붙여서 그녀는 말하기를 창세기는 어렵다고 하는데, 모르는 말들이 너무 많이 나오고, "그리고 그것은 외국 거잖아"라고 지적한다. 즉 기독교가 한국 땅에 들어온 이후 그 성경이 지금까지 어느 종교 전통에서의 그것보다 더 일상적이고 시대에 맞는 언어로 번역되어서 배움이 짧은 어머니들도 큰 어려움 없이 읽고서 세상의 기원에 대한 생각들도 할 수 있게 했지만, 여기서 이애순 할머니가 슬쩍 지나가면서 지적한 대로 그 성경의 이야기가 여전히 외국 것으로 느껴진다는 것이다. 이 지적은 먼저 한국 기독교의 언어가 아직 충분히 토착화되지 않았고 현재화되지 못한 것을 가리킨다. 즉 그녀의 눈에도 한국 기독교의 여전한 서구 중심주의가 보였다는 것인데, 이 지적은 오늘 다원화 사회에서의 신학자들의 전문적인 고민과 성찰과 크게 다르지 않다. 나는 바로 이러한 그녀의 지적에서 '지식'(知)이 아닌 '지혜'(智)를 만나고, 우리가 궁극적으로 삶과 배움에서 얻고자 하는 것이 이러한 지혜인 것을 말하고자 한다.

유교 전통이 우리 마음과 인간성의 네 번째 능력으로 꼽는 '智'는 우리가 보통으로 많이 쓰는 단어인 '知'에다가 날 '日'자를 더한 것이다. 그것은 우리가 智를 얻기 위해서는 단순히 간단한 책 공부나 이성 훈련 등의 머리 공부만으로는 안 되고, 오래된 삶의 경험과 날마다의 몸의

체험과 지속적인 상고와 연마 속에서 얻어지는 것이라는 지적이라고
할 수 있다. 지혜는 그런 의미에서 대상에 대한 단순한 지식이나 정보
가 아니라 그것으로써 우리가 삶에서의 판단기준을 얻는 것이고, '시비
지심judging'이 되어서 무엇이 옳고 그른지를 구별하고 선택할 수 있도
록 하는 인생의 나침반을 얻는 것이다. 그런 뜻에서 지혜는 지식과는
달리 만인평등의 근거가 되고 희망이 된다. 누구든지 자신의 마음에서
구해서 실천에서 습득하고, 삶에서 연마할 때 얻을 수 있는 것이다. 이
애순 할머니는 비록 학교는 다니지 않았지만 지혜롭다. 그녀는 오랜
기간의 살림과 노동으로 우리 삶을 '증진시키고augment' 확장하는 삶의
지혜들을 많이 알고 있다.[28] 어떻게 하면 쌀을 벌레나지 않게 잘 간직
하는지, 쌀뜨물을 이용해서 어떻게 피부병을 고칠 수 있는지, 마당 한
구석에 부추를 심어놓고 매년 돌보지 않아도 새로 나는 부추로 어떻게
식탁을 꾸밀 수 있는지, 쓰레기봉투를 낭비하지 않으면서 쓰레기 처리
를 잘 할 수 있는 방법 등, 그녀는 자신의 살림 지혜와 때때로 생활에서
난감하고 당황스러운 일을 당했을 때 남들이 미처 생각해내지 못하는
방식으로 일을 잘 처리하는 것에 대해서 큰 긍지를 지니고 있다.

그러한 그녀의 삶에 대한 재발견인 극단 〈크리에이티브 VaQi〉의
연극 "몇 가지 방식의 대화들"에서 사람들의 생각에 가장 큰 파문을 던
진 것은 그녀가 꽤 긴 시간(20여분 동안) 동안 앉은 자세로 무대 바닥을
쓸고 걸레질하면서 두 바퀴나 도는 장면이었다고 한다. 2시간이 되지
않는 연극 중에서 그것은 긴 시간이었고, 영원히 지속될 것 같은 시간
으로 느껴지기도 했다고 한다. 사람들은 생각하기를, '한 바퀴만 돌지',
'쓸기만 하지', 왜 그녀가 그렇게 연극에서 끝날 것 같지 않은 긴 시간

---

28 Hannah Arendt, *Between Past and Future* (2006), 121-122.

동안 바닥을 쓸고 닦는 일을 계속 하는 지를 아주 의아해했다. 나는 그것에 대해서 이렇게 생각해 본다. 즉 일상의 생명을 낳고 살리는 살림의 일은 그렇게 지겹고, 지속되고, 반복적이고 힘들어서 결코 매력적이지 않고, 한두 번으로 그치는 일이 아니지만, 바로 그러한 평범하고 지속되는 일들을 통해서 생명이 탄생하고 자라고 돌봄을 받는 것이라고, 생명살림(生物)의 일은 그렇게 눈에 잘 두드러지지 않지만 지속적이고, 간단없이, 구석구석 성심을 다해서 살피는 일이라는 것을 지시해 주는 의미라는 것이다. 그것은 이미 『중용』의 지혜가 천지의 도인 '誠'에 대해서 말하면서 "지극한 정성은 쉬는 것이 없으니, 쉬지 않으면 오래고, 오래면 징험이 나타난다"(故至誠無息, 不息則久, 久則徵, 『중용』 26장)고 한 것과 "유구함은 物을 이루는 까닭"(悠久所以成物也)이고, "성실함은 만물의 시작과 끝이고, 성실함이 없으면 物이 생기지 않으니 군자는 성실함을 귀히 여긴다"(誠者物之終始, 不誠無物, 是故君子誠之爲貴.『중용』 25장)고 한 것과 같은 의미라고 생각한다. 이애순 할머니의 일생은 바로 그러한 성실함이 지속된 일이었고, 그래서 거기서 많은 것들이 생겨났고 창조되었으며, 삶이 증진되었고 이루어졌다. 그녀가 오늘 연극의 주인공이 된 것도, 이번 연극이 창조된 것도 바로 그러한 그녀의 성실과 지속성의 노력 때문인 것으로 해석 할 수 있다.

인간 행위력과 활동에 대한 큰 믿음을 가지고 그것을 줄기차게 강조해온 한나 아렌트는 그러나 그 유명한 예루살렘의 아이히만 사건을 겪으면서 무조건의 행위력의 강조가 큰 오류를 불러올 수 있는 것을 보았다. 즉 자신의 행위를 '성찰'할 수 있고, 그 의미를 '판단'할 수 있는 인간 사고력이 매우 중요하며, 그래서 그녀는 말년이 다가올수록 다시 인간 정신력의 탐구에 집중하였다. 하지만 그것은 단순한 서구 전통의 차가운 주지주의로의 회구懷舊가 아니라 그것을 넘어서 진정한 인간 판단력은 인간 모두의 참으로 단순하고 직접적이고 직관적이며, 우리 몸의 감각과 마음의 자연스러운 감정과 매우 밀접히 연결되어 있는 것으로 보았다. 그래서 그녀는 말년의 작품『정신의 삶, *The Life of the Mind*』에서 그 사고력을 특히 칸트의 판단력비판과 밀접히 연결시키면서 참으로 단순하게 우리의 '미감', 자신이 무엇을 좋아하고 싫어하는지를 아는 '취미taste', 상대방의 처지를 미루어 헤아릴 수 있는 '공감력sympathy'과 '상상력', 그리고 더욱 보편적으로 시대의 보통인들이 삶에서 자연스럽게 얻게 되는 '상식common sense' 등으로 파악했다.29 이것은 그녀가 우리 사고력과 판단력을 매우 실천적이며 구체적이고, 결코 일상의 삶과 공동체적인 보편과 떨어져 있는 것이 아닌 것으로 파악하고, 그것의 신장과 확장은 우리 일상의 구체적인 삶과 그 일상의 지속되는 반복과 몸과 마음의 편안함(利)과 즐거움(樂) 등을 통해서 이루어지는 일이라는 것을 간파한 것이다. 그녀는 아이히만의 어린 시절과 성장 과정을 돌아보면서 그가 당시 제국시대 말기의 상황에서 가정에서, 학교에서, 직업 세계에서 어떻게 혹독한 대우를 받았고 수단과 도구처럼 취급을 당했는지, 그의 인간적 선호와 감정과 일상의 교류가 어떻게 억눌려졌는지 등을 살펴보았다. 그의 끔찍한 공감력 부재와 상식의 상실, 감정적 메마름 등은 그의 모든 활동력에도 불구하고 바로 그러한 삶의 부재에서 온 것이라는 판단이다.

정하곡의 '실심실학'의 학문이 나는 이러한 아렌트의 판단과 매우 잘 연결될 수 있다고 생각한다. 이미 34세 때의「임술유교壬戌遺敎, 1682

---

29 Hannah Arendt, *The Life of the Mind*, Vol. 2 (NY&London: Yale University Press, 1982), 266ff.

년」에서 '실학實學'이라는 용어를 쓰면서 학문과 배움이 참된 인격의 성취를 이루는 공부이어야 한다고 강조한 하곡은30 다시 42세경의「존언」에서 분명히 밝히기를,

"우리 학문은 안에서 구하고 밖에서 구하지 않는다. 이른바 안에서 구한다는 것은 안으로만 살피고 밖의 일을 끊는다는 것이 아니다. 오직 안에서 스스로 만족할 만한 것을 찾는 것이어서 밖에서 득실을 일삼지 않는 것이다. 마음의 시비를 다하고 다시는 남이 내린 시비에 휘둘리지 않는 것이며, 사물이 근본적으로 진실하도록(實於事物之本) 돕는 것이며, 다시는 사물의 현상에 얽매이지 않는 것이다. 내 안에 있을 뿐이다. 어찌 남에게 관여시킬 것인가?"31

라고 하였다. 그가 80세 때인 영조 4년(1728년)에 왕과 나눈 대화록(연주筵奏)을 보면 하곡은 당시 파벌 정치의 극심한 혼란과 되풀이되는 야만 속에서 절실하게 노학자의 도움을 요청하는 영조에게 자신의 병과 고령을 들어서 한껏 사양하지만 "실심實心으로 실정實政을 행하는 것이 제1의第一義이고, 긴요한 공부"라고 강조한다.32 그리고 그 공부란 따로 특별히 구별된 시간에만 하는 것이 아니라 근본이 선 공부이기 때문에 "하늘의 운행이 쉬지 않고 또한 일월이 늘 밝음과 같이" 그치지 않는

---

30 『신편 국역 하곡집』 1,「유교(遺教)」, 296; 정인재,『양명학의 정신』, (서울: 세창출판사, 2014). 413.

31 『신편 국역 하곡집』 3,「존언(存言)」下,「문무지도(文武之道」, 209. 吾學求諸內而不求諸外,所謂求諸內者,非反觀內省而絶外物也°惟求其自慊於內,不復事於外之得失,惟盡其心之是非,不復徇於人之是非,致其實於事物之本,不復拘於事爲之跡也,在於吾之內而已,豈與於人哉?

32 『신편 국역 하곡집』 1,「筵奏」, 200.

것이라고 하면서, 중화와 탕평의 정치를 펼치는 일에 있어서도 "요순 같은 성인으로도 혼자 하지는 못하였"음으로 "반드시 여러 사람의 착한 것을 널리 모아서 조정 신하들과 더불어" 할 것을 간청했다. 이렇게 하곡에게도 그렇고 아렌트에게도 위대하고 특별한 지식보다는 삶의 토대와 근본이 되는 '상식/중용'이 더 중요하고, 다수의 공동체에서 일상의 삶을 통해서 이루어지는 '공통감'(덕)을 기르는 일이 무엇보다도 긴요하다. 그것이 모든 정치와 교육, 문화의 제일의 관건인데, 비록 천재나 위대한 행위자는 아니지만 무엇이 인간적인가를 보편적으로 알아볼 수 있는 판단으로 이 세상에서 계속 존재해야 할 것을 사심 없이 구별해 낼 수 있는 다수의 자유인과 상식인, 그들이 이 세상을 유지하는 근간이 됨을 밝힌 것이다.[33]

이애순 할머니는 연극에서 세상의 온갖 소용돌이 속에서 어찌할 줄 모르고 혼동에 빠져있는 젊은이들이 지친 발걸음으로 자신의 집을 방문하자 "밥 먹자"고 청한다. 여느 때와 다름없이 그녀의 전기밥솥에는 밥이 익어가고, 밥이 다 되자 그들에게 밥을 퍼주고 같이 앉아서 서로 물도 따라주면서 밥을 먹는다. 밥은 하늘이고, 밥은 일상이며, 밥은 햇빛이고, 밥은 공동체이다. 밥은 평범이며, 지속으로 이루어내는 구체적인 생명의 토대(利)이다. 그 밥을 그녀는 매일 아이들을 위해서, 가족을 위해서, 이웃을 위해서, 낯선 사람들을 위해서 지으면서 살아왔다. 그녀의 밥 짓는 일에는 우리 삶의 생명원리인 '仁義禮智'와 '친현락리親賢樂利'의 원리가 모두 녹아있다. 그녀 마음속의 生理로서 그것을 탄

---

33 Hannah Arendt, *The Life of the Mind*, Vol. 1(1982), 94-96; 이은선, "한나 아렌트의 탄생성의 교육학과 왕양명의 치량지의 교육사상-공적 감각과 지행합일의 인간교육을 위해서," 『생물권 정치학 시대에서의 정치와 교육』 (서울: 모시는 사람들, 2013), 166.

생과 더불어 하늘로부터 받았고, 그것을 삶의 온갖 역경에도 불구하고 잘 간직하고 일구어 왔다. 그래서 그녀는 우리가 기다리는 제2의 그리스도, '여성그리스도'의 모습으로 다가온다.[34]

VI. 마무리하는 말: 세월호 참사와 우리 희망의 근거

이번 세월호 참사를 당해서 갑작스럽게 세상을 떠난 아이들을 꿈에도 못 잊어 하는 가족들, 형제자매와 이웃들, 모성과 부성, 한과 그리움과 애통함을 담아서 한겨레신문은 2014년 6월부터 "잊지 않겠습니다"라는 제목으로 김기성, 김일우 기자의 소개의 글과 박재동 화백의 그림으로 아이들 한명 한명을 그려냈다. 1면의 오른쪽 한 부분을 채우는 그 기사는 아이들의 특징을 케리커쳐 식으로 그린 박화백의 그림 아래에 주로 남은 가족 중 한 사람, 거의 90% 이상이 그들의 엄마가 쓴 가슴에 사무치는 편지가 실렸다. 그 아래에는 기자들이 아이가 살아생전 어떤 아이였는지, 어떤 특징을 가졌고, 무슨 꿈을 꾸고 살았으며, 가족들과 친구들과는 어떻게 지냈고, 취미와 특기가 무엇이고, 어떤 마음씨의 사람이었는지 등을 짧지만 생생한 언어로 소개한다. 나는 이 기사를 쭉 따라 읽으며 주의 깊게 살피면서 지금과 같이 우리 사회에 만연한 모든 끔찍함과 비인간성과 거짓과 교만과 자기도취와 욕심과 부패 등에도 불구하고 그것을 넘을 수 있는 희망의 근거를 보았다. 그런 비인간성이 마지막의 언어가 아니라는 것, 그럼에도 불구하고 우리 사

---

34 이은선, "한국 여성민중(생명)영성과 여성 그리스도의 도래," 『한국 생물여성영성의 신학』, 201.

회는, 한국이라는 국가는 미래를 가질 수 있다는 것, 어쩌면 거기서 더 나아가서 지구 삶의 새로워짐과 앞으로의 나아감을 위해서 다른 길을 제시해 줄 수 있을지도 모르겠다는 생각을 조심스럽게 했다.

그곳에 주인공으로 등장한 아이들과 그들의 가족들의 삶은 우리 시대에 한국 사회에서 아주 평범한 아니 어쩌면 많은 경우는 평균보다 못할 수 있지만, 짧은 글 속에 나타난 그들의 일상은 참으로 지극한 인간성의 보고였다. 그들의 이야기는 참으로 애틋한 부모사랑과 자식사랑, 미래에 대한 선한 꿈, 소박한 삶의 기쁨과 아름다움, 자기희생과 공손함과 겸손, 약자에 대한 배려의식과 하나됨의 즐거움 등으로 가득 채워져 있었다. 나는 그와 같은 정도로 우리 시대에 많은 사람들이, 아주 평범한 보통사람들이 시대의 온갖 비인간성에도 불구하고 인간성을 잃지 않고 있었고, 착하고 선한 마음으로 살아가고 있었다는 것을 보면서 바로 그런 씨알의 마음들이 있는 한 우리 사회는 결코 희망이 없지 않다고 생각했다. 보통 사람들의 마음 밭이 그와 같은 정도로 가꾸어져 있다는 것은 쉽지 않은 일이며, 한국인들의 오랜 종교와 문화의 전통을 생각하게 했다.

그런데 오늘 이런 보통 사람들이, 세월호 가족들이 지금 매우 힘들고 아프다. 그런 자발적인, 생래의 생명력을 가지고 인간성을 키우며 꿋꿋하게 살아왔지만 그 삶의 역경이 너무 클 경우 거기서 생명과 삶은 잘 피어나지 못하고 대신 죽음을 생각하고, 병들고 죽고 왜곡되는 것은 자명하다. 그래서 나는 오늘 한국교회가 이들을 돕는데 더욱 적극적으로 나서야 한다는 것을 말하면서 이 글을 마무리 짓고자 한다. 이들이 계속 밥을 먹을 수 있도록, 이들의 밥솥에서 밥 짓는 냄새가 끊이지 않고 이들의 가족적 삶이 계속되어 갈 수 있도록 살피고 배려해야 한다는 것이다. 예전 예수의 생존 시절에 귀신들려 괴로워하는 자신의 딸을 살리기 위해서 예수와 논쟁하다가 '개들도 주인의 상아래 떨어지는 부스러기를 얻어먹는다'는 이야기로 예수조차도 승복하게 한 이방 여인 수로보니게(가나안) 여인의 이야기(막 7:24-30, 마태 15:21-28). 그리고 열두 해 동안 앓아오던 혈루병을 고치기 위해서 아무도 몰래 예수의 옷자락에 손을 대었다가 그것을 감지하신 예수에 의해 온전히 받아들여진 혈루증 걸린 여인의 이야기(마 9:18-26, 막 5:25-34, 눅 8:40-56)처럼 오늘 한국의 많은 여인들이 아이를 잃고, 아이를 잃어버릴 위기에 내던져져 있고, 더 이상 밥을 하지 못하고 밥상을 차리지 못하면서 죽을 것 같이 절실한 마음과 괴로운 마음으로 고통 받고 있기 때문이다. 그런 이들을 무조건적으로 받아들이고, 그들이 지금까지 한국 사회가 유지되어오는데 근간이 되어왔고 앞으로의 미래도 다르지 않다는 것을 다시 깨달으면서 이들을 살리는데 힘을 쏟아야 한다는 것이다.

이애순 할머니의 경우도 아픔이 있는데, 그녀와 몇몇 자녀들은 혹독한 삶의 시간들을 견디며 이겨내고 지금 나름의 행복과 감사를 말하지만, 어떤 자녀는 사고와 감정의 극심한 메마름을 보여주기 때문이다. 연극 중에 자꾸 흐르는 그녀의 눈물은 많은 것을 이야기해준다. 그러나 앞에서 살펴보았듯이 이들이야말로 가장 자연스러운 인간성의 담지자들이고 수행자들이며 전달자이기 때문에 이들의 존재는 앞으로의 우리 삶과 사회의 지속을 위해서 필수불가결하다. 그들은 스스로를 그렇게 주장하지 않으면서 인간성의 씨앗인 측은지심과 수오지심, 사양지심과 시비지심을 일상의 삶에서 지속적으로 실천해 왔다. 그래서 인간이란 어떤 존재이며, 어떤 삶이 진정으로 인간에게 기쁨과 보람을 가져다주고, 우리가 어떤 삶을 원하는지를 잘 알려주었다. 여기에 더

해서 이번 한겨레의 "잊지 않겠습니다"의 세월호 가족 이야기는 우리에게 또 한 가지 특별한 것을 보여주었다. 그것은 그들의 '죽음'에 관한 생각인데, 이들은 모두 자신들의 자녀들이 그냥 죽었다고 생각하지 않는다는 것이다. 비록 몸은 죽었지만 그 아이들을 여전히 대화의 상대, 자신들의 가족과 함께하는 존재, 하늘에서 친구들과 선생님들과 잘 지내면서 다시 만날 날을 기약하고 있는 존재, 이 땅의 가족들이 슬픔을 잘 견디며 그럼에도 불구하고 꿋꿋하게 살아갈 것을 바라고 도와주는 존재들로 보고 있다. 즉 이들에게서 몸의 마지막은 모든 것의 마지막이 아니고, 그들의 육체적 죽음이 모든 것의 끝이 아니며, 삶과 생명과 가족과 인간다움은 여전히 지속되는 것으로 알고 살아간다는 것이다. 그런 의미에서 그들은 어떤 종교의 삶과 죽음에 대한 이야기보다도 더 구체적이고 현실적으로 삶과 죽음을 넘어서 있는 것을 보여준다. 죽음이 그들에게 궁극적인 가로막힘이 아니고, 사멸성은 인간의 또 다른 조건이지만, 그러나 탄생성과 사멸성은 여전히 같이 간다는 것을 그들은 알고 있고 그것을 살아내고 있는 것을 볼 수 있다. 말하는 방식과 생각의 형식은 다르지만 그들 모두는 하나 같이 몸의 죽음이 마지막의 언어가 아니고 다시 만날 수 있다고, 꿈에 놀러 오라고, 다음 생에서 다시 보자고, 잘 기다리고 있으라는 이야기를 하면서 그 죽음까지도 받아들인다. 이렇게 참으로 평범하지만, 인생에서 거의가 관객들이지만, 그들은 삶과 죽음 모두를 초탈하고, 아니 기꺼이 껴안으며 길고 짧게 사는 것에 그렇게 연연해하지 않으면서 자신들의 인간성을 보여준다. 이러한 이들의 인간성을 다시 살리는 일이야말로 조건 없이 뭇의 평범성을 확대하는 일로서 바로 우리 공동 삶의 근거와 지지대인 '인의예지'를 회복하고 기를 수 있는 출발점인 것이다.

참고문헌

김교빈. 동양예문연구원/김교빈 편저. "하곡 리기론의 구조에 관한 연구."『하곡 정제두』.
　　　서울: 예문서원, 2005.

김길락. 동양예문연구원/김교빈 편저. "하곡 정제두의 심성론 연구."『하곡 정제두』. 서울:
　　　예문서원, 2005.

김낙진. 동양예문연구원/김교빈 편저, "정제두의『중용설』에 나타난 반주자학적 경전 해
　　　석."『하곡 정제두』. 서울: 예문서원, 2005.

노명식 지음.『함석헌 다시 읽기』. 서울: 책과 함께, 2011.

동양예문서원/김교빈 편저.『하곡 정제두』. 서울: 예문서원, 2005.

르웰린 보간리/김준우 옮김.『생태영성-지구가 울부짖는 소리』. 서울: 한국기독교연구소.
　　　2014.

『맹자』

鄭齊斗.『霞谷集』. 민족문화추진회 한국문집총간 160. 서울: 경인문화사, 1995.

박연수. 예문동양사상연구원/김교빈 편저. "하곡 정제두의 지행일체관."『하곡 정제두』.
　　　서울: 예문서원, 2005.

베르자예프, 니콜라스/이신 옮김.『노예냐 자유냐』. 서울: 늘봄, 2015.

생명평화마당 엮음.『생명과 평화를 여는 정의의 신학』. 서울: 동연, 2013.

아렌트, 한나/인진우 · 태정호 옮김.『인간의 조건』. 서울: 한길사, 2002.

______/서유경 옮김.『과거와 미래사이』. 서울: 푸른숲, 2005.

______/이진우 · 박미애 옮김.『전체주의의 기원』. 서울: 한길사, 2006.

유승국. 예문동양사상연구원/김교빈 편저. "하곡 철학의 양명학적 이해."『하곡 정제두』.
　　　서울: 예문서원, 2005.

이은선.『한국교육철학의 새지평-聖性誠의 통합학문적 탐구』. 서울: 내일을 여는 책,
　　　2000.

______.『잃어버린 초월을 찾아서-한국 유교의 종교적 성찰과 여성주의』. 서울: 모시는 사
　　　람들, 2009.

______.『한국 생물生物여성영성의 신학』. 서울: 모시는 사람들, 2011.

______.『생물권 정치학시대에서의 정치와 교육-한나 아렌트와 유교와의 대화 속에서』.
　　　서울: 모시는 사람들, 2013.

______. "仁의 사도 함석헌 사상의 유교적 뿌리에 대해서."「陽明學」제33호, 2012.

______. "오늘의 '포스트휴먼' 시대에 무엇이 인간을 여전히 인간되게 하는가? - 유교적 페미니즘과 '다른 기독론'(the other christology)." 「유교사상문화연구」 제52집, 2013.

이해영. 예문동양사상연구원/김교빈 편저. "하곡 정제두 철학의 양명학적 전개." 『하곡 정제두』. 서울: 예문서원, 2005.

정인재. 『양명학의 정신』. 서울: 세창출판사, 2014.

재단법인 민족문화추진회 옮김. 『신편 국역 하곡집』1-4. 서울: 한국학술정보(주), 2007.

〈페스티벌/도쿄2014〉초청작. "몇 가지 방식의 대화들." 2014.9.13.-21. 아르코예술극장 소극장, 크리에이티브 VaQi, 팸플릿.

Arendt, Hannah, *Between Past and Future*. London: Penguin Classics, 2006.

______. *The Life of the Mind Vol.2*. NY &London: Yale University Press, 1982.

______. *The Origins of Totalitarianism*. New York and London: A Harvest/ HBJ Book, 1983.

______. *The Promise of Politics*. New York: Schocken Books, 2005.

신자유주의 시대 군사주의와 젠더, 불안의 감정동학*

김엘리

Ⅰ. 여는 말

"우리가 생각하는 안보개념은 다릅니다. 우리가 말하는 안보는 생명, 부의 재분배, 그리고 인권이… 지속가능한 환경을 의미합니다. 우리의 안보는 삶에 대한 깊은 존경과 억압을 거부할 수 있는 권리에 기초하고 있습니다. 우리의 안보는 살고, 생각하고, 사랑하고, 선택하고, 표현하고, 결정하고, 움직이고, 휴식하고 그리고 조직하는 것입니다"(군사주의를 반대하는 국제여성네트워크, 2003. 1. 16).

생명은 삶이다. 사는 것이란 사람, 자연, 사회의 관계망에서 먹고 자고 사유하고 쉬면서, 사랑하고 갈등하고, 선택하며 늙어가는 것이다. 그런데 전쟁과 군사주의의 속성은 이러한 관계성과 연결성, 소통

---

* 이 논문은 『창작과비평』 2014년 가을호에 게재된 글을 수정, 재구성한 것이다.

을 단절한다. 역사적으로 평화운동에서 여성들은 무기 증강을 반대하고 반전을 주장할 때마다 삶과 군사주의를 대비시켰다. 질긴 한지를 이용하여 모든 것들의 연결성과 생명력을 표현하고, 마고할미의 창조력과 생산력을 전시하며, 군사기지 옆 캠프에서 먹고 자고 살면서 탈군사화의 대안적 사유를 제시하려 했다. 여기에는 국가의 군사안보가 더 이상 우리를 안전하게 하지 못한다는 비판이 있으며, 생명을 보존하고 안전한 삶을 느끼는 것이 진정한 안보라는 선언이 담겨 있다.

군사주의는 전쟁 때만이 아니라 평시에도 전쟁 준비를 하고 호전적 가치를 조장하여 삶과 생명의 연결성을 단절하는 현상을 설명하는 용어이다. 한국은 피식민, 분단, 한국전쟁, 한미동맹, 남북한의 오랜 군사 대치의 역사 속에서 군사주의가 생성되고 지속되어 삶과 사회조직에 뿌리 깊게 내장돼 있다는 점을 감안하면, 군사주의는 한국 사회를 이해하는 하나의 설명틀로 요긴하다. 남한 사람들은 분단체제에서 남북한의 군사적 대치를 겪으면서 특정하게 조직된 전쟁 공포나, 국민이 아닌 좌익으로 배제될 수 있다는 불안감 속에서 국민 정체성을 구성해 왔다. 이러한 감정은 일시적인 파동이 아니라 오랜 시간 역사적·정치적 혼란 속에서 만들어진 일종의 관성이다. 군사주의는 이 관성에 깊이 스며있다.

탈냉전의 시대를 열고 문민정부가 들어선 1990년대 이후 군사주의는 비판과 성찰의 대상이 되곤 했다. 비민주적 사회, 권위주의적 관료 사회, 폭력적 사회, 성차별 사회를 만들었던 구성 요소로서 군사문화는 해소되어야할 사회적 걸림돌로 지목됐다. 군사주의는 단순히 정권을 쥔 집단의 통치 방식만이 아니라 우리 사회에 만연한 현상이며 규율이라는 자기반성적 논의도 성행했다. 거대담론 안에서는 재현할 수 없는 정치적 언어 부재를 지적하며, 일상적 삶에서 경험하는 군사주의를 논하기도 했다. 그럴 때마다 군사주의는 폭력과 억압의 정치를 뜻했다.

그런데 오늘날 군사주의는 전체주의적 결연함보다는 사안별로 그 결을 달리하며 때로는 즐거움을 동반하다는 점에서 그 성격을 다시 보게 된다. 군사주의가 1960~80년대는 준전시체제의 유사 군사조직을 기반으로 국민을 국가 차원에서 동원했다면, 2000년대 이후는 자유민주주의 정치체제를 훼손하지 않고 자기계발이라는 신자유주의적 통치성 안에서 작동한다. 최근 군대 이야기가 매체 미디어를 통해 즐거움과 추억거리로 소비되고 유사 군사훈련이 극기 체험으로 차용되면서 군사적 가치는 개인의 삶에 친밀하게 관여한다.

그러나 한편, 정치적으로는 유신체제의 회귀를 논할 정도로 이념 공세가 전개되는 상황들에서는 전통적 의미의 군사주의의 결이 선명히 살아나고 있다. 분단사회에서 남북이 군사적으로 대치한 정치적 상황이 여전히 우리의 삶을 조직하고 있음을 실감한다. 국외적으로도 미국이 '아시아 회귀Pivot to Asia' 정책을 강화하면서 아시아의 군사화가 심화되고, 일본이 재무장을 시도하여 동북아 정세도 긴장되는 현실이다. 이러한 군사적 전략은 한국에서 안보와 군사주의를 강화해야 하는 근거를 제공한다.

이제 군사주의는 단순히 막무가내식이 아니라 보다 교묘하게 작동한다. 군사주의는 여전히 분단체제 하에서 항시적인 적을 상정함으로써 싸워야 할 대상이 분명하고 그 대상에 대한 적대감을 만드는, 탈냉전시대의 냉전 상황의 지속성이라는 맥락에서 발현한다. 그러나 동시에 일상의 삶에서 신자유주의와 결합하여 단순히 사람들에게 자기희생이 아닌 자기 이익과 부합하는 방식으로 작동한다. 반공 규율 사회

에서 국민으로서 훈육적 동원의 차원에서 군사주의가 발현했다면, 신
자유주의 통치 사회는 자기계발의 개인적 성취와 만난다.

이 글은 이러한 현상을 신新군사주의라고 표현한다. 신군사주의라
는 말은 '군사화된 근대성'과 '군사적 성장주의'를 넘어서 신자유주의
통치의 맥락에서 작동하는 군사주의를 포착하려는 시도이다. 여기서
굳이 신군사주의라는 용어를 사용하는 것은 군사주의가 작동하는 방
식이 신자유주의의 결을 따라 유동적으로 변신한다는 점을 말하기 위
해서다. 이 글은 군사주의가 단순히 폭력과 억압의 형태 안에서만 작
동하는 것이 아니라 자기 이익을 확장하는 지점과 만나는 맥락을 고려
하는데 있다.

II. 보이지 않으나 편재한 군사주의

1. 군사주의란

일반적으로 군사주의란 군사적 가치를 찬양하고 지향하는 경향을
말한다. 전쟁과 전쟁준비를 당연하다고 여기며 정상적인 사회활동으
로 보는 태도이자 행위이며, 이를 지속시키는 제도이다.[1] 반면 군사화
는 군사주의가 개인과 사회 전반에 확산되고 실행되는 과정이다. 신시
아 인로Cynthia Enloe가 표현하는 방식으로 말하자면, 군사적 가치를 취하

---

1 군사주의 개념에 관해서는 김엘리, "군사화와 성의 정치," 「민주법학」 25(2004) 참조.
군사적 가치 혹은 군사주의 속성으로는 호전성, 물리적 폭력성, 군기, 적과 아군을 구분
하는 집단 경계성과 정복 추구 등을 들 수 있다.

고, 군사적인 해결 방식을 매우 효율적이라 생각하며, 약육강식의 세상에 군사적 태도만큼 확실한 것은 없다고 믿으면 군사화 되었다고 본다.[2] '전쟁을 불가피한 것'으로 여기는 사회적 기운처럼, 군사주의는 사회를 특정한 방향으로 이끄는 경향성, 혹은 사람들의 행위와 사유를 특정한 방식으로 구성하는 사회적 에토스라고 말할 수 있다.

사실상 군사주의라는 용어는 모호하여, 학자들마다 쓰임새가 다르다. 군사주의는 군산학복합체와 같은 사회 체제를 뜻하기도 하고, 상징과 이미지를 통한 문화 현상이기도 하며, 정치 집단의 통치 기술이기도 하다. 호전적인 사유방식이나 가치의 측면, 갈등관계를 군사적인 방법으로 해결하는 행위의 측면, 무기 생산과 유통, 군사력 증대와 같은 군사 제도의 측면, 군부의 정치적 통제, 군과 산업의 깊은 결탁과 같은 사회구조의 측면 등 군사주의는 다양한 차원에서 발현되는 만큼, 군사주의의 발현 영역과 형태는 다양하다. 뿐만 아니라 군사주의는 국가주의와 결합하기도 하고, 인종주의, 신자유주의, 식민주의, 경제발전주의, 가부장제, 젠더 등과 얽혀서 혹은 기대어 등장하면서 다른 요소들과 구별이 모호하거나 복합적이다.

한국 사회의 역사와 정치 제도의 차원에서 군사주의를 논한다면, 식민지와 분단, 근대화 과정에서 생성되고 유지된 특성을 간과할 수는 없다. 홍성태는 이를 군사적 성장주의라는 용어로 설명한다. '일제의 군사주의를 바탕으로 정치적 목적을 위해 외형적 성장을 추구하는 박정희식 근대화 노선'을 말한다. 군사적 성장주의는 빠른 속도로 큰 외형적 성과를 단기간에 내는 효율성을 추구하는데, 이후 성수대교나 백

---

2 신시아 인로/김엘리 · 오미영 옮김, 『군사주의는 어떻게 패션이 되었는가』(서울: 바다
  출판사, 2015), 25-28.

화점의 붕괴로 그 허점을 드러냈다고 분석한다.[3] 문승숙은 군사주의를 사회체제로 보고 군사화된 근대성이라는 개념으로 설명하는데, 국가가 자신을 반공국가로 정의하고, 국가 구성원을 충성스러운 국민으로 만들며, 징병제를 산업경제조직으로 통합했던 점을 그 특성으로 꼽는다.[4]

그런데 1990년대 이후 국내적으로는 군사정권시대가 막을 내리며 한국의 경제와 정치조건이 변화했고, 국제적으로는 탈냉전 시대가 도래하면서, 군사주의는 구시대의 유물로 취급되는 듯 했다. 특히 탈냉전 이후 방위산업체의 구조 조정과 군축은 군사력 규모를 축소시키는 듯 했으나, 군의 전문성을 높이기 위해 민간인 전문가와 밀접히 결탁하고 퇴역한 군인들과 군 업체들이 양성한 민간 군사 기업이 증가하여 전쟁 수행에 필요한 부분에서 군사 영역과 민간 영역은 더 긴밀해졌다. 민간 군사 기업은 정보 수집, 군수물자 보급, 군사 훈련, 작전 전략 지원, 무기 관리, 지뢰 제거 등 전쟁과 관련된 전문적인 서비스를 제공한다. 마침 국가 예산을 감축하려는 한 방법으로 국가는 일부 군사 활동을 민간 군사 기업에 용역을 주어 군의 민영화가 가속됐다.[5] 스트랫포 Stratfor와 블랙워터Black Water 등 9.11 이후 민간 군사 기업의 활약은 알려진 바 있다. 한국 국방부도 전투 지원 업무 영역을 민간 사업자들에게 아웃소싱하며, 국방 관련 업무도 전문성을 고양시킨다는 명분으로 시

---

3 홍성태, "군사적 성장주의와 성수대교의 붕괴," 『20세기 한국의 야만 2』 (서울: 일빛, 2001).
4 승숙, 문/이현정 옮김, 『군사주의에 갇힌 근대』 (서울: 또 하나의 문화, 2007).
5 군의 민영화에 관한 자세한 내용은 피터 싱어/유강은 옮김, 『전쟁대행주식회사』 (고양: 지식의 풍경 2005); 강미연, "탈냉전 자본주의: 전쟁도 상품이다!," 『친밀한 적』 (서울: 이후, 2010) 참조.

민과 군인이 함께 운영하는 형태로 전환하는 것을 추진하고 있다.6

이러한 군사 활동은 경제 분야와 학계만이 아니라 문화, 영화에 이르기까지 다양한 분야와 유기적 관계에 있다. 대학과 군, 정부, 기업, 엔터테인먼트의 네트워크가 함께 움직이는, 이른바 군산학 엔터테인먼트 복합체는 백악관과 펜타곤의 정치적 관계에 있는 할리우드 영화 사업으로 나타난다. 탈냉전 후 미국의 자본주의가 군수산업의 재생산에 의존하는 것처럼, 문화 사업들은 9.11이후 테러와의 전쟁에서 필요한 여러 정보와 협조를 미국정부에 제공하고, 애국심을 일으키는 호전적인 영화들을 제작한다. 뿐만 아니라 할리우드 영화제작에서 컴퓨터 그래픽에 의한 특수효과 기술이 빠르게 발전하자, 군은 록키드마틴, 실리콘 그래픽사, 웨스팅하우스와 같은 군수산업체가 참여하는 연구 조직에 의존하여 21세기 전사들이 벌일 상황에 대비하는 전쟁 시뮬레이션 시스템을 제공받는다.7

군사주의는 첨단기술을 통해 글로벌하게 움직이며, 삶의 지속성을 단절시키는 폭력성과 부정성보다는 소비하는 것과 유사한 현상으로 사람들 곁에 있다. 시각적 이미지로 나타나는 전투와 폭력은 감각적이나 현실을 무감각하게 둔갑시키고, 때론 착한 폭력으로 언설되면서 그저 추상적으로 다가오는 지각의 착각을 일으킨다. 군사주의가 정상성으로 여겨지는 것은 국가주의와 애국심, 경제발전의 이익과 안전감이 윤리적으로 더 우선시되기 때문이다. 국가의 이익을 위해서 이질적인 인종이나 특정한 집단을 적대적 관계의 타자로 만들고 그들의 위험을 관리하고 제거하는 것이 우리의 안전감을 확보한다는 담론 위에, 군사

---

6 우제웅·이혁수, "민간군사기업의 성장과 활용 방안,"「주간국방논단」 1158(2007/7).
7 주은우, "문화산업과 군사주의,"「진보평론」 14 (2002/겨울호).

주의는 그 정당성을 구축한다. 전쟁도 사고파는 시대에 군사주의는 (너무나 당연해서) 어디에든 부재하거나 혹은 모든 영역에 편재하는 요물과 같다.

2. 군사주의와 젠더 정체성, 일상성

군사주의에 관한 여성학자들의 연구는 군사주의가 젠더에 의존하여 작동한다는 점을 강조한다. 신시아 인로는 군사주의가 남성성과 여성성에 기대어 어떻게 작동하는가를 다양한 국가들과 글로벌한 국제관계의 여러 사례들을 통하여 보여준다.[8] 그래서 강한 남성중심성으로 구성된 군사 분야의 특성을 탐색하면서도 이를 지지하며 받쳐주는 군사화된 여성성에 관해서도 밝힌다. 군사화된 여성성이란 여성/성이 군 제도에 배제되거나 주변화 되었지만 남성성과 비대칭적 짝을 이루며 군을 지원하고 유지하는 구조적 현상을 설명하는 개념이다. 그러니까 군사 활동은 남성/성만의 영역이 아니라 그동안 보려하지 않았던 여성/성이 있어서 가능했으며, 여성은 단순히 전쟁과 군사주의와 무관한 순수성이 아니라 다양한 방식으로 연루되어 있음을 노출시킨다.

이러한 논의를 바탕으로 캐서린 문Katharine Moon은 미국이 한국정부를 방기하려던 정책에 맞서서 한미동맹을 유지하려 했던 주요 전략이 기지촌정화운동이었음을 설명하면서 그 핵심에 기지촌 여성들의 외교적 활약이 있었으며, 기지촌 여성들이야말로 국제정치의 주요 행위자

---

8 Cynthia Enloe, *Does Khaki Become You?: the Militarism of Women's Lives* (Boston: South End Press, 1983); *The Morning After: Sexual Politics at the End of the Cold War* (Berkeley, LA, London: University of California Press, 1993); *Globalization & Militarism: Feminists Make the Link* (2015).

였음을 지적한다.[9] 그 외에도 군인 아내와 가족들,[10] 군 위안부의 경험 연구,[11] 그리고 여성 군인들의 이미지 재현 연구는[12] 여성의 삶에서 군사화된 여성성이 발현되는 구체적인 양상을 보여준다. 이러한 논의들은 여성들이 군사주의의 피해자이기도 하지만, 구조화된 군사화에 직간접적으로 영향을 미치는 행위자라는 점도 보여준다.

무엇보다 남성성은 군사주의의 남성 권력을 이루는 핵심적인 개념으로서 탐색된다. 전쟁 발발이나 군사력 증강은 국가들 간에 일어나는 남성성의 경쟁에서 비롯되며,[13] 힘의 균형은 국가 간의 동맹과 대적관계에서 보다 강한 남성성을 구현하려는 남성 주체의 구성 과정이라는 점을 여성학자들은 논한다. 주로 군사화된 남성성의 연구는 군대의 운영 원리로서,[14] 전사되기의 담론으로서 그리고 무력 분쟁과 관련된 섹슈얼리티의 통제 기제로서[15] 남성성을 분석하며, 군사화되고 남성화된 안보와 전쟁 담론을 비판적으로 해석한다.[16] 그런데 이러한 접근은

---

9 Katharine H. S. Moon, *Sex Among Allies: Military Prostitution in U.S.-Korea Relations* (NY: Columbia Univ. Press, 1997).

10 Marriott B., "The Social Networks of Naval Officers' Wives," *Wives and Warriors: Women and the Military in the United States and Canada*, ed. L. Weinstein and C, C. White (London: Bergin & Garvey, 1997).

11 안연선, 『성노예와 병사만들기』 (서울: 삼인, 2003).

12 Elisabeth, A. E. R. Valeria and S. Lorenza(eds.), *Women Soldiers: Images and Realities* (NY: St. Martin's Press, 1994); Howard, J. W. and Prividera L. C. "The Fallen Woman Archetype: Media Representations of Lynndie England, Gender, and the (Ab)uses of U. S. Female Soldiers," *Women's Studies in Communication*. 31(2008/3), 288-311.

13 신시아 인로, 『군사주의는 어떻게 패션이 되었는가』 (2015).

14 이영자, "한국의 군대 생활과 남성 주체 형성," 「현상과 인식」 29(2005/3), 81-108; 권인숙, "군대 섹슈얼리티 분석: 성욕, 남성성, 동성애," 「경제와 사회」 82(2009/가을호), 38-65.

15 오미영, "군사주의와 여성의 섹슈얼리티," 「여성연구논집」 14(2003), 100-126.

남성성들의 차이보다는 균질화된 남성성을 전제하고 남성을 폭력의 가해자와 양산자로 두는 일정한 틀 지움의 한계를 갖는다.

두 번째, 군사주의를 연구하는 여성학자들은 제도나 구조만이 아니라 일상성에서 작동하는 군사주의에 주목한다. "군사화는 아기 양말에서부터 나이키 신발, 옷, 사랑, 우리의 모든 삶에서 일어난다"는 점을 간파한 신시아 인로의 접근은, GDP에 대한 군사비의 비율, 무기 수입 정도, 군부의 정치 개입 정도 등을 기준으로 군사주의를 측정하고 논하는 기존의 군사주의 연구와는[17] 다른 차별성을 가진다. 군사주의가 일상의 삶에서 작동한다는 것은 법이나 제도의 차원만이 아니라 젠더 정체성, 태도, 관계, 가치 선택, 의식의 차원에서도 나타나며,[18] 개인에게 일방적으로 주입되는 사회현상이 아니라 개인의 규율화된 행위와 맞물린 것으로서, 사회에 편재한 것임을 강조하는데 있다. 그리고

---

16 Ann Tickner, *Gendering World Politics: Issues and Approaches in the Post-Cold War Era* (NY: Columbia University Press, 2001); Iris. M. Young, "The Logic of Masculinist Protection: Reflections on the Current Security State," *Journal of Women in Culture and Society.* 29(2003/1); L. Sjoberg(ed.), *Gender and International Security* (London and NY: Routledge, 2010).

17 최장집, "군사화와 제3세계의 평화," 『한반도 평화론』 (서울: 법문사, 1989); 김진균·홍성태, 『군신과 현대사회』 (서울: 문화과학과, 1996); N. A. L. Mohammed, "The Development Trap: Militarism, Environmental Degradation and Poverty in the South," *A World Divided: Militarism and Development After the Cold War*, eds. G. Tansey, K. Tansey and P. Rogers (London: Earthscan Publications Ltd., 1995); S. Schofield, "Militarism, the UK Economy and Conversion Policies in the North," *A World Divided: Militarism and Development After the Cold War*, eds. G. Tansey, K. Tansey and P. Rogers (London: Earthscan Publications Ltd., 1995).

18 권인숙, "우리 삶 속의 군사주의," 『여성과 평화』 1권 (서울: 당대, 2000); 김현옥, "일상생활 속의 군사주의 재생산과 성별경험," 「한국여성학」 18(2002/1); 김엘리, "군사화와 성의 정치," 「민주법학」 25(2004), 104-125; 나윤경, "군사주의가 재현되고 실천되는 공간으로서의 남녀공학대학교," 「평생교육학연구」 11(2005/4), 1-32.

개인과 사회가 군사주의를 의식적으로 인지하지 못한 채 당연하거나 불가피한 것으로 용인하는, 자연스러움을 비판적으로 보고자 하는데 있다. 이는 곧 정권이 바뀌고 제도가 변화한다고 해서 군사주의가 이와 함께 곧장 소멸한다는 것은 아니라는 뜻이다.

III. 불안감에 스며드는 신군사주의

1. 소비와 체험으로

신자유주의 통치 원리란 사회적인 것을 경제적인 것으로 치환하여 시장 원리 혹은 경쟁 원리로 전환하는 것과, 시장 원리에 맞춰 자신의 삶을 관리하는 자기 경영의 주체를 형성하고 그 주체 형성 모델에 적응할 수 없는 개인을 사회 바깥으로 배제하는 것이다.[19] 한국 자본주의가 그동안 추진해온 신자유주의화는 단순히 훈육이 아니라 자기를 계발하는 주체를 생산시켰다.[20] 여기서 자기는 주관적인 존재이자 자율성을 추구하는데, 여러 선택지 속에서 자신이 스스로 선택하며 자신의 삶을 만들어감으로써 존재 의미를 찾을 뿐 아니라 그 삶의 현실과 과정을 개인의 책임이라고 여긴다. 자기를 계발하는 주체는 자신의 삶을 하나의 기업으로 여기며 자기를 기업가로 주체화한다. 비록 개인의 선택은 자유롭고 자율적으로 보이나 실은 시장 규범에 자신을 조율하고 전문가의 권위에 점차 의존하며, 모든 것은 개인의 능력 있음에 좌우

---

19 사토 요시유키/김상운 옮김, 『신자유주의와 권력』 (서울: 후마니타스, 2014).
20 서동진, 『자유의 의지 자기계발의 의지』 (서울: 돌베개, 2009).

된다는 담론으로 자신을 구성하게 된다.[21] 누구나 노력하면 성공할 수 있다는 믿음은 경제와 사회 구조적 문제를 고려하지 않는 신화에 불과하다. 만약 실패했다면 자신을 잘못 경영한 탓이다. 따라서 고용은 불안정하고 복지는 감소하고 있는 상황에서 개인의 불안감은 가중된다.

신자유주의가 표방한 자유와 작은 정부의 기치는 실제적인 안전 시스템을 제공하지 못한 채 개인에게 선택과 책임을 맡기는 셈이다. 어떤 이는 이 불안감을 개인연금과 사설 경비에 기대어 해소하려 한다. 개인의 안전한 삶은 민영화된 상품을 통해 확보되고, 개인은 공론의 장에서 사회적 실천을 행하는 시민이라기보다는 소비자로 전이한다. 자신에게 투자하고 자신을 관리하며 자신을 계발하는 행위는 특정한 제품을 선택하고 소비하는 행위와 연관된다.

병영 체험은 자신을 관리하고 계발하는 체험적 소비의 하나로 자리 잡고 있다. 남성만의 병역 의무 사회에서, 군대에서 축구하는 남성의 이야기나 최전방에서 귀신 잡는 이야기는 여성들에게 지겨운 영웅담이었지만, 이제 군은 호기심과 도전을 자극하며 나의 한계를 확인해볼 수 있고 남성과의 평등성을 가시할 수 있는 곳이 됐다. 이 남성 중심 조직에서 적응하고 살아남으면 어디서든 못할 게 없는 실험장이 된 것이다. '남자'라는 성별 자체가 취직에 유리한 스펙인 경쟁 사회에서 여성은 "남성들과 비슷한 위치에서 평가받을 수 있다"[22]는 기대감으로 병영캠프의 극기 체험을 지원한다.

여기서 눈길을 끄는 것은 군과 여성 그리고 체험적 스펙이라는 조합

---

21 Nikolas Rose, *Inventing Our Selves* (Cambridge: Cambridge University Press), 151–157.
22 김관진, "병영캠프가 취업용 스펙? 여성참가자 늘어,"「한국일보」2013년 8월 14일.

이다. 여성은 병역의무가 없으므로 안보 교육의 대상으로 지목되지만, 최근의 열기는 색다르다. 항간에는 여성의 시청률이 높았던 「진짜 사나이」의 영향 탓이라는 이야기도 있다. 물론 예능 프로그램으로 관심이 집중되는 효과도 컸겠지만, 여성들이 군사 활동에 노출되는 정도는 좀더 과감해졌다. 군대에 갈 아들을 이해하기 위한 정도가 아니라, 자기를 계발하는 직접적 체험으로 군사 활동을 인식하게 됐다.

여성의 병영체험이 성 평등이라는 맥락에서 언설화된다면, 학생들의 경우는 창의력을 위한 교육훈련으로서 거론된다. 인내력과 정신력, 집단성을 키우면서 리더십과 창의력을 고양하기 위해 교육기관들은 체험학습으로서 해병대캠프를 활용한다. 교육과학기술부는 2009년 교과과정의 하나로 창의적 체험활동을 도입하였는데, 그 체험학습이 병영체험캠프에서 진행되는 경우가 많다. 한 사설 해병대캠프 업체에서, 고객의 20% 정도가 기업체이고 학생이 80%를 차지한다고 말할 정도로[23] 병영캠프는 교육의 과정으로 자리잡고 있다. 정진후 국회의원이 발표한 바에 따르면, 2009년부터 최근 5년간 병영체험캠프에 참여한 학생은 207,434명으로, 2009년에 비해 2012년에 4배 증가했다.[24] 증가하는 이면에는 조직적 동원과 지속적인 협력 체제가 작동한다. 각 시·도 교육청은 일선 학교에 공문을 보내 학생과 교사 참가를 권유한다. 일부 시교육청은 군부대나 해병대전우회와 협력 약정서를 맺고 군·학·관의 체제에서 병영체험 프로그램을 진행한다. 프로그램에는 유격 훈련, 행군 훈련, 각개전투, 화생방, 수상 훈련 등과 같은 군

---

23 박현정, "병영체험의 이름은 '창의력 캠프'," 「한겨레21」 2013년 7월 29일(제972호).
24 참여 학교 수로는 2009년부터 최근 5년간 1,375개교이다. 2009년도와 비교하면 2012년도에 6.1배가 증가했다. 초등학교의 참여율이 가장 높은데, 학교 수는 11.7배, 학생 참여는 10.6배 늘었다.

사 훈련이 포함되어 있다. 이러한 상황에서 2013년 7월 18일, 해병대 캠프 교육 중 고교생 5명이 익사한 사건이 발생했다.

군과 군사업체들은 대중성을 가지기 위해 안보교육도 재미를 느낄 수 있는 체험적 형식을 취한다. 체험적 소비는 즐거움을 주는 한편으로 자기 이미지를 만들고 자기를 표현하는 장이 다. 특정한 제품의 소비를 통해 그 제품이 갖는 상징적 의미를 자기의 이미지로 전유하는 것이다. 그래서 병영 체험은 신자유주의 경쟁사회에서 스펙이 되는 능력 입증서가 된다. 여성뿐 아니라 유약하게 보이는 남성 사원들이 병영캠프 프로그램을 갔다 오면 강한 리더십을 습득한 사람으로 입증되고, 고교생에겐 공동체 의식과 인내력, 리더십을 갖추었다는 기록이 생활기록부에 기재되면서 대입 과정에 참조가 된다.

군사 활동은 특정한 군대 안에서 작동하는 것이 아니라, 자기계발의 일환으로 확장된다. 사람들은 군사훈련 프로그램을 통하여 자신을 관리한다. 자기계발은 소비와 체험을 통해 몸으로 느끼는 감정을 동반한다. 병영캠프는 고통과 무서움, 낯섦이 있지만, 이를 하고 나면 '해냈다'는 자신에 대한 믿음을 갖게 한다. 경쟁에서 낙오되면 실패할 수 있다는 두려움과 불안을, '해냈다'는 행위를 통해 해소한다.

무한경쟁 속에서 단절과 불안감을 가졌던 개인은 병영캠프를 통해 유사 공동체성을 느끼면서 위안을 받는다. 몸을 부딪치고 함께 작업하면서 협동심과 단결성에서 안정감을 느낀다. 그러나 체험적 소비는 순간의 감정이다. 체험 사회는 후기 근대 사회의 개인들이 주관적으로 삶의 보람과 즐거움을 찾으려는 생활양식이나[25] 불안한 삶의 조건을

---

25 V. Ute, "아름다운 삶의 프로젝트," 박금혜 옮김, 『현대사회를 진단한다』 (서울: 논형 2011), 92.

심층적으로 변화시키진 않는다. 오히려 개별적 몸은 유순한 몸이 되어서 국가와 기업이 조율할 가능성을 더 열어놓을 지도 모른다.

2. 안전 사회가 안보 국가로

개인의 자유와 선택, 자기 이익, 능력주의 등의 특징을 갖는 신자유주의는 국가 기능이 쇠퇴하고 개인성을 강조한다는 면에서 군사주의와 대립하는 것처럼 보인다. 그러나 오히려 신자유주의는 시장경쟁을 활성화하기 위한 조건을 만들며 시장의 권력을 강화하기 위해 국가를 필요로 한다. 이 가운데 개인주의가 만연한 혼돈을 질서로 되잡기 위해 국가의 강제성이 요구된다. 데이비드 하비David Harvey는, 신보수주의자들이 개인적 이해관계의 혼돈을 해결하는 방법으로 군사주의를 강화하면서 내·외부적으로 국가의 통합성과 안전성을 위협받는 상황을 강조한다고 말한다.[26]

박근혜 정부는 국민들의 불안감을 해소하고, 창조경제를 통한 고용 창출과 국민의 생명과 재산을 보호하는 안전 사회를 정부 운영 과제로 제시했다. 그러나 정부는 안전 사회를 4대 사회악의 근절이라는 일탈적이고 범죄적인 차원으로 축소시켜서 그 이해를 단순화시켰을 뿐 아니라 안전한 사회를 수호한다는 명분으로 국가의 관료주의적 집행권을 강화시켰다.

그리고 안전 사회는 안보 국가로 치환된다. 국가 기능의 부분들이 민영화를 통해 기업으로 이전되고, 국민을 소비자로 변화시킨 상황에서, 국가의 통치성은 안보에 대한 강조에 의존한다. 국가가 복지 기능

---

26 데이비드 하비/최병두 옮김, 『신자유주의』 (서울: 한울, 2007), 108.

을 제대로 수행하지 못하자 국가의 정당성을 확보하는 방식으로 안보 언설을 강화하는 것이다. 이는 개인의 인간 안보가 이루어지지 못하는 체제에서 개인의 불안감을 국가의 군사 안보로 수렴하는 효과를 낸다. 안전하지 못한 삶에서 오는 불안감을 국가정책과 시스템으로 해소하는 것이 아니라 국가의 법과 군사력에 의존하여 특정한 정치성으로 환원시킨다.

미묘한 것은 탈냉전시대에 냉전의 잔여가 여전히 감정의 발목을 잡고 안보 언설의 핵심을 이룬다는 점이다. 때로 미국의 '테러리즘과의 전쟁' 전략과 배치되어 한미동맹에 갈등이 불거진다 해도 한국은 북한과의 군사적 대척점을 붙잡고 있다. 반공주의는 일차적으로 북한을 겨냥하는 것 같지만, 내부의 적을 만들고 선별하는 정치적 도구이자 '국민'으로서 총화단결의 긴장성을 자동적으로 유발하는 회로판으로서, 기존의 질서를 지속시키는 효과적인 언술로 작동한다.27 흥미로운 점은 반공주의가 보수주의자와 기독교 근본주의자의 만남에서 열정을 태우며, 민간 극우 집단 활동의 핵심을 이룬다는 점이다. 이는 헨리 지로욱스Henry Giroux가 기술하는 미국의 상황과도 닮아 있다.28 그는, 신자유주의가 미국 정부가 추진하는 정치적인 의제와 맞지 않을 때 비관용과 증오를 부추기며 군사주의와 기독교 근본주의, 애국주의를 통하여 권위 관료주의를 키운다고 말한다. 국가는 기업, 신보수주의 비전, 기독교 근본주의와 동맹을 맺으며 국가 안보를 이유로 공포 문화를 조장하며 시민사회를 재조직한다는 것이다.

---

27 권혁범, 『민족주의와 발전의 환상』 (서울: 솔, 2000), 137-174.
28 Henry A. Giroux, "Cultural Studies in Dark Times: Public Pedagogy and the Challenge of Neoliberalism," *Fast Capitalism*, 2-3, 6-7 (http://www.uta.edu/huma/agger/fastcapitalism).

조갑제 전 월간조선 대표는 한 기독교 목회자 모임에서 우익보수주의와 교회의 공통점을 반공주의로 지적하며, 교회의 인적 자원과 물적 자원이 반공주의를 위한 힘이 되어야 한다고 강연하여 열렬한 박수를 받았다.[29] 이 강연이 반드시 매개가 되었다고 할 순 없다 해도, 이를 전후로 기독교계는 한국 보수주의 운동에 활동력이 되었다. 기독교 근본주의는 미디어법, 사학법, 차별금지법 등 법 개정 운동과 퀴어축제를 열렬하게 반대하는 운동을 전개하며 보수주의 극우파로 부상한다. 사회운동 이론을 감정이라는 개념으로 분석한 이승훈은 기독교보수주의 운동의 등장을 민주화 이후 정부 권력의 자리를 차지하지 못한 보수 교회들의 박탈감과 피해의식에서 찾는다. 뿐만 아니라 보수와 진보세력이 갈등하면서 누구도 실제적인 주도권을 장악하지 못한 정치영역의 힘의 공백을 기독교 보수주의가 감지하고 이를 채울 수 있는 자원의 힘이 자신에게 있다는 우월감을 등장의 기회로 삼았다고 지적한다. 그런데 기독교 보수주의 운동의 실제 힘의 행사는 이 우월감과 피해의식이 이른바 종북-진보세력을 향한 분노로 변하는 과정에서 일어났다. 그들은 싸워야할 적을 분명하게 삼고, 분노하면서 옳고 나쁨의 가치판단을 한다.[30]

이 과정에서 기독교 근본주의자들의 프레임은 십자군전쟁과 같은 것으로, 군사주의의 특성을 보여준다. 선과 악이라는 이원화된 체제를 바탕으로 반기독교 세력, 말하자면 좌익 세력을 악으로 규정하고 악을 정복하는 영적 전쟁을 치르고 있는 것이다. 그들은 진보적 세력들로

---

29 김지방, 『정치교회』 (서울: 교양인, 2007), 64-65.
30 이승훈, "사회운동과 감정: 한국기독교 보수주의 운동의 사례," 『한국 사회의 사회운동』 (서울: 다산출판사, 2013), 167-186.

인해 사회 혼란이 오면 공산주의에게 이로움을 주는 결과로 이어질 것이라는 불안과 두려움을 표현하는데, 선과 악, 적, 적대감, 공격, 박살과 같은 언어들과 논리는 군사적 가치와 깊이 맞닿아 있다.

이러한 기독교 보수주의자들이나 일베 등과 같은 민간 극우 집단들은 국정원, 검찰, 언론 못지않은, 박근혜 정부의 권력 장치이다. 정부가 외부의 적인 북한만이 아니라 일련의 정치적 스캔들을 통해 우익과 좌익을 가르고 국민 내부의 적을 만들면서 국가주의를 행사할 때 그들은 사회적 관리의 역할을 한다. 불안이라는 감정을 고조시키며 전쟁과 같은 위기의식을 조장한다. 불안감은 위험의 대상이 명확하지 않고 불확실한 상황에서 일어나는 감정으로, 개인적인 심리현상이라기보다는 사회적으로 구성되고 공유된 집단 감정이다. 불안감은 혼란, 무질서, 분열에 대한 두려움의 다른 이름으로, 정부와 우익보수주의자들은 이 불안감을 해소한다는 명분으로 군사주의를 불러낸다. 반공주의는 이렇게 해서 군기를 잡으려는 군사주의적 질서관을 재생시킨다. 여기서 군사주의는 우익 보수주의자들의 사유체계이자 통치 기술이다.

IV. 젠더 질서의 변화와 군사화된 남성성의 균열

분단 사회에서 남성이 된다는 것은 군대를 둘러싼 담론 속에서 특정한 방식으로 사유하고 행위하도록 한다. 군대에서 유격훈련 시 교관이 훈련병에게 하는 레퍼토리가 있다. "애인 있습니까?", "없습니다!", "엄마를 부르면서 힘차게 나간다 뛰어!"라는 레퍼토리는[31] 보호자-피보

---

31 이 레퍼토리는 일반적인 군문화의 상식으로 회자되는 내용인데, 엄옥순, 『군대는 여자

호자, 안보 행위자-정서 제공자라는 젠더 문법 안에서 반복되고, 남성은 반복적 수행을 통해서 만들어진다. 남성 징병 제도는 남성과 여성으로 하여금 성별분업 틀에 맞추어 남성다움과 여성다움을 행하도록 한다. 문승숙은 남성의 정체성이 경제와 군사 활동의 결합 속에서 구성됐다고 분석한다. 경제적 보상으로 이어지는 병역 이행을 통해 남성들은 남성의 경제권과 가장권을 가진 반면, 여성은 가정주부와 어머니로서 자리매김하게 됐다고 기술한다.[32] 말하자면, 군사화된 근대화는 국방과 산업 현장에서 전사 같은 남성과 모성으로서 안보 국가에 기여하는 여성을 젠더화된 방식으로 분리하였다. 이러한 맥에서 헤게모닉 남성성은 병역 의무를 한 이성애 남성으로서 경제력을 갖춘 생계 부양자의 모습을 하였다.

그런데 신자유주의는 전통적인 성 역할에서 벗어나 능력 중심의 사회를 표방하며 여성을 적극적으로 노동시장으로 소환한다. 여성들의 공적영역의 진출이 활발해지면서 우먼파워, 알파걸, 골드미스와 같은 능력 있는 여성들의 신조어도 생겨났다. 그중 군사 활동에 참여하려는 여성들이 눈에 띈다. 전통적인 성역할에 규정되지 않는 삶을 지향하고, 그동안 여성들에게 기회가 없었던 군과 같은 새로운 영역에 호기심을 가지고 도전하면서 국가적 차원에서 사회공헌을 하고픈 여성들이 등장한 것이다. 동시에 고기술 정보전이라는 무기 변화와 전쟁 개념의 변화는 여성들이 군사 활동에 유입할 수 있는 틈을 열었다. 전쟁은 이제 육체적인 힘보다는 정보기술을 더 요하므로 여성들도 참여할 수 있다는 담론이 성행했다.[33] 이러한 일련의 흐름은 성 평등의 척도로

다』 (서울: 지구촌, 1999), 65쪽에서 가져왔다.
32 승숙, 문『군사주의에 갇힌 근대』 (2007).

평가되기도 했다.

반면, 전통적인 남성성도 변화하고 있다. IMF를 겪으면서 남성성을 받쳐준 경제력이 약화되고, 군 가산점제가 폐지되어 남성성을 상징적으로 보증한 보상 체계도 사라지면서, 가장으로서 그리고 안보 주체자로서의 남성성을 구성한 물적 조건들이 흔들리고 있다. 소비자본주의가 확산되면서 터프한 남성성은 퇴조하며, 연애와 결혼을 미루며 자기 취미활동에 충실한 '초식남'이 등장한다. 감정을 다루는 데 낯선 남성들은 감정 자본이 부족한 탓에 창조력을 발휘하거나 상호관계성을 기반으로 하는 일에 유연하지 못하여 앞으로 각광받기 힘든 세상이 왔다. 인간의 얼굴을 하고 눈물을 흘리는 군인의 모습은 '울지 말아야 진짜 사나이'라는 통설을 깬다.

이제 남성들도 폼생폼사의 사나이를 가장하기보다 실속 있는 자기 관리를 한다. 20대 대학생들이 데이트 비용을 누가 내는가에 예민한 것도 교환 원리에 조율된 사랑의 현실을 보여준다. 표면적으로는 평등이라는 이름으로 낭만적 사랑을 퇴조시키는 것처럼 보이지만, 연애도 이익을 가늠하는 투자의 하나이다. 신자유주의 시장경제가 개인을 무한경쟁 속에 놓으며 지속적인 자기계발을 하고 있지 않으면 불안감을 느끼는 시대에, 징병제도는 남성들의 생애 연속성의 단절을 가져온다는 원망을 듣게 됐다. 그러나 남성들은 병역이라는 국민적 의무를 놓고 국가와 협상하지는 못하고, 병역의무에서 제외된 여성들을 향하여 '남성만의' 병역의무를 문제 삼는다. 병역의무가 남성으로서 당연한 의례라고 여겼던 아버지 시절과는 달리, 신세대 남성들은 군복무로 인한

---

33 김엘리, "초남성 공간에서 여성들의 군인되기 경험,"「한국여성학」28(2012/3), 145-180.

생애 단절을 불평등이라는 언어로 설명한다.

그러나 군복무 기간을 억울함으로 토로하기보다 자기계발의 시간으로 변용하는 남성들이 등장했다. 몸짱 만들기, 외국어 마스터하기 등 군대생활을 알뜰하게 보낸 남성들의 이야기를 군대생활 지침서로 쓰면서 그들은 군을 새롭게 사유한다.[34] 이러한 흐름은 변신하는 군의 통치 방식과도 조응한다. 군은 동아리 활동, 외국어 학습, 학점 교환 등의 프로그램 등을 통해 남성들에게 이익이 되는 인적 계발을 도모한다. 국방부는 지적 탐구와 경력 개발이 필요한 현역병들을 국가의 미래를 이끌 인적 자원으로 양성하기 위해 전경련과 함께 '군 자기계발 시범사업'을 하겠다고[35] 발표한 바도 있다.

그런가하면 신자유주의 문화 논리에서 성장한 일부 남성들은 끊임없이 관리하고 경쟁하지만 생애 전망이 불확실할 뿐 아니라 자신이 잉여인간으로 만들어지고 있다는 불안감을 자발적 루저의 정서로 확산시킨다. 그중의 하나가 헤게모닉 남성성의 허구성을 인지하고 규범화된 남성성과 거리를 두는 문화이다. 루저 문화로 꼽히는 한 만화 텍스트는 군생활의 억울함과 군 가산점 폐지, 여성에 대한 분노를 드러내는 '예비역 마초 중사'를 통해 '마초 부대'의 비합리성, 남성들의 찌질함과 한심함을 비꼰다. 표준화된 남성성과 자신이 일치하지 않는 현실을 웃음거리로 드러내는 루저 문화에 관하여 남성을 다시 정의할 수 있는 단초로 내다보는[36] 사회 분석도 있다. 그러나 반면, 자기계발 주체 모

---

34 이와 관련한 책은 박수왕·정욱진·최재민, 『나는 세상의 모든 것을 군대에서 배웠다: 군대 2년을 알차게 보낸 사람들』(서울: 다산라이프, 2010)을 참조.
35 국방부, 군 인적자원개발사업 추진계획(안), 2004년 11월 25일; 전국경제인연합회 보도자료, "재계, 군과 손잡고 군 인적자원개발에 함께 나서," 2004년 10월 14일.
36 안상욱, "한국 사회에서 '루저'의 등장과 남성성의 재구성," (서울대학교대학원 여성학

델에 상응하지 못하는 위기에 있는 일부 남성들은 경쟁 원리에서 오는 버거움과 외로움을 마초적 남성 에토스로 풀어낸다. 상처받은 피해의식은 자본과 국가 권력으로부터 오나 그들은 상대적 박탈감을 만회하기 위해 여성, 이주자, 성적 소수자, 특정 지역과 같은 공격 대상을 찾아 저격한다. 그들은 전쟁을 하면서 정치를 하고, 전사의 정체성을 획득한다.

남성성의 변화는 균질적으로 보였던 남성들 내부의 차이를 드러내는 것으로 나타난다. 군사화된 남성성으로 묶였던 남성들이 그 고리를 변형시키거나 해체시키면서 화석화된 군사주의 논의의 물꼬를 열기도 했다. 남성성과 군사주의, 신자유주의의 연계성을 인지하면서 자신의 남성성을 성찰하는 병역 거부자들이 있다. '진짜' 사나이의 허구성을 '가짜' 사나이를 통해 폭로하는 그들은, 폭력적이고 위계적인 문화에 길들여지면서 남성성을 생산하는 사회시스템을 거부한다. 병역 거부자 오정록이나 조정의민의 병역 거부 소견서는 폭력성과 권위-위계성에 대한 민감함이 나약한 겁쟁이로 해독되는 사회의 역설을 드러낸다.[37] 적과 아我의 분리를 경쟁과 정복으로 맺지 않고, 취약한 자들의 상생적 의존성과 연결성으로 재조직하려는 그들의 존재감은 규범화된 남성성에 균열을 낸다.

협동과정 석사논문, 2011), 37-45.

37 임재성, 『삼켜야했던 평화의 언어』 (서울: 그린비, 2011), 211-212.

V. 맺는 말

　군사주의는 이제 물리적 폭력과 훈육이 아니라 신자유주의적 통치성의 결을 따라 움직인다. 탄압이나 직접적 물리력이 아닌, 경영과 관리를 통하여 생명을 통치하는 신자유주의 시대에, 시장경제는 개인을 무한 경쟁 속에 놓으며 불안전한 삶을 지속시킨다. 자기를 끊임없이 계발해야 그 불안감을 덜 느끼는 개인에게 삶의 안보는 불안정하게 흔들린다. 불안정성을 안전사회로 잡으려는 국가권력과 보수주의자들은 군사주의적 질서를 재생한다. 사회의 안정성을 위해서 국가 내부의 통일성을 요하는 방식은 특정한 집단의 타자화 담론을 기반으로 형성하는 안보 국가의 강화이다. 그래서 탈냉전과 냉전의 연속선상에 있는 한국 사회에서 반공 규율 권력은 신자유주의에 의해 소멸하는 게 아니라, 통치 관리와 함께 상호보완적으로 나타난다. 신군사주의는 이러한 사회적 맥락에서 구시대의 요소와 현시대의 특성을 함께 지닌다.

　기본적으로 우리와 적의 경계를 지어 우리의 동일성을 강조하는 군사주의적 속성은 타자에게 의존하면서도 타자를 부정함으로써 자기를 구성하는 논리를 바탕으로 한다. 극우 보수주의자들의 반공주의나 파시즘적 경향성, 마초적 남성 에토스도 이 속성으로 구성된다. 사람들의 병영 체험을 문제화하는 지점은 타자와의 상호연결성을 자각해야 하는 윤리적 요청에 있다. 이를테면, 종이 한 장이 내 손에 들어오기까지 햇빛과 비라는 자연 세계의 선물을 받으며 세계 각 지역의 사람들이 개입했을 그 노동의—때로는 노동의 착취로 이루어졌을— 수고로움이 담긴 종이 생산과 유통 과정을 읽을 수 있는 능력, 그리고 그 소비과정에 내가 어떻게 연루돼 있는가에 대한 사회적 성찰 같은 것이다. 수

잔 손택Susan Sontag이 말한 "내가 타인의 고통에 연루돼 있을 수 있다"38
는 숙고야말로 타자와의 연결성을 감지하는 시작점이다.

더 밀고 나간다면, 주체의 구성은 타자와의 관계 속에서 구성된다.
모든 살아있는 것들은 서로 연결되어 있고, 개인은 서로 의존하지 않
을 수 없는 것이 삶의 조건이자 취약성이다.39 따라서 자기계발이란
바짝 군기를 넣어 자기를 극복함에서 오는 게 아니라, 몸을 움직여 사
람들을 만나고 다른 사람의 이야기를 경청하고, 사람들의 경험에서 삶
의 지혜를 배우며 자신을 표현하는 과정에서 이루어질 수 있다. 말하
자면, 적과 아我의 이분화된 거리를 경쟁과 전쟁으로 정복하여 아의 공
간으로 타자를 포섭하는 것이 아니라, 다양한 개별적 개인들의 이야기
들이 오고가는 광장으로 변화시키는 행위에서 자기를 새롭게 구성
한다.

군사주의라는 개념을 가지고 한국 사회를 이야기하는 일부 사람들
은 폭력적인 사회, 권위주의적 조직, 소통 부재의 사회를 논하기 위해
군사주의라는 개념을 활용하지도 모른다. 이럴 때 군사주의는 특정한
정권이나 정치제체를 위한 하나의 방식과 수단으로 이해된다. 그러나
이 논의에 보다 깊숙이 발을 디디면, '군사적인 것', 군사적 가치, 군사
안보를 어떻게 보느냐가 관건임을 알게 된다. 사람들의 안전한 삶은
무엇으로 보장되는가, 무엇을 통해서 성취되는가를 묻는다면, 지금 우
리의 삶의 한 켠을 이루는 '군사적인 것'이 사람들의 안전한 삶을 보장
하고 있는가라는 점에서 군사주의에 관한 보다 깊은 정치적 공론과 사
회적 숙고가 무엇이 되어야하는지 명료해진다.

---

38 수전 손택/이재원 옮김,『타인의 고통』(서울: 이후, 2007), 154.
39 주디스 버틀러/양효실 옮김,『불확실한 삶』(부산: 경성대학교출판부, 2008), 45-84.

더욱이 전통적인 남성성을 지탱하던 물적 조건이 무한 경쟁의 신자유주의 시대에 약해지면서 남성/성은 위기에 봉착하지만, 이러한 상황에 직면한 남성들이 여전히 젠더 문법에 따라 움직일지 아니면 젠더 질서를 새롭게 구성할 힘을 발휘할 지는 두고 볼 일이다. 분명한 것은 '군사적인 것'이나 신군사주의를 사회적으로 공론화하기 위해서는 남성들의 차이와 그들의 다양한 이야기들의 결이 드러나야 한다는 점이다. 그때 비로소 성역으로 혹은 당연하게 여겼던 '군사적인 것'이 구성되는 정치성과 남성주체 구성의 과정을 들여다보며 우리 모두의 안전한 삶에 관한 허심탄회한 논의를 진전시킬 수 있다.

최근 신자유주의 국가의 무능력과 군대 내 폭력, 사람들의 안타까운 죽음들, 생명 경시와 같은 여러 사건들이 일어났다. 이 사건들을 구성하는, 여러 모순과 갈등의 사회적 요소들이 복잡하게 얽힌 사회체제 어딘가에는 군사주의가 얽혀 있다. 신군사주의를 포착하는 능력은 자기계발 주체를 생산하는 메커니즘을 읽는 의지에서 시작한다. 그러면 불안전한 삶에서 오는 불안감을 국가 권력이 어떻게 조직하고 배치하는가라는 감정의 정치학이 보일 것이다.

강미연. "탈냉전 자본주의: 전쟁도 상품이다!."『친밀한 적』. 서울: 이후, 2010.

권혁범.『민족주의와 발전의 환상』. 서울: 솔, 2000.

권인숙. "군대 섹슈얼리티 분석: 성욕, 남성성, 동성애."「경제와 사회」. 82(2009).

______. "우리 삶 속의 군사주의." 한국여성평화연구원 편.『여성과 평화』1권. 서울: 당대, 2000.

김지방.『정치교회』. 서울: 교양인, 2007.

김진균 · 홍성태.『군신과 현대사회』. 서울: 문화과학과, 1996.

김엘리. "군사화와 성의 정치."「민주법학」. 25(2004).

______. "초남성 공간에서 여성들의 군인되기 경험."「한국여성학」. 28(2012).

김현옥. "일상생활 속의 군사주의 재생산과 성별 경험."「한국여성학」. 18(2002/1).

나윤경. "군사주의가 재현되고 실천되는 공간으로서의 남녀공학대학교."「평생교육학연구」. 11(2005).

문승숙/이현정 옮김.『군사주의에 갇힌 근대: 국민만들기, 시민되기, 성의 정치』. 서울: 또 하나의 문화, 2007.

박수왕 · 정욱진 · 최재민.『나는 세상의 모든 것을 군대에서 배웠다: 군대 2년을 알차게 보낸 사람들』. 서울: 다산라이프, 2010.

버틀러, 주디스/양효실 옮김.『불확실한 삶: 애도와 폭력의 권력들』. 부산: 경성대학교출판부, 2008.

사토 요시유키/김상운 옮김.『신자유주의와 권력』. 서울: 후마니타스, 2014.

서동진.『자유의 의지 자기계발의 의지』. 서울: 돌베개, 2009.

손택, 수전/이재원 옮김.『타인의 고통』. 서울: 이후, 2007.

싱어, 피터/유강은 옮김.『전쟁 대행 주식회사』. 서울: 지식의 풍경, 2005.

안연선.『성노예와 병사만들기』. 서울: 삼인, 2003.

안상욱. "한국 사회에서 '루저'의 등장과 남성성의 재구성." 서울대학교 대학원 여성학협동과정 석사논문, 2011.

이승훈. "사회운동과 감정: 한국기독교 보수주의 운동의 사례."『한국 사회의 사회운동』. 서울: 다산출판사, 2013.

인로, 신시아/김엘리 · 오미영 옮김.『군사주의는 어떻게 패션이 되었는가』. 서울: 바다출판사, 2015.

임재성. 『삼켜야했던 평화의 언어』. 서울: 그린비, 2011.

이영자. "한국의 군대 생활과 남성 주체 형성." 「현상과 인식」. 29(2005).

오미영. "군사주의와 여성의 섹슈얼리티." 「여성연구논집」. 14(2003).

우제웅·이혁수. "민간군사기업의 성장과 활용 방안." 「주간국방논단」. 1158(2007), 한국 국방연구원.

우베 쉬만크, 우테 폴크만/김기범(외) 옮김. 『현대사회를 진단한다』. 서울: 논형, 2011.

주은우. "문화산업과 군사주의 : 할리우드 영화산업을 중심으로." 「진보평론」, 14(2002).

최장집. "군사화와 제3세계의 평화." 이호재 편. 『한반도 평화론』. 서울: 법문사, 1989.

홍성태. "군사적 성장주의와 성수대교의 붕괴." 이병천·이광일 엮음. 『20세기 한국의 야만』 2. 서울: 일빛, 2001.

하비, 데이비드/최병두 옮김. 『신자유주의』. 서울: 한울, 2007.

Elisabeth, A. E. R. Valeria and S. Lorenza(eds.). *Women Soldiers: Images and Realities*. NY: St. Martin's Press. 1994.

Enloe, Cynthia. *Does Khaki Become You?: the Militarism of Women's Lives*. London: Pluto Press, 1983.

________. *The Morning After: Sexual Politics at the End of the Cold War*. Berkeley, Los Angeles, London: University of California Press, 1993.

Giroux, Henry A. "Cultural Studies in Dark Times: Public Pedagogy and the Challenge of Neoliberalism." *Fast Capitalism*. 2~3. (http://www.uta.edu/huma/agger/fastcapitalism). 출판사 년도.

Howard, J. W. & Prividera L. C. "The Fallen Woman Archetype: Media Representations of Lynndie England, Gender, and the (Ab)uses of U.S. Female Soldiers." *Women's Studies in Communication*. 31(2008/3), 288-311. 출판 사 년도.

Marriott, B. "The Social Networks of Naval Officers' Wives." *Wives and Warriors: Women and the Military in the United States and Canada*. eds. L. Weinstein and C, C. White. London: Bergin & Garvey, 1997.

Mohammed, N. A. L. "The Develpment Trap: Militarism, Environmental Degradation and Poverty in the South." *A World Divided: Militarism and Development After the Cold War*. eds. G. Tansey, K. Tansey and P. Rogers. London: Earthscan Publications Ltd., 1995.

Moon, Katharine H. S. *Sex Among Allies: Military Prostitution in U.S.-Korea Relations* (NY: Columbia Univ. Press, 1997).

Nikolas, Rose. *Inventing Our Selves*. NY: Cambridge University Press, 1998.

Schofield, S. "Militarism, the UK Economy and Conversion Policies in the North." *A World Divided: Militarism and Development After the Cold War*. eds. G. Tansey, K. Tansey and P. Rogers. London: Earthscan Publications Ltd., 1995.

Sjoberg, L.(ed.). *Gender and International Security*. London and NY : Routledge, 2010.

Tickner, J. Ann. *Gendering World Politics: Issues and Approaches in the Post-Cold War Era*. NY: Columbia University Press, 2001.

Young, I. M. "The Logic of Masculinist Protection: Reflections on the Current Security State." *Journal of Women in Culture and Society* 29(2003), 1-25.

'여성'과 '가난'에 '가족'이 기여하는 바는 무엇일까?

최순양

I. 들어가는 말: 세 모녀의 죽음으로부터 떠오르는 질문들

2014년 봄에는 유독 슬프고 힘든 일이 많이 발생했다. 그래서 더더욱 한국 사회가 이대로 가다간 어찌될 것인가에 대한 위기의식이 높아지고 있다. 그 여러 가지 사건 중 하나가 2014년 2월에 발생한 송파구 세 모녀의 죽음이다. '가난'을 비관해 죽음을 선택하는 사람들이 늘어나기 시작한 것은 대한민국의 경제체제가 자유 경쟁식 자본주의를 도입한 것과 맞물려 진행되었다고 볼 수 있다. 자발적으로 선택한 죽임이기는 해도 그 뒤에 도사리고 있는 체제적이고 사회적인 문제들이 있었다는 것을 간과할 수 없는 사건임에는 틀림없다.

이러한 현상을 살펴보면서 필자는 이런 일이 발생할 수밖에 없는 사회의 현실은 어떠한가에 대해 물어보게 되었고, 그 원인을 분석하는 과정 중에 주의 깊게 보는 단어들이 그저 '빈곤', '여성' 혹은 '사회복지' 등의 단편적 파편들만은 아니라는 것을 깨닫게 되었다.

많은 사람들이 그 사건을 분석하는 원인으로 꼽고 있는 것은 주로 '사회복지'에 대한 문제였을 것이다. 실제로 대부분의 사람들이 "왜 사회복지 기금 신청을 하지 않았느냐?"라고 하는 질문을 제기했고, 그에 대한 반론으로 그들을 둘러싼 빈곤과 고통의 원인이 단지 그들이 복지 혜택을 받을 수 있는 자격이 되느냐 아니냐의 문제는 아니라는 것을 밝혀내려는 사람들이 있었다. 세모녀의 삶과 죽음을 분석하는 글 "죄송합니다. 죄송합니다"라는 책에서도 '기초생활수급자'들이 어떻게 살아가고 있는지, 세부적으로 수급자가 어떻게 복지 사각지대에 놓일 수밖에 없는지에 대해서는 분석하고 있지만,[1] 일반적인 가난한 이가 아닌 '어머니'나 '아내'의 책임을 감당할 수밖에 없었던 여성의 상황에 대해서 구체적으로 분석하고 있지는 않았다.

따라서 필자는 이 글에서 송파 세 모녀의 죽음이 시사하고 있는 또 다른 측면, 즉 우리 사회에서 여성은 어떻게 '남성'과는 사뭇 다른 빈곤의 형태를 경험하고 있는 지에 대해 분석해 보고자 한다. 객관적인 지표에 의해서 가난한 남성에 비해 가난한 여성이 더 그 빈곤의 정도가 심각하다거나, 경제적으로 열악하다고 가정할 수는 없다. 또한 가난이라고 하는 현실 속에서 여성이나 남성이 대처하는 방식이 다르다고 하는 본질주의적 접근을 하는 것 또한 바람직한 연구방법은 아니다. 그러나 필자는 가난과 여성이라고 하는 두 매개변수 사이에서 그것을 지탱시키는 또 다른 원인과 현상이 있을 것이라는 전제를 가지고 이 문제

---

1 김윤영 · 정환봉, 『죄송합니다. 죄송합니다: 송파 세 모녀의 죽음이 상처를 남긴 이유』
　(서울: 북콤마, 2014), 62-69.

를 생각해 보고자 한다. 모든 여성이 '빈곤'에 대해서 더 열악하게 반응하게 된다는 일반적인 전제를 하는 것이 아니라, '빈곤'과 '여성'이 만날 때 그들이 남성이 아니라 '여성'인 것이 어떤 매개로 어떠한 현실로 그 상황을 더 악화시키는지에 대한 사례연구를 하고자 하는 것이다.

세 모녀의 죽음 속에서 우리가 생각해 볼 수 있는 것은 그들이 그렇게 절박하게 죽음을 선택할 수밖에 없었다면 그 과정까지 치닫도록 내모는 원인 중 하나가 어쩌면 '남편'의 경제적 역할까지 떠안아야 했던 '어머니'로서의 상황도 될 수 있지 않을까, 그것도 큰 변수로 작용하지 않았을까 하는 물음이다.

이러한 문제제기를 바탕으로 이 글에서는, 송파 세 모녀의 삶과 죽음을 직접적으로 분석하는 것이 아니라 송파 세 모녀 사건을 접하면서 가지게 된 문제제기를 바탕으로 우리 사회의 빈곤한 여성들의 삶을 주목해 보고자 한다. 즉, 가난한 여성들의 현실에서 '여성'이라는 것, '어머니'라고 하는 정체성은 어떤 작용을 하는지, 어떠한 방식으로 그들의 '빈곤'을 가중시키는가에 대해서 주목해 보는 것이다. 이것을 '여성의 빈곤화'라고 하는 사회학적 개념을 통해서 연구해 보고자 한다. '여성의 빈곤화'는 현재의 결과적 상황에만 관심 갖는 것이 아니라, 그 여성이 어떤 '가정'에서 어떤 가족구성원과 어떻게 살았는지에 대한 '과정'에 더 중점을 둔다.[2] 그렇기 때문에 '여성의 빈곤화'를 분석하는 가장 중요한 개념은 '가족'이 될 수 있다. 이 글에서는 따라서, 여성의 '빈곤'을 분석할 수 있는 원인으로 '가족'을 그 주요한 원인으로 분석하면서 그 가족에서 어떤 성역할 과정을 거쳐 여성이 '빈곤'의 경험을 하게 되

---

2 Razavi, S "Gendered Poverty and Well-being" *Development and Change*. Vol.30. 1999. 409

는 지를 살펴볼 것이다. 그것은 '가족'안에서 '딸'이거나 '아내' 그리고 '어머니'라고 하는 성역할을 감당하는 것이 그 여성의 경제 상황과 밀접하게 연관이 있기 때문이다. 이러한 '가족'과 '가난' 그리고 '여성'이라고 하는 세 가지 개념을 분석한 후에 이러한 현상에 대한 신학적 관점을 물어볼 것이다. 여성의 가난에 '가족'이 어느 정도로 직접적 영향을 주고 있는지를 살펴본 후에, 그렇다면, 교회에서는 이러한 여성이 가난과 가족이라는 현실관계 속에서 살아나가는 데 있어 어떤 기능을 하고 있는지를 분석해 볼 것이다. 직접적 해결방식을 제시하지는 못할지라도, 가족 강화 논리를 강조하는 교회가 여성의 가난에 대해서 어떤 연결고리를 가지고 있는지, 그에 따른 대안은 무엇이 될 수 있을지에 대해서 다루어 보고자한다.

II. 여성의 빈곤화

일반적으로 여성이 빈곤에 처하게 되는 원인으로 분석되는 것은 결혼관계에 있던 여성이 남편과 사별하거나 이혼을 하게 되면서 한 부모가 되기 때문에 더 빈곤에 처하게 된다고 가정하는 사람들이 많다. 실제로 송파 세 모녀의 어머니 이씨도 몇 년 전에 남편을 병으로 잃게 되면서 더 어려운 상황에 처했다고 볼 수 있다. 그러나 남편과의 사별이나 이혼만을 여성이 빈곤하게 되는 원인으로 볼 수는 없다. 남성과의 관계 속에서 가족의 해체로 인해 여성이 빈곤하게 된다는 가정을 할 때, 놓치게 되는 것은 여러 가지가 있다. 다시 말해, 보통 여성의 빈곤을 분석할 때 결과적으로만 바라보기 때문에, 과정적으로 보다 복잡한 상황들을 고려할 때 드러나는 요인들이 있다. 첫 번째는 상대적으로 가난한 집안에서 태어났을 경우이다. 1980년대까지만 해도 가난한 집안에서 자란 여성들이 학업을 통해 자기실현을 할 수 있었고, 교육의 혜택을 받을 수 있었다. 그러나 1990년대 중반부터 입시제도의 폐해와 모순이 증가하여 가난한 집안에서 자라난 자녀들이 대학입학이나 취업을 통해 가난을 극복하게 되는 가능성이 점점 더 줄어들고 있다. 이런 상황을 염두에 둔다면, 여성들이 결혼한 남성을 잃게 되었을 때 그것을 이유로 결과적으로 가난하게 되기도 하지만 대부분의 경우 그 남성을 만나기 이전부터 가난에 처해있던 여성들도 있다. 따라서 빈곤에 처해 있는 여성들의 삶을 살펴볼 때, 남성과 결혼을 했거나 이혼을 했을 경우만을 그 원인으로 보기 보다는 여러 가지 변수들을 함께 고려해야 하는 데, 그중 영향력이 큰 변수 중 하나가 가난한 집안 환경에서 태어났을 때이다. 환경적으로 가난하고 사회적 권력이 없는 집안에서 태어난 여성의 경우, 그렇지 않은 가정에서 나고 자란 여성보다 빈곤한 환경에 놓일 확률이 더 크다. 두 번째는 어떤 남성과 결혼생활을 하였냐는 것이다. 여성들에게 있어 남자와의 결혼과 이혼 그리고 사별이 가장 결정적인 빈곤 원인으로 보기는 어렵다. 여성들이 남편을 잃거나 이혼을 할 수 있다. 그러나 그렇다고 해서 모든 여성이 가난하게 되는 것은 아니다. 어떤 남편을 만났느냐, 그 이전에 가족들이 여성에 대해서 어떤 관점을 가지고 교육했느냐, 그리고 가족 내에 성폭력은 있었느냐 없었느냐 등 여러 가지 복합적인 원인이 결부되어서 여성이 결혼해서 이혼이나 사별을 하고 빈곤에 이르는 과정에 영향을 주게 된다.

　여성의 빈곤화 과정은 남성에 비해서 가족 구조나 노동시장 그리고

어떠한 환경에서 살아왔는가, 어떤 과정을 겪었는가와 연관된다. 남성
들은 주로 노동시장 내에서의 불평등을 분석할 수 있겠지만, 여성의
빈곤은 부모의 재정 상황, 아버지의 여성관, 이혼, 별거, 사별, 혼외출
산 등의 가족적 차원과 고용불안정, 실업, 저 급여, 유리벽 현상 등 노
동 시장적 요인이 복합적으로 얽혀있다고 볼 수 있다. 따라서 여성학계
에서는 이러한 현상을 빈곤의 여성화(feminization of poverty)라고 부른
다.3 이 개념은 여성이 남성에 비해서 '빈곤' 현상에 대해 왜 더 결정적
으로 영향을 받는 지, 그리고 남성에 비해 여성의 빈곤 회복은 왜 빠르
게 진행되지 않는 지를 설명하는 분석틀이 되고 있다. '빈곤'이라고 하
는 개념을 경제적 지표로만 파악하는 것이 아니라 심리적 상태를 포함
시켜서 볼 때 여성들이 남성들과의 관계 속에서 오는 여러 가지 현상들
을 '빈곤의 여성화' 개념에 포함시켜 생각해 볼 수 있다. 예를 들어 남편
이 없거나 경제적 지원을 하지 않은 남편일 경우 혼자서 경제적 가장으
로 살아야 하는 데서 오는 여러 심리적 스트레스와 우울증 그리고 상대
적 박탈감 등을 포함한 개념으로 '빈곤의 여성화'를 논할 수 있다.4

"남성도 '빈곤'할 수 있음에도 불구하고 왜 '여성'만 빈곤하다고 가정
하는가?"라는 물음이 있을 수 있다. 여성들 못지않게 남성들도 빈곤에
처할 수 있다. 그러나 문제는 남성들의 빈곤 현상에 비해서 여성들의
빈곤은 가려지고 빗겨가기 쉽기 때문이다. 남성들의 빈곤 현상에 가려
져서 그 양상을 제대로 분석해 내기가 쉽지 않았다. 여성학자들의 연
구에 의하면, 가부장적인 가족 및 노동시장에서 그 원인을 찾아볼 수

---

3 송다영·김미주·최희경·장수정 공저, 『새로 쓰는 여성복지론: 쟁점과 실천』 (서울:
  양서원, 2011), 275-6.
4 이정영, "저소득층 여성 한 부모의 사회적 관계망이 고립감에 미치는 영향," (숙명여자대
  학교 정책대학원 석사학위논문, 2007), 6.

있다. 빈곤을 다룬 연구들은 대부분 가구주를 중심으로 빈곤의 특성을 설명하고 있다. 맞벌이 부부의 경우에도 가구주를 남성으로 상정할 경우 여성보다는 성인 남성을 중심으로 빈곤이 설명된다. 또한 빈곤의 여성화를 중점적으로 연구하는 논의들도 소득과 여성 가구주에만 초점을 두기 때문에 가구 내 불평등, 혹은 부부 내 폭력과 경제 부담의 압박 등등의 세세한 문제를 제대로 다루고 있지 못하다.5 따라서 '여성'을 중심으로 그 여성이 가족 내에서 어떠한 관계와 역할을 감당하고 있는지, 그리고 어떠한 과정을 겪으며 살고 있는지에 대한 관심을 가질 때 '여성'의 빈곤은 실제적으로 다루어질 수 있다고 하겠다. 또한 여성학자들 중에는 여성이 처한 여러 가지 상황 속에서 '젠더'의 문제가 어떤 변수를 차지하고 있는지를 연구하는 사람들도 있다. 즉 성별화된 위계질서와 성별 분업 등이6 여성의 현실에, 빈곤 현실에 어떤 영향을 미치는지를 다각적으로 연구하는 것이다. 이러한 방법에 의하면 여성이 남성에 비해서 겪게 되는 열악한 상황을 더 면밀하게 연구해 보는 것이 가능하다.

여러 가지 측면들을 고려해 볼 때, 여성이 빈곤해지는 상황에 놓이게 되는 것은 일시적 현상만을 가지고 이야기할 수 없고, 또한 결과적 수치만을 놓고 논할 수도 없다. 그리고 정형화시켜서 굵직한 주요 원인만을 관심가지는 것도 사실 무성의한 논의가 될 수 있다.

따라서 필자는 여성들이 빈곤한 삶을 살게 되기까지 어떤 변수와 환경적 영향이 존재하는 지에 대해서 '가족'이라는 변수를 유념하면서

---

5 국미애 · 박은하 "서울 여성의 복합적 빈곤력 분석을 통한 지원방안 연구," 「서울시여성가족재단」, (2014), 7.

6 Young I. M. *On Female Body Experience* (Oxford University Press, 2005) 20

살펴보고자 한다. 여성의 빈곤에 영향을 미치는 요인들은 다양하겠으나, 그 여성이 어떤 형태의 가족 안에서 살았으며 어떻게 그 가족을 지탱하려고 노력했는지, 그 과정 속에서 어떤 빈곤의 경험을 하게 되었는지를 중점적으로 다룰 것이다.

III. 가족 구조 속에서 발생하는 여러 가지 빈곤화의 원인

1. 불우한 가정환경에서 시작되는 빈곤

여성들이 빈곤을 경험하게 되는 시점은 실제적으로 살펴보면, 어느 한 순간에 갑자기 빈곤의 상황에 처하게 된다기보다는 여러 가지 복합적인 원인들이 점진적으로 영향을 주는 경우가 더 많다. 그중에 하나가 상대적으로 가난한 가정에 태어났기 때문인 경우가 많다. 가정이 가난한 경우 교육과 문화의 수혜가 상대적으로 다른 여성들에 비해 열악할 수밖에 없기 때문이다. 따라서 이러한 점을 유념하면서 최근의 학자들은 여성의 빈곤을 연구하는 데 있어, '과정적으로' 혹은 '생애사적으로' 연구하는 경우가 많다. 가정환경에 영향을 받는 여성들 중에서도 태어날 때부터 지속적으로 가난했던 가정에 살았던 경우도 있지만, 아버지의 사업 실패나 병으로 후천적으로 가난한 집안이 된 경우도 있다.7 이러한 가난한 가정에서 자라날 경우, 부모의 가사와 가정 경제를 책임지기 위해서 학업을 중단해야 하는 여성들도 있고, 혹은 대학 진

---

7 정재원, 『숨겨진 빈곤』 (서울: 푸른사상, 2010), 86.

학이나 학업을 계속하기 보다는 또 다른 경제 공급원을 만나기 위해서 일찍 결혼을 하는 경우도 있다. 여성의 삶은 남성과 달리 가족으로부터 독립적이지 못하다. 개인으로서보다는 가족 구성원으로 정의 내려지기가 쉽다. 오빠나 남동생이 있으면, 항상 그들에게 우선권을(학력의 경우) 부여하고 그들을 보살피는 누나나 여동생으로 살아야 하는 경우가 종종 있다. 이런 관점에서 본다면, 여성의 빈곤을 살펴볼 때 원가족(결혼하거나 독립하기 이전의 가족)의 경제적 상태가 어떠했는지, 또한 부모가 어떠한 태도로 여성을 교육하고 양육했는지가 매우 중요한 원인으로 작용한다는 것을 알 수 있다.[8]

넉넉하지 않은 가정형편에 형제자매가 많은 집안에서 태어난 여성들의 경우, 대부분 아들들에게 자원이 지원되는 경우가 많고, 상대적으로 딸들은 물리적, 정서적 박탈을 경험할 수밖에 없다. 아버지들의 경우 아들에게 학비를 지원하는 것과 딸들에게 학비를 지원하는 것이 차별적인 경우가 많다.

제가 중학교 때, 저희 아버지가 술 먹으면 하는 얘기가 고등학교까지만 내가 해주지만 그 이후부터는 니네가 알아서 해. 이제 난 힘이 없다. 거기까지 만이라고. 그니까는 저희는 포기를 하는 거죠. 그래서 언니가 먼저 상업고등학교를 갔어요. 저도 상업고등학교를 간 거죠. … 언니가 너 상담원을 해봐라. 전화로 하는 거라서 별로 어렵지 않은데 이게 나중에 전문직이 된대. 〈30대 미혼모 여성〉[9]

---

8 국미애·박은하 "서울 여성의 복합적 빈곤력 분석을 통한 지원방안 연구", 141.
9 앞의 책, 143쪽을 필자가 재구성하였음.

위의 사례를 경험한 여성은 아버지가 더 이상 지원을 하지 않는다는 사실을 알게 된 후 언니의 권유로 학업을 그만두게 되었다. 학업을 계속해서 지속하는 평범한 혜택도 누리지 못했을 뿐 아니라, 자신의 의지와 달리 집안 형편에 맞게 직업 또한 선택하여야 했다. 가정의 형편과 지향점을 따라 미래를 선택해야 하는 것이 여성들의 현실이다. 다른 여성들의 경우도 남자 형제들에 비해서 부모들이 자신을 재정적으로 지원하지 않았거나, 학업을 계속하도록 관심을 주지 않았기 때문에 자신은 '방치된 삶'이었다고 느끼는 사람들이 많았다.

저소득층 중년 여성의 우울을 연구한 논문에 따르면 학력 수준이 낮을수록 자아존중감이 낮고, 우울의 정도가 심한 것으로 나타나는데,[10] 그 이유는 단순히 학력이 낮기 때문이 아니라 부모나 친밀감을 형성해야 할 가족들로부터 지지와 사랑을 받지 못한데서 오는 결락감에서 기인한 것으로 볼 수 있다. 가족관계나 친밀감에서 오는 안정감이 어느 정도 되는가가 실질적으로 어떻게 학업을 성취하고 어떤 직업을 선택할 것인가에 영향을 미친다고 볼 때, 이러한 관계에서 오는 심리적인 부분들이 여성의 빈곤에 직·간접적으로 관련이 있다.

빈곤을 단순히 경제적인 면에서 만이 아니라 다각적인 관점에서 살펴본다고 할 때, 현재 여성이 경제적으로 결핍된 삶을 살게 되기까지 영향을 주는 요소로(경제적 원인 다음으로) 들 수 있는 부분이 바로 '교육'이다. 그리고 그 다음이 건강이다.[11] 이런 측면에서 본다면 부모로부터 경제적 지원을 받을 수 없어서 평균 이상의 학력을 누리지 못했다

---

10 성준모, "저소득층 중년여성의 관계만족과 자아존중감이 우울에 미치는 영향에 대한 종단 연구," 「보건 사회연구」 30 (2010/2), 121.

11 국미애·박은하 "서울 여성의 복합적 빈곤력 분석을 통한 지원방안 연구", 14.

는 것과 그런 과정에서 오는 정신적 빈곤(낮은 자존감)까지 고려해 본다면 빈곤 여성들은 상대적으로 출발점부터 남성들이나 중상층 여성들에 비해 빈곤에 처할 가능성을 더 높게 가지고 있는 셈이다.

학업을 중단하게 되는 여성들의 경우 학벌과 스펙이 중시되는 오늘날의 한국 사회에서 제대로 된 직장에 취업하기가 어려워지고, 따라서, 일용직이나 저임금직종에 종사하게 되는 경우가 대부분이다. 여성이라는 성 정체성에 낮은 학벌 등등이 겹쳐져서 노동시장에서 타의적으로 '배제'될 수밖에 없는 것이다.

여성이 빈곤에 처하게 되는 결정적 계기가 되는 것은 어떤 가정환경에서 어떤 가치관과 어떤 성 정체성 개념에 따라 교육받고 자라 왔는가라고 할 수 있다. 경제적으로 풍요롭지 않은 환경일수록 딸에게 남녀차별적인 교육 환경을 조성하기 쉽고, 상대적으로 여성들은 기회를 박탈당하여 또래들보다 일찍 교육을 포기하게 되고, 직업 선택의 길도 제한될 수밖에 없다.

그리고 이러한 여성들 중에 많은 여성들이 가족을 지지하기 위한 경제활동을 지속하기도 하지만 많은 부분 원가족을 벗어나려고 시도하기도 한다. 가출을 하기도 하고, 독립을 해서 다른 형태의 경제력을 형성하면서 살기도 하지만 대부분 '결혼'을 선택하는 여성들이 많다. 그야말로 원 가족에서의 '탈출구'로서 결혼을 선택하게 되는 것이다. 그러나 이러한 결혼은 엄밀히 말하자면, 충동이나 다급함에 의해 결정되는 경우도 있고, 온전하게 '독립'된 결혼이 되지 못하는데, 그것은 남편에게 의존하는 경제 형태를 꿈꾸면서 결혼하기 때문이다.

2. 유일한 대안으로서의 결혼

가족은 흔히 '안식처'이자, 안정감을 제공받는 관계로 알려져 있다. 그러나 여성들에게 있어서는 그 가족의 의미가 사뭇 다를 것이다. 특별히 가부장적이고 폭력적인 아버지와 함께 살았던 여성들의 경우 가족에 대해서 가지고 있는 관점은 부정적일 수밖에 없다. 아버지가 경제적으로 궁핍하거나 실패의 경험이 많았을 경우, 알코올 중독으로 이어지기도 하고, 대개 어머니에게 폭력을 행사하는 경우가 많은 데, 이런 현실을 보고 자란 여성들은 가족은 빨리 탈출을 해야 하는 공간으로 생각한다.

실제로 여성의 빈곤에 대한 과정적 연구, 심층면접 등의 사례연구를 한 여성학자, 정재원의 연구 결과에 따르면 10명의 여성 중 9명이 결혼을 계기로 태어나고 자라온 가족을 떠나게 되었다.[12] 그중에는 저소득층 가정에서 성장하였기 때문에 일찍 학업을 중단하고 노동시장에 진입한 여성들도 있었다. 노동시장에 발을 담그고 있었던 기간이 10년 이상인 여성도 있었다. 다 각자 다른 상황에 있기는 하지만 이 여성들에게 공통된 것은 출생가족으로부터의 탈출을 의미하건, 장래성이 없는 노동시장에서의 고단함으로부터의 벗어남을 의미하건, 결혼이 '유일한 대안'으로 작용한다는 것이다.[13]

그러나 문제는 이렇게 유일한 대안으로서 선택한 결혼이 여성들에게 실질적인 '대안'이 되지 못했다는 것이다. 그 이유는 가난 때문에, 여성에게 더 가부장적 속성을 보였던 '원가족'에서 탈출하기 위한 '출

---

12 정재원, 『숨겨진 빈곤』, 110-115.
13 앞의 책, 110; 140.

구'로서의 '결혼'이 또 다른 가난과 여성 억압을 낳는 경우가 더 많았기 때문이다.

경제적으로 빈곤하기 때문에 집을 나오기도 하지만 해체되거나 변형된 '원가족'을 나오게 되는 십대 여성들의 경우, 제도적으로 구비된 결혼을 하기 보다는 '동거'를 하기도 한다. 십대 여성들의 사례를 연구한 논문에 따르면 원가족의 경제적 결핍 그리고 부모들의 이혼 등으로 인한 가족의 해체를 경험한 십대들은 '가족'에 대한 실망감과 상처로 인해 소위 말하는 '건강하고 정상적인 가족'을 형성하기가 쉽지 않다. '가족'에게서 오는 지지와 정서적 안정을 받지 못했기 때문에 이들의 생활 세계는 가족을 매개로 형성되기 보다는 불안정한 관계로 이어지게 된다고 한다.14 관계적 불안감은 경제적 궁핍으로 이어지기가 쉽다. 다시 말해, 가족을 이루고자 하는 의지와 헌신이 되어있지 않은 배우자를 만났을 경우, 여성들이 그 모든 것을 감당하는 실질적 가장 역할을 해야 되는 경우가 많기 때문이다.

남편이 경제활동을 하고 그 자신은 전업 주부로 살아갈 것을 소망했던 여성들의 경우도 다시 가정경제를 책임지기 위해 경제활동을 하게 되는데, 그 이유는 남편이 생계부양 능력이 없거나, 혹은 부양을 하고자 하는 의사가 없었기 때문이다.

흔히들 결혼한 여성이 빈곤에 처하게 되는 이유로 주로 꼽는 것은 '이혼'이다. 남편이 가정경제를 책임지던 결혼관계에서 이혼을 하게 되면서 생계부양자가 없어지기 때문에 여성이 가난하게 된다는 것인데, 그러한 분석은 중상층 여성에게 해당하는 것이고, 상대적으로 빈곤한

---

14 민가영 "신자유주의 시대 십대 빈곤층 십대 여성의 주체에 관한 연구," (이화여자대학교 대학원 박사학위 논문, 2007), 65.

여성들에게는 오히려 이혼하고 난 후 경제적으로 열악해지기보다는
이미 결혼한 상황에서 더 경제적으로 열악하고, 정신적-육체적 고통
을 받는 경우가 많다.

정재원이 여성의 빈곤을 분석하기 위해 직접 인터뷰했던 여성들은
10명인데, 그중 순수하게 경제활동을 하지 않고 남편의 경제활동에 의
존했던 이들은 단지 1명에 불과했다. 나머지는 결혼 후에도 가내부업
을 하거나, 식당 종업원, 정수기 판매, 혹은 탁구장, 피씨방, 갈비집 등
등 자영업을 꾸리는 사람들이 다수였다.[15] 이들은 남편의 폭력을 견디
거나 경제적 무능력 상황을 경험한 적이 많았으나, 대부분 아내로서,
엄마로서의 자리를 지키기 위해서 1인 3역을 하는 여성들이 많았다.
그리고 경제적 능력이 남편보다 더 있다고 해도 이혼을 하지 않고, 남
편을 계속해서 보살핀다거나 심지어 남편의 빚을 떠안으면서까지 결
혼생활을 유지하기 위해 노력한 여성들이 대부분이었다. 이들은 종사
하는 직업의 종류도 다르고, 남편과의 이혼 후 어떤 직업으로 옮겨가
는지는 차이가 있었지만, 공통점이 있었는데, 그것은 아내로서의 역할
을 해야 했던 결혼시기가 이혼을 하거나 남편과의 관계가 정리된 이후
보다 더 힘겹고 빈곤에 노출된 수위가 심각했다는 것이다.

3. 성별화된 가족 역할이 여성의 '빈곤'에 미치는 영향

중상위층 여성들보다 가난한 여성들에게 가족에 대한 책임감과 모
성성에 대한 태도 등이 더 절박하게 나타나며, 그것이 여성 자신의 경
제 상황과 연관 관계가 깊다는 것을 눈여겨 볼 필요가 있다.

---

15 정재원, 『숨겨진 빈곤』, 130.

가족의 생계를 책임지기 위해서 학업을 포기하고 일찍 노동시장에 진입하였으며, 그러면서도 경제생활에 대한 책임감을 잠시 면하고자 휴식처나 도피처로 결혼을 선택하기도 한 여성들이 많았다. 그렇기에 '결혼'이 주는 의미가 매우 남다르고 결혼에 대한 기대감도 컸을 것이다. 그럼에도 불구하고, 그렇게 한 결혼이 가져 온 결과는 그들의 바람처럼 휴식이 되거나 '도피처'가 되기보다는 더 심각한 경제적 빈곤과 심리적 압박이었다. 배우자가 처음부터 낮은 소득을 올리기 때문에 그것을 보완하기 위해 경제적 활동을 다시 시작하는 여성들도 있었지만, 사실은 대부분의 여성들은 배우자가 처음부터(결혼 당시) 경제활동을 하지 않았던 여성들도 있었고, 사업 실패나 심각한 부채 등으로 가정적 경제 위기 상황이 심각해지는 경우가 많았다. 그럴 때마다 여성들은 그들의 남편이 초래한 경제적 위기 상황까지 담당하고 보완하려고 노력하는 경우가 많았다.[16]

결혼할 남자가 직장이 있는 줄 알고 결혼을 했는데, 나중에 알고 보니 무직자인 경우도 있었다. 하지만 아이를 임신하고 있었기 때문에 아이를 낳고 몇 년을 살다가 이혼을 하게 된 여성도 있었다.

처음부터 안 되겠구나 했어요. 신혼여행을 갔는데, 미래에 대해서 생각을 하자 했더니, "무계획이 계획이고 무대책이 대책이다!" 이러더라구요. 신혼 여행지에서 처음부터 '정말 아니다' 했었어요. 그러더니 딱 그대로 살더라구요. 정말 아니게. 〈50대 이혼 여성〉[17]

---

16 임태연, "아내폭력 피해자의 '취약성'과 도덕적 행위성에 관한 연구," (이화여자대학교 대학원 석사학위 논문, 2004), 30.

17 국미애·박은하 "서울 여성의 복합적 빈곤력 분석을 통한 지원방안 연구", 131.

위 사례의 여성은 6-7년 회사 경리를 하면서 착실히 돈을 모아놓고 있었고 결혼을 앞두고 있는 남성도 있었으나, 성폭력으로 어쩔 수 없이 가해자인 남성과 결혼을 하게 되었다고 한다. 부모님들의 강요로 마지못해 결혼을 하였지만, 정작 그 남편은 아무런 경제적 도움이 되지 못하는 사람이었다. 어떤 여성은 남편이 직장이 있기는 했지만 알코올 중독 증상이 있었기 때문에 남편의 경제력은 점점 낮아지기 시작했고, 이후에는 남편의 알코올 중독을 치료하기 위해서 많은 돈을 대출 받으면서까지 생활하다가 본인이 신용불량자가 된 경우도 있었다. 그런데 이러한 상황을 겪게 된 여성들 중에는 더 이상 자신의 경제적 파탄을 지속시킬 수 없기에 이혼을 단기간에 결심하고 이행한 이도 있었으나, 남편에 대한 '연민'으로 혹은 남편을 돌봐야 한다는 책임감으로 이혼을 하지 않고 있는 이도 있었다.[18]

결혼을 할 당시와 결혼을 하고 난 이후의 상황이 급격히 달라지면서 여성들이 고통을 받게 되는 것은 많은 부분 남편이 아내에게 '폭력'을 행사하는 경우이다. 물리적으로 신체에 가해를 하는—예를 들어 칼로 위협을 하는 등— 남편들도 있었고, 폭력이 기반이 되어 남편이 여성을 통제하고 위협하게 되는 경우도 있었다.

실제로 한 여성은 첫 번째 남편은 경제적 능력은 어느 정도 있었지만 폭력이 심해서 견딜 수 없었고, 두 번째 남편은 노름으로 생계부양을 하지 않으면서도 폭력을 행사하였다. 또 다른 여성의 경우는 남편이 폭력을 행사하지는 않더라도 여성이 벌어들이는 돈을 노름하는데 쓰거나, 생활비로 쓰기 위해 당당히(?) 요구하였고, 어쩔 수 없이 여성은 남편의 생계비와 기타 비용을 다 제공하면서도 늘 남편에게 위협받

---

18 정재원, 『숨겨진 빈곤』, 134-137.

으며 살아야 했다.

　필자가 알고 있는 여성 또한 첫 번째 남편이 폭력이 심하면서도 경제적으로 무능력하여 빚을 고스란히 떠안은 채 집을 나왔다. 두 번째 남편을 만나서 살게 되면서 아들도 낳고 생활을 잘 해보려 한 순간 남편이 술을 마시기 시작했고, 술을 마시고 나면 갖은 폭력적인 언행으로 부인을 위협하는 일이 잦아졌다. 그럼에도 불구하고, 이 여성은 아들을 양육하고 남편을 돌볼 요량으로 도시락 집을 맡아서 운영하면서 (지점장) 가족 경제를 책임지며 실질적 가장노릇을 하였다.

　처음에는 경제적 빈곤이나 심리적 고독감에서 벗어나기 위한 탈출구로서 결혼을 선택하고 가정을 꾸렸을 지라도 자신의 경제적, 사회적 지위를 속이거나 허위로 조작해서 결혼을 한 남편도 있었고, 가족을 어떻게 지지할 것인가에 대한 계획이 없는 남편 그리고 경제적으로 소득을 올릴 수 없음을 비관하여 알코올 중독자가 되거나 심하게는 아내를 폭행하는 남편도 만나게 된다. 이렇듯 저소득층의 가정에서 나고 자란 여성들에게 있어 대부분 '결혼'이 가져다주는 의미는 '탈출'이기보다는 오히려 더 '빈곤'하게 만드는 작용을 하는 경우가 더 많았다.

　정재원이 심층면접을 통해 사례를 분석한 여성들의 경우, 저소득층에서 발생하는 아내에 대한 폭력은 신체적으로 압력과 폭력을 행사하는 것 뿐 아니라, 아내를 경제적으로 착취하는 데 악용되기도 한다. 지역의 유지 행세를 하기 위해 없는 형편에 그랜저 차를 몰고 다니는 남편을 지원하기 위해 중국집을 운영하면서 아이 다섯을 키우며 고군분투하는 여성도 있었고, 남편이 도박이나 술집 혹은 성매매를 이용하기 위해 필요한 돈을 제공하면서도 남편의 하대와 폭력을 견디며 사는 여성도 있었다.[19] 어떤 여성들은 남편의 사업 실패나 경제적 좌절로 인해 생긴 빚을 고스란히 받아 안는 이들도 있었다. 신용불량자가 되거나 이혼을 하고서도 그 빚을 계속 갚아가야 하는 여성들도 있었다.

경제적으로 지지가 되기보다는 오히려 짐이 되는 그리고 자신에게 폭력을 행사하는 남편과 그럼에도 불구하고 결혼관계를 유지시켜 나가는 여성들이 가지고 있는 가장 근본적인 책임의식은 바로 '아내'로서 '어머니'로서의 성 역할이다. 자식이 아빠 없이 살아가게 하지 않기 위해서 고통을 견뎌내는 여성도 있었고, 한때 잘해주었던 것, 아무도 자신을 여성으로 존대하지 않았었는데 여자로(혹은 어머니로) 만들어주었다는 것에 감사함을 느끼며 남편을 계속 부양하는 사람도 있었다. 실질적인 가장이 되지 못하는 남편을 위해 끊임없이 경제부양자로서의 지위를 회복시켜주기 위해 여러 가지 가게를 운영하는 여성도 있었다.

오랜 교육과 정체성 주입의 결과로 남편은 가정이라는 공간을 손쉽게 파괴하기도 할지라도 아내인 여성들은 1인 3역, 4역을 하면서까지 남편을 부양하고 가족들을 돌보기 위해 경제적으로 심리적으로 중한 책임을 맡고 살아가고 있는 것이다.

IV. '가족'과 여성의 빈곤

앞서 살펴 본 바와 같이, 저소득층 여성들에게 있어 '가족'이 '빈곤'을 해결하는 돌파구나 탈출구가 되기보다는 오히려 여성들을 더 '빈곤'하게 하는 요소로 작용한다는 사실을 알게 되었을 때, 우리는 여성들에게 '가족'안에 머물러 있기를 요구해야 하는 지, 혹은 여성들의 입장

19 정재원, 『숨겨진 빈곤』, 141-143.

을 고려하여 자립(?)할 수 있는 기제들을 제공해야 하는 지에 대해 고민하게 된다.

많은 사람이 여성들은 '가족'이 해체될 때(이혼이나 사별 등으로) 빈곤하게 된다고 가정하고 있기는 하지만, 실제로 살펴보면 특별히 저소득층 여성들의 삶을 들여다보면, '가족'을 유지하고 '아내'로서의 책임감을 지고 있을 때가 사실은 더 빈곤하고 힘겹게 살아가야 하는 경우가 많다. 예를 들어, 남편이 경제적 능력이 없을지라도 아내에게 폭력적으로 강제적으로 실질적인 생계부양자가 되기를 강요하는 경우가 있는데, 이런 상황 속에서도 여성은 여전히 가사전담을 하고 자녀를 양육하면서도 동시에 남편과 자녀를 위한 생계부양자의 역할까지 전담해야 한다. 우리나라의 현재 가족의 상황을 살펴보면, 남성이 생계부양자이고 여성이 가사 전담자라는 성별 분업의 원리는 그대로 유지하면서도 실질적으로 여성에게는 비록 경제적으로 기여를 한다고 해도 경제적 권리가 박탈되는 경우가 많다.[20] 앞서 살펴본 것처럼, 남성이 술이나 도박 성매매 등을 위해 가정경제에 기여하기보다는 오히려 턱없는 지출을 하고 있는 경우라도 그 비용까지 여성이 충당하고 지급하면서 지내는 가족들이 있다. 이러한 경우 남성 생계부양자, 여성 가사 전담자라고 하는 성별 분업의 원리 때문에 더더욱 남성이 여성에게 '경제적 착취'를 할 수 있도록 허용한다. 그리고 가족을 하나의 경제적 단위로 간주하는 가족중심주의와 아내는 남편을 끝까지 보살펴야 한다고 하는 여성 정체성의 내면화가 상승 작용하여서 남편의 빚까지 자신이 떠안는 그래서 자신이 신용불량자가 되는 여성들도 있다. 반대로 열심히 이중, 삼중의 경제활동과 가사노동을 병행하면서 틈틈이 모아

---

20 정재원, 『숨겨진 빈곤』, 148.

놓은 사업자금을 남편이 단숨에 가져가 버린 여성들도 있었다. 이렇듯 가족 구성원을 보살피는 책임이 여성에게만 주어지는 구조 속에서는 여성에게는 이중, 삼중의 책임과 노동이 부과되지만 남성에게는 어떤 부담도 주어지지 않게 되는 경우가 많이 있다. 게다가 아내들의 보살핌의 책임은 당연시되면서도 남편은 아내를 통제하고 폭력까지 행사하고 있음을 알 수 있다. 그것은 경제적 책임을 감당하지 않더라도 남성이 '가장'이라는 가족성별 분업 원리에 기인하는 것이다. 이렇듯이 남성 생계부양자 혹은 남성 가장 그리고 여성 무급 가족 보살핌자라고 하는 분업 원리는 남편이 경제적 책임을 짐으로써 남성의 권력을 강화시킨다. 그리고 여성은 가족 구성원을 돌봐야 한다고 하는 '보살핌 책임' 원리는 남편이 경제적으로 책임을 지지 않더라도, 심지어 폭력을 행사하더라도 그것을 견디고 가정 돌봄의 책임을 감당해야 한다는 기제로 작용하고 있다.

V. '여성'과 '가족' 그리고 '빈곤'에 대한 신학적 고찰

여성이 '빈곤'하게 되는 원인은 여러 가지가 있을 것이다. 여성에게 불리하게 작용하는 노동구조의 문제도 있을 것이고, 사회복지 제도에도 그 원인이 있을 수 있다. 그러나 앞서 살펴본 것처럼, 여성들이 심리적으로 물리적으로 고통스럽고 행복하지 못하다고 느끼게 되는 가장 근본적인 원인 중 하나는 '가족'에서 주어지는 어머니로서, 아내로서의 '정체성'에 대한 책임의식이었다.

이러한 정체성의 형성은 부모로부터 혹은 사회로부터 교육되고 내재화되는 것이기도 하지만, 종교를 가지고 있을 경우 특히 기독교인일 경우, 교회로부터 신앙교육을 받으면서 강화되기도 한다.

기독교가 남성 권위를 강화시키고 상대적으로 여성을 제2의 성으로 규정하는 유일한 종교는 아니겠으나 삼위일체, 하나님 아버지, 유대인 예수 등 모든 신적 형상화가 '남성'으로 상징되어 진다는 것과 그리고 그 상징이 '상징'으로보다는 문자적으로 이해될 경우가 많다는 것을 우리는 잘 알고 있다. 성경에 등장하는 믿음의 인물들도 대부분 남성이고, 여성들은 등장하기는 해도 부수적이고 주변적인 영향을 끼치는 인물들로 소개되어진다.

게다가 교회 지도력을 형성하고 있는 비율을 보면 교단을 총괄해서 아직은 남성 성직자가 더 많은 퍼센트를 차지하고 있고, 평신도들의 70-80%가 여신도들일지라도, 장로나 임원직들은 남성 신도들인 경우가 더 많다. 이러한 구조적이고 체제적인 문제를 차치하고서라도 기독교는 여성들에게 여성 정체성을 교육하는 구조로 작용하면서 신앙을 통한 '가족 이데올로기'의 강화를 굳히고 있다. 여성들에게 가족을 돌보는 어머니로서 잘 살아가는 것이 기독교 여성이 되기 위한 필수조건인 것처럼 교육하고 있기 때문이다. 다시 말해, 올바른 신앙인 여성이 되기 위해서는 가족 내에서 '어머니'와 '아내'의 역할을 잘 감당해야 한다는 논리로 신앙교육을 이끌어가고 있는 이유다.

사실 여성에 대한 '정체성' 강화 교육은 현대에만 있어왔던 것은 아니다. 중세시대에도 여성들에게 죄에 대해서 민감하게 여기게 하면서 동시에 그 죄의식이 자신의 육체에 대한 학대와 고통을 가져오는 것으로 내면화된 역사가 있었다. 영혼에 가까운 남성에 비해 육체에 가깝다고 간주된 여성들일수록 자신들의 죄를 씻고 구원받기 위한 가장 중요한 길은 바로 '육체'에 고통을 가하는 것이다.[21] 따라서, 저자는 "원죄-구원론-신체적 고통-여성 혐오증"[22]이 복합적으로 결합되어 고통 받는 여성 주체를 생산해 냈다고 분석하고 있다.

비슷한 맥락에서 한국 기독교 초기에도 여성은 신앙적으로 교육을 잘 받아야 어머니로 아이들을 제대로 키우는 여성으로 탄생할 수 있다고 하는 논리를 전개하는 문서들도 있었다.[23]

교회도 사회와 분리된 제도는 아니기에 사회의 흐름에 발맞추어 신앙교육 프로그램을 운영하는 것은 자연스러운 일이다. 핵가족화 되면서 가족이 해체되거나 위기에 봉착했다는 문제의식으로 인해 가정회복운동을 하기도 했고, '어머니교실'이라고 교육을 하기도 했으며, 결혼을 앞두고 있는 예비부부들을 위해 '가정은 하나님이 주신 선물'이라는 식의 프로그램도 운영하고 있다. 또는 갈등을 겪고 있는 부부들을 위해 '부부상담교실', '비폭력대화' 등등의 가족관련 교육을 하고 있다.

대표적인 프로그램이 두란노 어머니학교와 두란노 아버지학교이다. 두란노 어머니학교는 "아내는 가정의 머리인 남편을 세워주고 신뢰하며…" 혹은 "이 땅의 모든 여성들이 이렇게 되기를 원합니다" 등의 교육 내용을 담고 있고, 두란노 아버지학교는 처음에는 권위를 잘못 행사한 아버지를 재교육하기 위한 것이기도 하였으나, 2000년에 들어서면서 '아버지 기살리기' 운동으로 번지기도 하였다.[24] 아버지학교에

---

21 이충범, 『중세신비주의와 여성: 주체, 억압, 저항 그리고 전복』 (서울: 동연, 2011) 32-34p

22 앞의 책, 45p

23 1899년 〈대한그리스도인 회보〉에는 "여인이 학문이 없으면 자식을 낳아 기를 때 자식이 아파 울던지 주려 울던지 덮어놓고 젖이나 밥이나 틀어넣어 주고 위생이 무엇인지 사람됨이 무엇인지도 모[른다.]"라고 실려 있었다.

24 이숙진, "최근 한국 기독교의 아버지 담론에 대한 비판적 성찰," 『한국 여성 종교인의

서 강조하는 것은 "가정의 머리됨"이다. 권위를 함부로 사용하지 않을 것을 교육할지라도 그 내용은 여전히 하나님의 대리자이며, "가정의 머리"로서의 아버지를 강조하고 있다. 아버지나 어머니나 가족에게 돌봄과 책임의 역할을 하도록 교육하고 있지만, 그 돌봄의 내용이 사뭇 차이가 있다는 것을 우리가 유심히 살펴보아야 한다. 아버지에게는 다른 곳과 함께 가족'도' 신경 쓰고 돌봐야 한다고 가르치지만, 어머니들에게는 가족을 위해서 헌신적으로 전적으로 신경 쓰고 돌보고 책임져야 할 대상으로 교육하고 있기 때문이다.

교회의 가족 중심적 신앙교육 프로그램들은 가족의 회복을 목표로 하고 있다고는 하지만 가족은 '휴식처', '정서적 안정제'라고 하는 판타지 속에서 그러한 휴식처인 가정을 이루기 위한 주요 역할을 '어머니'에게만 강조하고 있다. 그리고 이러한 가정교육은 고정된 성역할을 벗어나지 않고 시대가 흘러도 동일한 목적—돈 버는 남편과 가정을 돌보는 아내—을 구가하고 있다. 이렇게 공사의 분리가 전제된 가정에서는 여성이 경제적 역할을 하더라도 달라지지 않을 때가 많다. '권위'와 '권력'을 가진 쪽은 여전히 남성이기 때문에 여성이 경제적 능력을 가지거나 가족을 부양하게 되더라도 사적인 돌봄의 역할에 부가적으로 가정경제를 책임져야 하는 이중고를 가지게 된다. 공사이분법적 논리는 맞벌이 부부에게도 여전히 여성이 가사일과 육아에 대한 책임을 더 짊어져야 한다는 전제를 무의식적으로 강조하고 있다.

이러한 교회의 성별 분업적 신앙 교육, 더 더욱이 남성 생계부양자(가장, 가정의 머리) 여성 돌봄 책임자라고 하는 이원론을 더 강화시키는 신앙교육이 '가족'에서의 자신의 정체성 때문에 이중, 삼중으로 빈

현실과 젠더문제』 (서울: 동연, 2014), 281; 291.

곤한 삶을 살아가야 하는 여성들에게 삶의 질을 향상시켜주는 교육이 될 수 있을까? 현실의 빈곤한 삶을 이겨낼 수 있는 어떠한 대안을 제공할 수 있을 것인가? 교회에서 이야기되고 교육되는 신앙 담론은 여성들의 정체성 형성에 상당히 막강한 영향력을 행사한다. 단순히 바람직한 여성이 되기 위한 전제들을 교육하는 것이 아니라 '신앙심 깊은 여성'은 이러이러해야 한다는 구체적 내용을 교육하기 때문에 더더욱 그러하다.

필자가 몸담고 있었던 교회의 한 교인 남편도 앞서 언급한 경우에서처럼 경제적으로 도움을 주지 못했으며 알코올 중독이 있었기에 여성에게 언어 폭력과 신체 폭력을 일삼는 사람이었다. 그러나 '사랑'과 '보살핌', '관용'의 내용이 들어간 설교를 들을 때에 그 교인은 "늘 내가 그 인간을 보듬어 주어야 하는 데…", "내가 안 돌보면 누가 보살펴주겠는가?"식의 회개와 반성을 하면서 다시 남편에게 '착한' 아내, '보살핌 책임자'가 되기로 마음을 다지곤 했었다. 그러나 그 남편과의 생활은 끝내 이 여성의 책임감으로 인내했던 생활에 보람을 주지 못했고, 어쩔 수 없이 남편이 살고 있는 집에서 나와서 다른 주거공간을 마련하는 것으로 결론지어졌다. 그러나 교회에서 받은 신앙교육은 이 여성에게 끊임없이 남편을 돌보지 못한 아내라고 하는 죄책감을 생산해내고 그 여성이 결정한 선택에 대해 힘을 실어주지 못했다.

실제로 경제적으로 정서적으로 지지가 되기보다는 오히려 이중, 삼중의 짐을 지우는 남편과의 결혼 생활을 정리한 여성들이 고백하는 것은 "비록 경제적으로 여전히 어렵기는 하지만 더 이상 폭력을 견뎌야 하지도 않고 심리적으로 스트레스를 받지 않아도 되기 때문에 마음은 더 자유롭다"[25]고 말한다.

---

25 정재원 『숨겨진 빈곤』, 173p 문장구성은 필자의 주관적 작업입니다.

특별히, 남편이 생계부양자의 역할을 감당하지 않는, 혹은 남편이 경제적, 신체적 폭력을 행사하고 있는 가정에서 살고 있는 여성에게 교회가 '여성 정체성'을 더 강화시키고, '가족을 강화-유지하려는' 당위들을 신앙교육으로 가르친다면 과연 그것은 그 여성에게 '복음'이 될 수 있을까? 대부분의 교회가 이러한 여성들의 상황을 해결(?)하기 위한 대안으로 내세우는 것이 '어머니교실', '가족을 위한 기도회' 혹은 〈가족 사랑 실천 노트〉[26]를 통한 '어머니', '아내'로서의 자기 신앙 점검을 하게 하는 교육들이다. 이러한 교육의 대상은 남편이 경제적 활동을 하고 아내는 집에서 '내조'를 하는 그런 가족관계를 일반적이라고 상정하고 있다.

남편과 아내 모두에게 교육되고 있는 것이긴 하지만, 아무래도 여성들에게 더 자상함과 상냥함을 부추기고 있음을 알 수 있다. 이러한 신앙교육을 받고 있노라면 여성들은 자신들의 상황이 너무 어렵고 남편과 살아간다는 것 자체가 아무리 힘들어도, 그 남편에게 잘 대해 줘야한다고 느낀다. 남편이 자신에게 폭력적이고 부당하게 대우한다고 해도 자신들은 남편들에게 함부로 대하면 안 된다는 죄책감을 끊임없이 느끼게 된다. '상냥하고' 사랑스러운 아내가 곧 신앙심 좋은 여성이라는 등식이 성립된다. 기독교 가정이기에 이혼도 해서는 안 되고 따

---

26 백소영, 『엄마되기, 아프거나, 미치거나』 (서울: 대한기독교서회, 2009), 230. 구체적인 내용을 보자면 남편은 아내에게 "출근길에 아내에게 '사랑한다'고 고백하기, 퇴근길 꽃 한송이 사들고 아내에게 전해주기" 등인데 반해 아내는 남편에게 "출근 길 칭찬과 격려의 말 전하기, 열심히 일하고 있는 남편에게 사랑이 담긴 격려와 칭찬 문자 보내기, 밝은 미소와 함께 남편 퇴근 맞이하기" 등이다. 남편과 아내가 서로를 사랑하는 방식이 참으로 공사이분법적이다. 요새같이 맞벌이 부부에게는 그리고 여성이 경제적으로 더 힘겹게 책임을 져야하는 경우에는 이러한 가족사랑이 실천이 가능하다고 말할 수 있을까!

라서, 계속 인내하면서 그 결혼관계를 유지해야 한다고 교육을 받게 된다.

앞서 소개된 가족관련 프로그램 등을 신앙교육으로 접하고 있는 여신도들에게는 자신들이 얼마나 건강하고 정상적인 상태에서 살아야 하는 지를 생각하기 보다는 끊임없이 '어머니'로 '아내'로 제대로 기능하고 있는지를 살펴보도록 강요(?) 당한다. 이중, 삼중의 역할과 책임을 감당하더라도, 남편에게 직간접적인 폭력을 당하더라도 오로지 '아내'와 '어머니'로 잘 기능하고 있는지가 신앙의 척도로 평가된다면, 결혼생활이 억압이 되고, 또한 결혼을 필수적으로 선택하지 않는 여성들에게 교회는 억압적일 수밖에 없다. 지금 삶과 결혼생활이 힘든 여성들을 생각하면서 그 여성들이 어떻게 하면 다시 건강한 인간으로 신앙인으로 살 수 있는 지를 고민하는 게 아니라 그 자리에 남아서 인내하고 고통 받기를 교육하는 것이기에 중세시대와 기독교 초기에 여성들에게 강요되었던 것처럼 현재의 한국교회는 종교 문화적 법을 통해 억압된 여성 주체를 생산하고 있는 것이다.

오히려 "모든 것을 버리고 나를 따르라"고 제자들에게 명하신 예수님의 부르심이 어쩌면 이 여성들에게 더 벅차고 새로운 삶을 향한 복음이자 소명이 될 수 있을 것이라고 생각한다. 예수님이 제자들을 부를 때는 그 자신이 결단하고, 소명 받아서 예수님을 따르도록 하는 신앙생활이 가능했다. 누구누구의 어머니, 누구누구의 아내로서가 아니라 그 자신이 신앙인으로, 주체자로 설 수 있는 예수님이 가르쳐주신 제자도는 현재 교회 생활의 신앙 형태와는 사뭇 아주 많이 다르다. 누군가를 보살피기 위해 자기 자신은 돌보지 못한 채 정신적, 경제적 '빈곤'의 삶을 사는 여성들에게 자신을 희생해서라도 '가족을 잘 돌보라'는 것이 신앙인의 필수조건이라면 그것은 다시 심각하게 재고해야 할 신앙 덕목이다.

어쩌면 가족강화 교육을 하더라도 남성, 여성 신도 모두에게 공동으로 가정의 책임을 감당하도록 하는 방식으로 신앙교육이 이루어지는 것이 더 바람직할 것이다. 핵가족화 되고, 개인주의화 되어가는 현실 속에서 가족을 위한 희생과 봉사를 교회에서 교육하는 것은 권장할 만한 일이지만, 문제는 여성들에게만 더 강조된 어머니와 아내로서의 역할과 희생, 봉사는 여성들을 더 굴레에 갇히게 한다. 따라서 가족이기주의보다는 모든 사람들이 자매형제라고 하는 인류애를 확산시키는 것도 우리가 생각해 보아야 할 신앙의 덕목이 될 수 있다.

'예수를 따름'이라고 하는 신앙적 명제에는 사실상 자신의 가족 구성원만 돌보고 지탱하는 신자유주의식 개인주의가 아니라 가난한 사람과 사회적 약자들을 향한 책임적 사명이 있었다. 이런 점에서 볼 때, 예수를 따름이라고 하는 제자도보다 가족을 더 강조하는 신앙교육은 어떤 면에서 교회 밖의 빈익빈 부익부를 더 강화시키는 논리라고도 볼 수 있다. 이러한 다각적인 면을 고려해 볼 때, 여성들에게 특히 가난한 여성들에게 아무런 고민 없이 행해지는 가족 강화 신앙교육은 심각하게 재검토해 보아야 할 것이다.

가족으로 인해, 가족 내에서 어머니로서, 아내로서 책임을 져야 한다는 내면화된 여성 정체성을 가지고 살아가면서 복잡화된 '빈곤'의 삶을 사는 여성들에게 교회는 보다 더 건강하고 현실 대안적인 교육을 하여야 할 것이다.

참고문헌

국미애·박은하. "서울 여성의 복합적 빈곤력 분석을 통한 지원방안 연구,"「서울시여성가족재단」. (2014).
김경애. "흔들리는 모성, 지속되는 모성 역할: 저소득층 모자가정의 여성가장" 한국여성학 제15권 2호 (1999.11).
김윤영·정환봉.『죄송합니다. 죄송합니다: 송파 세 모녀의 죽음이 상처를 남긴 이유』. 서울: 북, 콤마, 2014.
노혜진. "빈곤의 여성화 접근 방식의 전환"『사회복지정책』제39권 제4호 (2012).
민가영. "신자유주의 시대 십대 빈곤층 십대 여성의 주체에 관한 연구." 이화여자대학교 대학원 박사학위 논문, 2007.
박영미. "복지국가에서의 빈곤의 여성화와 사회적 배제"『한국사회와 행정연구』제18권 4호(2008).
백소영.『엄마되기, 아프거나, 미치거나』. 서울: 대한기독교서회, 2009.
성준모. "저소득층 중년여성의 관계만족과 자아존중감이 우울에 미치는 영향에 대한 종단연구,"「보건 사회연구」30(2010).
송다영·김미주·최희경·장수정 공저.『새로 쓰는 여성복지론: 쟁점과 실천』. 서울: 양서원, 2011.
이숙진. "최근 한국 기독교의 아버지 담론에 대한 비판적 성찰,"『한국 여성 종교인의 현실과 젠더문제』. 서울: 동연, 2014.
이숙진「한국기독교와 여성 정체성' 서울: 한들출판사, 2006.
이정영. "저소득층 여성 한 부모의 사회적 관계망이 고립감에 미치는 영향." 숙명여자대학교 정책대학원 석사학위논문, 2007.
이충범,『중세신비주의와 여성: 주체, 억압, 저항 그리고 전복』서울: 동연, 2011
임태연. "아내폭력 피해자의 '취약성'과 도덕적 행위성에 관한 연구." 이화여자대학교 대학원 석사학위 논문, 2004.
정재원.『숨겨진 빈곤』. 서울: 푸른사상, 2010.
Razavi, S "Gendered Poverty and Well-being" *Development and Change*. Vol.30.1999.
Ruspini, E. "The study of women's depriviation: how to reveal the gender dimension of poverty" Social Research Methodology Vol.4 No.2.
Young I. M. *On Female Body Experience* (Oxford University Press, 2005).

하나님의 동료 피조물, 동물의 권리

정애성

I. 들어가는 말: 동물은 누구인가?

동물은 누구인가? 간단치 않은 질문이다. 무엇보다도, '인간'과 '동물'이라는 어휘의 의미와 그 경계가 불분명하고 모호하다. 생물학적 어의로 본다면, '동물'은 동물계로 분류되는 생물의 총칭이고 '인간'은 원숭이와 더불어 영장목靈長目에 속하는 포유동물을 칭하는 이름이다. 요컨대, 인간은 동물이다. 실제로, 인간과 침팬지가 98% 이상 똑같은 DNA를 공유한다는 사실만 보아도 동물과 인간은 엄청난 유사성을 공유하고 있다.[1] 그럼에도 '인간'은 인간과 여타 동물들을 끊임없이 구분하고 동물을 차별하고 대상화해왔다. 지렁이와 사자와의 차이보다 인

---

[1] 오늘날 동물권과 동물복지를 주장하는 사람들 중 일부는 인간과 동물 간의 간극을 좁히고 인간 역시 동물에 속한다는 인식을 확장하기 위해 '인간 동물'과 '비인간 동물'이란 대안적 명명을 사용한다.

간과 침팬지와의 차이가 더 크다는 막연한 믿음처럼 말이다.

기실 인간의 역사는 인간과 동물의 공존의 역사라고 할 수 있다. 히브리 성서 창세기는 태초에 동물과 인간이 같은 날 창조되었다는 언급을 통해 양자 간의 뿌리 깊은 유대감과 공생관계를 표현했다. 근대 문명 비판가인 제레미 리프킨은 서구 문명의 뿌리에 수소와 암소가 있었다고 말한다.[2] 고대의 인류에게 소는 생식, 다산, 풍요를 상징하는 창조의 신이었다. 팔레스타인의 신 '바알'은 '호통치고 고함을 지르는' 황소 신이자, 폭풍의 신, 다산의 신이었다. 초기 히브리인들은 종종 '야곱의 황소'를 숭배했으며 출애굽 후에도 소를 숭배하는 의식이 잔존했다.[3] 생명과 다산의 신 디오니소스는 '뿔 달린 황소' 또는 '암소의 아들'로 묘사되었다. 인류 문명의 변천 속에서 소는 점차 신성한 위치에서 통화와 상품으로 이행했다. '소cattle'는 '동산chattle'과 '자본capital'에서 연유한 이름이다. 알파벳 첫 글자 A는 황소의 머리 모양에서 유래했고 '이탈리아italia'는 소의 땅을 뜻했다. 친족과 다름없던 동물을 사냥하고 죽이던 고대인들의 죄책감과 불안심리 속에서 샤머니즘과 희생제의가 탄생했다는 일부 학자들의 주장에서도 인간과 동물의 상호 유대성과 공생관계를 가늠할 수 있다.

이처럼 동물은 인간과 실로 오랫동안 친밀한 정서적 관계를 나누었음은 물론 식량, 의복, 거처, 보조 동력, 연료 등 인간의 생필품 수단으로 활용되었다. 그런데 근대 이후 인간이 동물을 기술적으로 조정하게 되면서 동물과 인간을 포함하는 전 생태계를 위협하는 무서운 재앙에

---

2 제레미 리프킨/신현승 옮김, 『육식의 종말』 (서울: 시공사, 1993), 25.
3 예로, "하나님이 그들을 애굽에서 인도하여 내셨으니 그의 힘이 들소와 같았다"(민수기 23:22).

이르게 되었다. 가장 참혹한 억압과 대립, 홀로코스트, 전쟁, 폭력의 시대로 불리는 20세기의 인간 사회는 동물들에게도 처참한 죽임과 도살의 시대였다. 근대에 와서 자연 만물과 동물을 인간이 멋대로 사용하고 지배할 수 있다는 사고방식이 인간의 삶 전반에 널리 퍼지고 실행되었다. 근대적 세계관과 삶의 방식에 대한 통렬한 반성이 일어난 지난 세기 말에 인간의 동물에 대한 태도에도 반성과 각성이 크게 일었다. 1978년 노벨문학상 수상자인 미국의 유대계 작가 아이작 싱어는 "동물에 대한 태도에 관한 한 모든 사람은 나치다"라고 일갈했다. 2003년 노벨문학상 수상자 존 쿳시는 『동물로 산다는 것 *The Lives of Animals*』이란 작품에서 인간들의 손에 잔인하게 도살당하는 소들을 나치에게 학살당한 유럽의 유대인들에 비유하는 과감성을 보이며 논란을 일으켰다. 동물을 인간의 소비품으로 집단 사육, 학살하는 일은 여전히 전 지구적인 현상이며 한국에서도 그러하다. 비근한 예로, 2010년~2011년에 삼백팔십만여 마리의 돼지와 소 등 가축을 잔혹하게 살처분, 생매장하고 불에 태웠던 구제역口蹄疫 파동은 '한국판 아우슈비츠'와 '제노사이드'의 현장으로 일컬어지기도 했다.[4]

그 무수한 동물들은 왜 죽어갔는가? 2000년 이래 세계 곳곳에서 끊임없이 발생하고 있는 구제역의 원인이 아직 명확히 밝혀지지는 않았지만, 적잖은 전문가들에 의하면 그것은 현금의 가공할만한 공장식 동물 사육시스템과 무관하지 않다. 최근 여러 차례 세계 곳곳에 집단적 공포를 몰고 온 광우병 사태도 마찬가지이다. 또한 미국의학한림원(IOM)은 최근 세계 각지에 등장한 사스와 에볼라, 메르스 등 신종 바

---

4 2014년 12월 21일자 「오마이뉴스」, 이화영의 기고문 '살이 찢기고 피가 튀고… 쌓여가는 사체: 2011년 가축 살처분 현장, 아직도 잊지 못합니다'를 참조할 것.

이러스 전염병들이 전 지구적인 환경오염과 생태계 파괴에서 비롯되었다고 적시했다. 서식지를 잃어버린 야생동물들, 그중에서도 박쥐가 돼지와 낙타 등 인가의 가축들과 부적절한 접촉을 하게 되면서 그 경로를 따라 신종 바이러스가 가축과 인간에게 전염되었고, 인간이 파괴한 곳에서 무서운 전염력으로 번창한 미지의 바이러스들이 앞으로 인간과 동물에게 더 많이 출몰하리라는 어두운 전망이 속속 들려온다.[5] 우리는 인간의 무절제한 폭력과 탐욕, 소비문화에 집단적으로 희생, 살해된 동물들의 반격과 '역습'을 목도하고 있다.[6] 인간이 동물을 마음대로 무참히 죽이고 도축하는 세상에서 인간의 생명과 삶도 안전하지 않음은 지극히 당연한 생명의 이치이다. 수많은 동물들의 서식지 훼손과 토양 유실이라는 중대한 환경 문제와 반대운동에도 불구하고 이윤의 논리를 앞세워 설악산에 케이블카를 설치하는 법안을 통과하는 등 인간중심적인 반생명의 행위는 여전히 진행 중이다.

그나마 다행스러운 것은, 학문과 종교, 인권 등 사회의 각개 영역에서 강고한 인간중심적 틀을 비집고 '동물권' 이야기가 들려온다는 점이다. 동물의 권리 담론은 동물의 문제일 뿐만 아니라 동물과 함께 살아가는 인간의 문제이기도 하다. 일찍이 동물 철학자 피터 싱어는 "동물 해방이 인간 해방"이라고 역설한 바 있다.[7] 오늘날 제기된 동물권 주장은 우리에게 창조 세계 및 동료 피조물들과의 불평등하고 잘못된 관계에서 벗어나 보다 더 정의롭고 평화로운 관계로 들어서길 촉구한다. 또한 그리스도인들에겐 성서에 나타난 하나님의 사랑과 구원의 소식

---

5 2015년 6월 15일자 「한겨레신문」, "박쥐와 낙타가 '부적절한 만남'을 가진 까닭은?"
6 마크 롤랜즈/윤영삼 옮김, 『동물의 역습』 (서울: 달팽이, 2004).
7 피터 싱어/김성한 옮김, 『동물 해방』 (고양시: 연암서가, 2012, 개정완역판, 원서 첫 판은 1975년), 23.

을 이른바 '동물권 시대' 속에서 새롭게 발견하고 동료 피조물인 동물들과 함께 살아갈 수 있는 새로운 감수성과 신학적 상상력을 갈무리해야 할 책임이 있다. 본 글에서 필자는 먼저 오늘날 인간이 초래한 동물들의 비참하고 폭력적인 살상의 현실, 그 낯설고 불편한 현실을 고찰하고, 동물 지배 시스템을 지탱해온 인간중심주의적 세계관과 근래의 '동물권' 논쟁과 동물 신학의 동향을 살펴보고자 한다.

II. 낯설고 불편한 동물들의 현실

오늘날 동물과 인간의 관계는 지극히 낯설고 불편하며 부당한 것이다. 대부분의 동물은 인간의 '필요'를 충족하기 위해 처분되는 소비대상이고 그 소비 방식은 학대와 감금, 폭력과 착취, 포식捕食, 도살과 살처분이다.

일례로, 인간이 동물을 '애완용'과 '식용'으로 나누는 기준은 무엇인가? 그것은 당연한가? 우리는 '왜' 개는 사랑하고, 돼지는 먹고, 소는 신을까?[8] 인간은 사물을 있는 그대로 보는 것이 아니라 자신의 주관대로 본다. 인간이 각각의 동물을 느끼고 대하는 방식은 그 동물이 누구인가 하는 문제보다는 그 동물에 대한 인간의 인식과 스키마(schema. 우리의 신념과 생각, 인식, 경험을 구조화하는 심리적 틀과 정신적 분류체계)가 어떠한가에 더 많이 좌우된다.[9] 개고기를 둘러싼 동서양의 인식 차

---

8 멜라니 조이/노순옥 옮김, 『우리는 왜 개는 사랑하고 돼지는 먹고 소는 신을까: 육식주의를 해부한다』 (서울: 모멘토, 2011).

9 앞의 책, 13-16.

이와 종종 벌어지는 격론에서 보듯이, 이 스키마는 자연적이기보다는 구성적이다. 어떤 사람에게 A라는 동물은 무리 없이 식용 고기로 전화轉化되지만 B라는 동물은 음식물로 손쉽게 대체되지 못하고 혐오감을 주기도 한다. 그래서 멜라니 조이는 인간의 육식 문화와 습관에는 특정 동물과 죽은 동물의 살(고기) 사이의 인식론적 단절을 허용하고 인간의 공감능력과 불편함을 무감각으로 바꾸는 '정신적 마비'psychic numbing가 작용한다고 말한다. 이러한 인간의 정신적 마비 메커니즘은 그 사실에 대한 부정과 회피, 합리화만이 아니라 특정 동물의 대상화와 몰인식을 양산하고,[10] 죽은 동물의 살(고기)에서 살아있는 동물을 비가시화하고 삭제함에 의해 작동한다.[11]

흔히 개나 고양이와 같은 '애완동물pets'과의 관계는 인간의 학대나 착취 방식과 거리가 멀다고 여기지만, 생각해 보면 '애완동물'과 '유기동물'은 동전의 양면처럼 짝패의 관계이다. 애완愛玩동물은, 그 이름이 의미하듯, 자연권을 박탈당하고 인간의 쾌락을 위해 인간 옆에서 물건처럼 길들여진다는 점에서 여전히 논란거리이다. 1980년대에 등장한 '반려동물companion animals'이란 대체 개념이 동물을 인간의 동반자와 가족적 지위로 끌어올렸다고 하지만, 그 동물들이 인간의 소유물로서 인간의 보호와 의존을 통해서만 생존한다는 점은 변함이 없다. 할 헤르조그는 동물을 대하는 인간의 모순적이고 비일관적인 태도를 깊숙이 분석하면서, 반려동물이란 이름은 그 동물을 인간의 소유물이 아닌 것처럼 포장하는 '언어적 환상'에 불과하다고 꼬집어 말한다.[12] 동물의

---

10 개는 영리하고 감정이 풍부한 반면 돼지는 더럽고 게으르다는 생각이 인간의 통념적 스키마의 한 예다. 실상은 돼지가 개보다 훨씬 더 영리하며 진창에서 뒹구는 것은 땀샘이 없어 몸을 식히기 위해서이다.
11 앞의 책, 20-25.

입장에서 인간과 애완/반려동물과의 관계 또한 극히 일방적이고 인간 중심적일 수밖에 없다. 인간과 동물 관계의 개념을 재정립함으로써 양자 간의 관계를 바꿀 수도 있겠지만, 인간과 동물 간의 권력 관계를 해소하고 변혁하는 것이 더욱 근본적이고 진정한 변화일 것이다.

　인간의 소비대상으로 전락한 동물들은 용도에 따라 다양한 이름으로 불린다. 농장동물, 실험동물, 모피동물, 전시동물, 오락동물, 희생제물, 애완동물, 식용동물 등등. 이른바 농장동물의 실상을 보자. 오늘날 미증유의 동물 학대와 집단적 도살, 동물 고통을 야기하는 최대 현장은 공장식 축산농장factory farm, 혹은 동물밀집사육시설concentrated animal feeding operations이다. 해마다 전 세계에서 대략 500억 마리의 육지동물이 공장식 축산 방식으로 사육되는데, 미국의 경우 모든 육지동물의 99%에 해당한다. 공장식 축산농장의 유일한 목적은 최소 비용으로 제품을 생산하여 최대 수익을 남기는 것이고, 미국의 육식산업의 연간 매출 총액은 1,250억 달러에 이른다. 예를 들어, 영리하고 예민한 동물인 돼지는 자연 상태에서는 무리를 지어 살고 하루에 최대한 50km를 이동한다. 하지만 공장식 농장에서 돼지는 태어나자마자 꼬리와 송곳니를 잘리고 운신하기도 힘든 비좁은 철제 공간에 갇혀 살다가 도축된다. 새끼 돼지는 태어난 직후 어미와 떨어져 철제 공간에 분리, 감금된다. 소도 마찬가지다. 소의 자연 수명은 20년이지만 공장식 농장에서는 기껏해야 4년이다. 젖소는 우유를 생산하기 위해 쉴 새 없이 임신상태로 살아야 한다. 우유 생산량을 높이기 위해 유전자 조작 성장호르몬 주사를 맞고 출산 후엔 새끼와 떨어져 사육되다가 4년 후 도축되어 식용

---

12 할 헤르조그/김선영 옮김, 『우리가 먹고 사랑하고 혐오하는 동물들: 인간과 동물의 관계, 그 모든 것에 관하여』(서울: 살림, 2011).

분쇄육이 된다. 전 세계의 산란계 중 70~80%가 상자형 닭장에서 사육된다. A4용지 크기의 상자 안에서 평균 6마리가 사육되며 1년간 달걀을 생산하는 도구로 사용된 후 도축된다. 닭의 자연 수명은 10년 이상이지만 이러한 시스템에서는 고작 7~8주의 수명에 그친다. 산란계가 낳은 암탉은 부리를 절단당한 채 갇히고 수컷은 태어나자마자 산채로 분쇄기를 통과한 다음 비료나 닭의 사료가 된다.[13]

동물 (생체)실험 역시 무도한 동물 학대와 동물 고통의 민낯을 드러내는 잔혹한 현장이다. 동물 실험은 의학 및 심리학, 군대 등에서 행해지고, 살충제, 부동액, 브레이크액, 표백제, 초, 방취제, 목욕용 발포제, 탈모제, 눈 메이크업, 잉크, 선탠오일, 손톱 광택제, 마스카라, 헤어스프레이, 페인트, 지퍼 윤활유와 같은 수많은 신제품 개발과 상업적 용도로도 활용된다. 흔히 동물 실험이 인간의 수명 연장과 건강 증진에 이바지한다고 알려져 있지만, 동물 실험 결과가 실제로 인간에게 적용될 확률은 5~15%일 뿐이고 그로 인한 사망률 감소율은 1~3.5%에 머문다. 세간에 알려진 악명 높은 실험으로 드레이즈검사와 LD-50검사를 들 수 있다.[14] 오늘날 인간이 사용하는 숱한 일상용품과 일상생활

---

13 피터 싱어/김성한 옮김, 『동물 해방』. 제3장에서 공장식 농장 문제를 상세히 설명했다.
14 드레이즈검사는 토끼나 개를 실험대에 눕히고 사지와 몸을 차꼬로 고정한 다음(눈을 만지지 못하도록), 동물 눈 속꺼풀 사이로 실험물질을 투여하는 것을 말한다. 3주 동안 실험을 반복하면서 동물 눈의 부기와 고름, 병균 감염도, 출혈 등의 증상을 관찰한다. 동물은 극심한 고통을 겪게 되고, 각막에 심각한 상처를 입어 완전히 시력을 잃은 동물은 도살된다. 구강 독성검사로 빈번히 사용되는 LD-50검사는 특정 동물 집단의 50%를 죽이는데 필요한 특정 물질의 치사량을 알아보는 검사이다. 동물에게 립스틱, 치약, 종이 따위의 실험제품을 강제로 먹인 후 제품의 독성에서 일어나는 구토, 설사, 근육마비, 경련, 체내 출혈 등 일반 증상들을 14일에서 6개월에 걸쳐(그때까지 살아 있다면) 조사하는 실험이다. 동물 실험 실태와 그것을 둘러싼 논쟁에 관해서 앞의 책, 제2장을 보라.

은 연구와 실험이란 명목으로 동물들에게 가해진 끔찍한 고통과 상해, 살상의 대가이기도 하다.

모피동물의 사육 환경과 사육 방식도 무서운 공포와 잔혹함과 관계한다. 모피毛皮가 피부와 피부에 달린 털을 아우르는 말이듯, 털을 이용하려면 동물의 피부까지 벗겨내야 한다. 여우 모피코트 한 벌을 만드는데 11마리의 여우가, 밍크코트 한 벌엔 밍크 45~200 마리가 필요하다. 전 세계 모피 제품의 75%이상이 공장식 사육시설에서 생산된다. 일례로, 평화로운 이미지의 상징인 양은 공장식 사육시설에서 파리 꼬임을 막기 위해 마취제나 진통제 없이 양 다리 뒤쪽과 둔부 살점을 잘라내고 주름 잡힌 부분을 절단당하고, 꼬리 잘리기는 기본이다. 밍크는 목을 부러뜨려 죽인다. 중국을 비롯한 세계 곳곳의 열악한 공장에서 살아있는 밍크의 피부와 털을 벗겨내는 끔찍한 영상 장면이 종종 회자된다. 운동화, 구두, 벨트, 지갑, 핸드백, 가방, 오리털·거위털 파카, 양모 이불 등 인간이 애용하는 피혁, 모피 제품들이 이렇듯 수많은 동물의 생명을 잔혹하게 빼앗은 대가로 우리에게 주어진다는 사실을 언제까지 외면할 수 있을까?

최근에 동물원과 동물원에 감금된 전시 동물들도 사회문제로 부각되곤 한다. 동물원은 19세기 초 영국에서 인간의 자연 지배, 식민지 지배를 상징하는 시설로 처음 등장했다. 연간 1억 명이 넘는 사람들이 아이들의 현장 체험과 휴식처로 동물원을 찾는다. 하지만 입장을 바꿔, 야생과 고향을 떠나 그곳에 감금된 동물들에겐 동물원이 어떤 곳일까? 코끼리가 몸을 앞뒤로 흔들고, 곰이 8자 모양으로 움직이고, 돌고래가 쉬지 않고 원모양으로 유영할 때 사람들은 손뼉을 치고 좋아한다. 알고 보면 동물들의 그러한 행동은 고강도의 훈련과 피로감으로 강제 습득된 비정상적인 행동이다. 근자에 반가운 소식이 들려왔다. 북미에서 남미로 가는 길목, 아메리카 대륙의 중심에 위치한 작은 나라 코스타리카는 전 세계 다양한 동식물이 군집한 보고寶庫 중의 하나로 꼽힌다. 2013년 코스타리카의 환경장관은 동물원과 보호센터에 살고 있는 60종 400마리 동물을 야생으로 돌려보내기로 했다고 밝혔다. 인간 편에서는 동물원을 보호정책으로 간주할 수도 있겠지만 동물을 어떤 형태로든 감금하는 것이 결국 옳지 않다는 것이 그렇게 결정한 이유였다.15 또한 유럽연합EU도 2008년부터 공장형 배터리 닭장을 단계적으로 없애는 정책을 추진하고 있는데, 이는 동물 복지와 동물권을 추진하기 위한 귀감이다.

동물들이 처한 비참하고 무서운 현실을 간략히 살펴보았지만, 우리에겐 더욱 많은 물음들이 남아 있다. 애완(반려)동물은 가능한가? 신제품 생산에 동물 실험은 꼭 필요한가? 인간의 생명 연장이라는 꿈을 위해 동물을 도구로 삼아야만 하는가? 인간에게 모피 제품은 꼭 필요한가? 인간에게 육식은 필수인가? 인간에게 동물은 누구인가? 특히 하나님이 만물을 지으시고 각 존재를 사랑과 구원의 길로 인도한다고 믿는 그리스도인들에게 인간에 의해 학대와 폭력, 죽임과 포식捕食으로 희생되는 동물은 누구인가? 등등. 우리는 그 어느 물음에도 쉬이 대답할 수 없다. 하지만 동물들이 처한 비참하고 무서운 현실이 인간의 폭력적이고 소모적인 삶의 방식과 연동된 것임은 명백한 사실이다. 우리가 이 낯설고 불편한 현실을 더 이상 외면하지 않고 대면하려면 적잖은 용기가 필요할 것이다. 동물권 시대는 무엇보다도 다른 동물들에 대한 인간의 인식과 삶의 방식의 근본적인 변화를 요청하기 때문이다.

---

15 2013년 8월 8일자 「경향신문」에서.

III. 인간의 동물 지배

동물과 관련해서, 인간의 역사는 동물을 길들이고 지배해온 역사이다. 인간의 동물 지배는 특히 서구의 오랜 역사 속에서 정착된 인간 중심주의에 의해 심화되었다. 여기서는 서구의 동물에 대한 태도를 유대교와 고대 그리스 전통, 그리스도교, 계몽주의와 그 이후, 세 개의 시기로 나누어 짧게 고찰한 후, 특별히 근대 과학의 도입이 동물에 대한 사고와 태도에 어떤 결과를 초래했는지를 살펴보자.

1. 서구의 인간 중심주의

창세기에는 유대교의 동물관을 엿보게 하는 두 개의 이야기가 등장하는데, 창세기 첫 장의 창조 이야기가 그 중 하나이다(창세기 1:24-29). 그 이야기에서 하나님은 당신의 형상으로 인간을 창조하고 인간에게 여타 생물을 다스리고 지배할 권한을 주신다.[16] 창조 이야기에 나타난 인간과 동물의 관계가 서구 그리스도교에서 자연 및 동물에 대한 규범적 태도로 작용했다. 그런데 다음 절(29절)에서 채식을 명하는 데서 알 수 있듯이[17], 이 이야기에서는 인간의 동물 살해와 포식(捕食, predation)의 그림자를 볼 수 없다. 동물 살해는 인간의 타락과 에덴동산에서 추방된 후의 일이었다. 아담과 이브가 추방될 때 하나님은 그

---

16 하나님이 그들에게 복을 베푸셨다. 하나님이 그들에게 말씀하시기를 "생육하고 번성하여 땅에 충만하여라. 땅을 정복하여라. 바다의 고기와 공중의 새와 땅 위에서 살아 움직이는 모든 생물을 다스려라" 하셨다(창세기 1:28, 표준새번역).

17 하나님이 말씀하시기를 "내가 온 땅 위에 있는 씨 맺는 모든 채소와 씨 있는 열매를 맺는 모든 나무를 너희에게 준다. 이것들이 너희의 먹거리가 될 것이다"(표준새번역).

들에게 가죽옷을 만들어 입혔고(창세기 3:21), 그들의 아들 아벨은 하나님에게 양을 제물로 바쳤다. 악한 세상과 피조물이 대홍수에 거의 멸절한 후, 노아는 "정결한 집짐승과 정결한 새"(창세기 8:20)를 번제물로 바쳤다. 그러자 하나님은 노아와 그의 아들들에게 복을 내리며 인간과 여타 생물의 관계를 새로이 명하는데(창세기 9:1-3), 이것이 두 번째 이야기이다.[18] 푸른 채소만이 아니라 살아 움직이는 모든 것이 인간에게 먹을 것으로 제공되는 이 단락에서 고대 히브리인들의 비인간 동물에 대한 지배적 태도가 분명히 드러난다.

히브리 성서에 인간의 동물 지배와 포식, 희생제와 관련된 구절이 다수 등장한다고 해서, 동물에 대한 자비와 연민의 능력이 전무한 것은 아니다. 여러 예언자들이 살아있는 동물을 제물로 바치는 것을 비난하고, 이유 없는 동물 학대를 금했다. 또한 이사야는 평화의 임금이 오실 때 인간과 온갖 짐승이 함께 어울려 살 것이라는 구원의 비전을 노래한다.[19] 그렇지만 유대교의 동물관의 기저에는 인간이 창조세계의 정점으로서 여타 동물을 지배하고 포식할 권한을 부여받았다는 견해가 자리 잡고 있다.

고대 그리스 사상에서도 동물에 대한 상반된 태도를 엿볼 수 있다.

---

18 "생육하고 번성하여 땅에 충만하여라. 땅에 사는 모든 짐승과, 공중에 나는 모든 새와, 땅 위를 기어다니는 모든 것과, 바다에 사는 모든 물고기가, 너희를 두려워하며, 너희를 무서워할 것이다. 내가 이것들을 다 너희 손에 맡긴다. 살아 움직이는 모든 것이 너희의 먹거리가 될 것이다. 내가 전에 푸른 채소를 너희에게 먹거리로 준 것 같이, 내가 이것들도 다 너희에게 준다"(표준새번역).

19 이리가 어린 양과 함께 살며, 표범이 새끼 염소와 함께 누우며, 송아지와 새끼 사자와 살진 짐승이 함께 풀을 뜯고, 어린 아이가 그것들을 이끌고 다닌다. 암소와 곰이 서로 벗이 되며, 그것들의 새끼가 함께 눕고, 사자가 소처럼 풀을 먹는다. 젖 먹는 아이가 독사의 구멍 곁에서 장난하고, 젖 뗀 아이가 살무사의 굴에 손을 넣는다(이사야서 11:6-8, 표준새번역).

가령, 채식주의자였던 피타고라스는 동물에게 관심을 가지라고 가르쳤고, 사자死者의 영혼이 동물에게 들어간다고 믿었던 것 같다. 그러나 서구 사상의 기틀을 마련한 아리스토텔레스는 노예제의 옹호자였으며, 자연이 계층적, 목적론적 존재 질서로 이루어졌다고 설파했다.

식물은 동물을 위해 존재하며, 야수는 인간을 위해 존재한다. 가축은 인간에게 사용되기 위해, 또는 식용으로 쓰이기 위해 존재하며, 야생동물은 식용 및 의복과 다양한 도구와 같은 여타 생활 부품으로 사용되기 위해 존재한다. 자연은 어떤 것도 아무 목적 없이, 또는 공연히 만드는 법이 없다. 때문에 자연이 모든 동물을 인간을 위해 만들었다는 것은 부정할 수 없는 사실이다.[20]

그리스도교는 유대교와 그리스의 사유방식의 결합과 로마제국의 질서를 기반으로 구축되었다. 숱한 정복 전쟁으로 세워진 로마제국 도심에서는 잔혹한 투기 경기가 성행했고, 특정 인간과 뭇 동물의 살육은 일반 시민들에게 일상적 여흥거리였다. 죄인, 전쟁포로, 동물은 타인들의 여흥을 위해 고통당해도 좋은, 도덕적 관심 밖의 존재였다. 그리스도교와 유대교의 유산인 인간중심주의와 예수의 생명 존중 사상이 로마에 유입되면서 로마 사회에 일정한 진보적 변화가 일어나기도 했지만, 비인간 동물의 저급한 지위는 결과적으로 더욱 공고해졌다. 4세기 말 인간 투기 경기가 자취를 감춘 뒤에도, 비인간 동물에게 고통을 가하고 그들을 살육하는 일은 존속했기 때문이다. 비로소 서구 그

---

20 Politics, *Everyman's Library* (London: J. M. Dent & Sons, 1959), 10 ; 피터 싱어/김성한 옮김 『동물 해방』. 323-324에서 재인용.

리스도교에서 비인간 동물에 대한 학대와 잔혹한 태도를 자성(自省)하고 비판하는 연민의 목소리가 되살아나기까지 1,600여 년이라는 오랜 시간이 흘러야 했다.

새들에게 설교하고 자연만물과의 일체감과 동물 복지에 관심을 가졌던 성 프란시스코처럼, 로마 가톨릭의 당시 가치관에서 벗어난 사람도 더러 있었다. 프란시스코는 "내가 하나님을 만난다면 신의 사랑으로, 또한 나의 사랑으로, 그 누구도 내 자매 종달새를 잡거나 새장에 가두지 못하도록 부탁드리고, 성탄절에는 소나 당나귀를 소유한 모든 사람들에게 이들을 특별히 잘 먹이라는 칙령을 내려달라고 간청하겠다"라고 말했다.[21] 하지만 그러한 소수의 목소리로는 아퀴나스의 신학에 근거한 로마 가톨릭의 지배적 동물관을 바꿀 수 없었다.『신학대전』에서 아퀴나스는 살인하지 말라는 그리스도교의 계명을 비인간 동물에게 적용할 수 있는지를 물은 후, 그렇지 않다고 설명한다.

어떤 사물을 그것이 지향하는 목적을 위해 사용하는 것은 결코 죄가 아니다. 사물의 질서는 불완전한 것이 완전한 것을 위해 존재하도록 만들어졌다…식물처럼 단순한 생명을 가진 모든 것은 동물을 위해 존재한다. 그리고 모든 동물은 인간을 위해 존재한다. 따라서 "철학자(즉 아리스토텔레스)"가 말한 것처럼, 사람들이 동물을 위해 식물을 사용하고, 인간을 위해 동물을 사용하는 것은 아무런 문제가 없다. 또한 인간의 선(善)을 위해 동물을 사용하는 것도 합당한 일이다.[22]

---

21 피터 싱어/김성한 옮김『동물 해방』. 336.
22 *Summa Theologica* II, II, Q64, art. 1 ; 앞의 책, 330-331에서 재인용.

아리스토텔레스의 관점을 더욱 강력히 반복하는 아퀴나스에게, 포식할 권한을 가진 존재가 더 완전하고 이성적이므로 '이성이 없는 동물'을 가혹히 처우하는 것은 아무런 문제가 아니다. 그는 비이성적 동물에게 자애를 베풀 수 없는 세 가지 이유를 제시한다. 첫째, 비이성적 존재들은 "선善을 소유할 수 없다. 선은 이성적 생물에게만 있다." 둘째, 인간은 비이성적 존재들에게 동료 감정을 느낄 수 없다. 마지막으로, "자애란 영원한 행복을 공유할 때 생기는 것이다. 고로 이성이 없는 생물은 영원한 행복을 얻을 수 없다." 우리가 비이성적 존재를 활용하는 것은 그것이 "신의 영광과 인간의 이용 목적"에 유익하기 때문이다. 말하자면, 칠면조에게 정성껏 먹이를 주는 것은 칠면조의 허기를 채워주기 위해서가 아니라 그것이 누군가를 위한 성탄절 저녁식사 메뉴가 될 수 있기 때문이다.[23]

르네상스 시대는 인간의 존엄성을 칭송하고 인간을 우주의 중심에 복원시켰지만, 동물에 대한 사고와 태도엔 큰 변화가 없었다. 이 시기에 고통 받는 동물을 염려한 끝에 채식주의자가 되었던 레오나르도 다 빈치는 결국 친구들의 놀림감이 되었다. 또한 코페르니쿠스 천문학의 영향을 받은 조르다노 브루노는 "인간은 무한無限 앞에서 개미에 불과하다"고 주장하다가 1600년에 화형을 당했다. 오랜 시간이 흘러 1988년 교황 요한 바오로 2세가 사회 문제에 관한 회칙(*Solicitudo Rei Socialis*)을 통해 "창조주가 인간에게 허락한 지배권은 절대 권력이 아니다. 우리에겐 사물들을 '선용하고 악용'할 자유가 없고 이들을 임의로 사용할 자유도 없다"고 선언하면서 로마 가톨릭 교의에도 작은 변화가 일어나기 시작했다.[24]

---

23 *Summa Theologica* II, II, Q25, art. 3; 앞의 책, 332-333에서 재인용.

2. 근대 과학의 '동물 기계론'

17세기에 프랜시스 베이컨과 르네 데카르트의 업적에 의해 등장한 근대의 과학 개념은 동물에 대한 서구의 인간중심적 태도를 절대화했다. "과학은 고대의 암흑에서가 아니라 자연의 빛에서 찾아야 한다"[25]고 외쳤던 베이컨은 어떤 것의 '진리'를 찾으려면 반드시 관찰(실험)이 필요하다고 믿었다. 그는 세계를 관찰하고 이해하는 새로운 방식, 곧 신과학의 등장으로 인간성이 고양되고 인간이 본래 가졌던 동물 지배권을 다시 획득할 것으로 보았다. 베이컨의 철학이 왕립협회에 의해 체계화되던 1660년대까지 수많은 동물들에 대한 독약 실험이 끊임없이 실행되었다. 동물 생체 실험과 해부의 기원은 기원전 500년경으로 소급되지만, 과학 발전이라는 명목 아래 동물 실험이 급증한 것은 17세기의 일이다. 과학의 발전이 "남을 괴롭힘으로써 얻는 오락(Roman holiday: 로마에서 관객들이 즐긴 야만적인 검투사 경기)의 17세기 방식으로 동물들의 잔혹한 도살"을 의미한다는 딕스 하우드의 평가는 매우 정확하다.[26]

베이컨의 과학철학이 실험을 통해 구체적인 사실을 이해함으로써 일반적인 진리에 도달하는 귀납법 방법을 취했다면, 연역적 방법론을 구축한 데카르트는 개별적 사실을 이해하기 전에 관찰자 자신의 존재

---

24 John Paul II, *Solicitude Rei Socialis* (Homebush, NSW: 51. Paul Publications, 1988), sec. 34. 73-74 ; 앞의 책, 335에서 재인용.

25 Francis Bacon, *The Masculine Birth of Time* (1603), in *The Philosophy of Francis Bacon*, ed. Benjamin Farrington (Liverpool, 1964), 69 ; 에리카 퍼지/노태복 옮김, 『동물에 반대한다』 (서울: 사이언스북스, 2007), 135에서 재인용.

26 Dix Harwood, *Love for Animals and How it Developed in Great Britain* (New York, 1928), 81 ; 앞의 책, 137에서 재인용.

이해가 선행되어야 한다고 주장했다. 데카르트는 자기 어깨 위에 올라 앉아 매 순간 자신을 속이고 있을지도 모를 악마를 상상하면서 모든 것을 의심하고 또 의심했다. 더 이상 의심할 수 없는 것이 있다면 오직 의심하고 생각하는 그의 능력이었다—코기토 에르고숨(*cogito ergo sum*). 데카르트의 이러한 진리 개념은 정신과 육체를 분리하는 이원론을 낳았고, 육체는 운반책('기계')에 불과했다.

데카르트에 따르면, 우리에게 시간을 알려주는 시계가 실은 인간이 내린 외부의 결정에 대한 기계적인 반응에 불과한 것처럼, 이 세상을 알지 못하면서 세상에 반응하는 동물이 내는 온갖 신호는 본능일 뿐이다. 다시 말해서, 개가 짖고 신음하는 소리는 고통의 표현이 아니라 시계나 자명종 소리처럼 외부 자극에 대한 기계적인 반응이다. 그에게 동물은 정신과 사고 능력, 영혼이 없는 자동 장치, 곧 고통을 느낄 수 없는 기계였다. '동물 기계론'이란 말은 데카르트의 추종자 쥘리앵 오프루아 드 라메트리Julien Offroy de La Mettrie가 그의 결론을 지칭하기 위해 붙인 명칭이다. 이처럼 동물에게 이성이 없다는 데카르트의 견해가 과학계를 지배하면서 동물 실험은 철학적 지지기반을 획득했고, 19세기 이후에도 종종 마취제 없이 동물 실험이 실행되었다.

데카르트의 가설은 인간과 동물이 육체적으로는 같지만(기계처럼) 정신적으로는 인간이 동물보다 우월하고 특별하다는 의미를 낳았다. 하지만 이렇게 정신과 육체를 분리하고 인간의 이익을 위해 동물 실험을 허용하던 관행은 1957년 탈리도마이드 사건을 위시한 몇몇 비극적인 사건들로 귀결되었다. 탈리도마이드 사건이란 3단계의 임신 기간 중 초기 단계에 투약된 탈리도마이드가 태의 정상적인 발육을 저해하는 바람에 전 세계적으로 수천 건의 끔찍한 출산 장애, 곧 '탈리도마이드 아기들'이 태어난 일을 일컫는다.[27] 철저한 동물 실험을 거친 후 투약된 그 약으로 인해 수많은 기형아들이 태어난 일은 동물과 인간의 육체가 같으므로 동물 실험이 인간의 지식과 생명을 위해 요긴하다는 기존의 과학적 믿음을 송두리째 흔들었다. 조사에 의하면, 탈리도마이드로 인한 기형 증세는 사람과 몇몇 종의 토끼에게서만 발견되고 닭, 햄스터, 개, 고양이, 원숭이에겐 나타나지 않았다. 이러한 일련의 연구 결과를 접한 영국 보건경제청(1962년 영국 의약업계에 의해 처음 설립됨)은 1980년에 동물 실험의 확실한 존립 근거에 의문을 제기하는 성명서를 발표했다. "동물 실험 연구의 예측 가능성은 불확실하다…. 이러한 실험을 요청하는 의약품안전협회와 같은 법정 기구는 굳건한 과학적 근거보다는 신념에 근거하여 그것을 실행하고 있다."[28] 베이컨과 데카르트가, 서로 다른 방식이긴 하지만, 과학을 관찰 가능하고 의심할 여지없는 사실 위에 구축하려고 한지 3세기만의 일이었다. 동물의 육체와 인간의 육체가 같다는 것이 신념일 뿐 사실이 아니라면, 또한 쥐의 고통과 인간이 겪는 고통이 실제로 다르다면, 동물 실험은 더 이상 타당한가?

IV. 동물권 개념과 동물 신학

18세기에 와서 유행처럼 번진 동물 실험을 통해 인간과 비인간 동물의 유사한 생리 구조를 알게 되면서 동물에 대한 태도에 새로운 변화

---

27 www. thalidomide. ca.

28 Richard Ryder, *Victims of Science: The Use of Animals in Research*, 2nd ed. (London, 1983), 160 ; 에리카 퍼지, 노태복 옮김, 『'동물'에 반대한다』, 146에서 재인용.

가 생겼다. 비인간 동물들도 고통을 느끼므로 그들의 고통을 최소화하려는 배려가 필요하다는 인식이 조금씩 확산되었다. 자연을 재발견하게 된 인간은 인간이 자연의 일부임을 깨닫는 한편, 동물의 자애로운 아버지 역할을 고수하려고 했다. 인간은 특별하고 우월하다는 종교적 관념과 동물에 대한 자애로운 태도가 점차 뒤섞이게 되고, 동물 학대에 책임의식을 갖게 된 사람들이 동물 생체 실험에 반대했다.

18세기에 일어난 지적 진보는 19세기에 와서 동물의 삶의 조건 개선 등, 일정한 성과로 이어졌다. 이유 없는 동물 학대 금지 법안이 통과되고 최초의 동물 복리 단체가 설립되었다. 찰스 다윈은 인간이 곧 동물임을 입증하고자 했다. 주목할 점은, 인간과 비인간 동물의 관계와 공생에 대한 관심과 연구가 확산될수록 인간의 동물 지배와 억압 시스템도 더 정교하고 가혹해졌다는 것이다. 피터 싱어가 말한 대로, 한두 명을 제외한 대다수의 계몽주의자들은 인간의 동물 지배체제를 지탱해온 인간의 뿌리 깊은 포식捕食 문제에 대해서는 함구하거나 궁색한 변명으로 일관했다.[29] 그들은 동물에 대한 학대와 만행에 반대하면서도 계속해서 포식을 즐기고 동물 제품을 소비함으로써 결과적으로 인간의 동물 지배에 가담했다. 동물은 인간의 도덕적 관심 영역 내부로 들어오게 되었지만, 어디까지나 인간의 이익과 충돌하지 않는 범위에 한해서였다.

1. 동물권 개념

앞에서 오늘날 동물들이 처한 현실에서 보았듯이, 인간의 동물 학

---

29 피터 싱어/김성한 옮김, 『동물 해방』, 352-360을 참조할 것.

대와 폭력, 살상은 매우 체계적이고 합법적인 양상을 띤다. 한편 오늘날 동물 문제는 철학과 윤리, 권리와 법, 종교의 문제로 부상했다. 동물에 대한 학계의 관심은 1960년대로 소급된다. 존 해리스John Harris와 로슬린드 고드로비치Roslind Godlovitch가 1971년 출간한 『동물, 인간, 도덕』을 시발로, 피터 싱어Peter Singer와 톰 리건Tom Regan, 앤드류 린지Andrew Linzey 등이 지속적으로 동물권과 동물 복리에 대한 관심을 촉구해왔다.

인간의 역사는 타자에게 도덕적 지평을 확장해온 역사이기도 하다. 1792년 페미니즘의 선구자 메리 울스턴크레프트가 『여성의 권리 옹호』를 썼을 때 수많은 사람들은 '여성의 권리'라는 낯선 개념에 냉소와 야유를 보냈다. 켐브리지 대학의 한 철학교수는 『짐승의 권리 옹호』라는 책을 익명으로 출간하면서, 여성에게 권리가 있다면 동물의 평등권도 인정해야 한다고 반론했을 정도였다. 물론 그의 비웃음은 예언자적으로 적중했다!

영국의 동물해방 철학자 피터 싱어의 공리주의적 입장은 18세기 영국의 철학자 제러미 벤담의 주장과 닿아 있다. 공리주의는 감각 능력이 있는 모든 존재는 쾌락과 고통의 이익이 동등하게 고려되어야 한다는 도덕적 입장이다. 1781년 벤담은 미래를 내다보듯이 이렇게 기술했다.

장차 그런 날이 올지도 모른다. 모든 동물이 권리를 획득하고 독재의 손아귀에서 억압 받지 않는 그런 시절이 올지도 모른다. 프랑스인들은 단지 피부색이 검다고 해서 아무런 개선의 노력도 없이 고문자의 변덕에 어떤 사람이 괴롭힘을 당해야 할 이유가 없다는 것을 이미 알고 있다. 다리의 수, 피부의 융모, 엉덩이뼈의 말단 부위가 다르다는 것이 감각을 가진 존재가 단념해야 할 충분한 이유는 되지 못한다는 것을 언젠가 알게 될 날이 올 것이다. 그렇다면 그밖에 극복할 수 없는 다른 경계선은 무엇인가? 이성의 능력인가, 아니면 이야기 능력인가?… 문제는 동물들이 '이성적'인가 혹은 '말할 수 있는가' 하는 것이 아니라 그들이 '고통 받는가'하는 점이다.[30]

벤담에 의하면, 어떤 존재에게 평등한 배려를 받을 권리가 있는가를 결정하는 기준은 고통의 감수성, 즉 쾌고 감수 능력(고통이나 즐거움을 느끼는 능력)이다. 비인간 동물도 고통을 느끼는 존재이므로 '윤리적 고려 대상'이 되어야 한다. 동물에겐 거리낌 없이 고통을 가하면서 사람에겐 유사한 고통을 주길 꺼린다는 측면에서, 대다수의 사람들은 '종차별주의자'speciesism이다. 그들은 '생명의 존엄성'을 앞세워 낙태와 안락사에 반대하지만 비인간 동물들의 집단 도살과 학대엔 무관심하다.

피터 싱어는 인간을 포함한 "모든 동물이 평등하다"고 주장한다. 어떻게? 남녀평등을 주장한다고 해서 남녀 간의 차이를 부정하지 않는 것처럼, 인간과 동물의 평등권 주장에서 그들 간의 차이는 문제가 되지 않는다. 그는 어떤 집단에서 다른 집단으로 평등권을 확장하는 것을 양 집단의 동등한 대우나 동일한 권리의 문제가 아니라 평등한 배려의 문제로 본다. 상이한 존재들을 평등하게 배려한다는 것은 각기 다른 권리를 가진 그들을 서로 달리 처우한다는 말이다.[31] 그러므로, 인종차별주의와 성차별주의에 반대하고 평등을 주장하는 것은 각기 다

---

30 Jeremy Bentham, *An Introduction to the Principles of Morals and Legislation*, ed. J. H. Burns and H. L. A. Hart (London; Methuen, 1982). 17장 1부 ; 리처드 W. 불리엣/임옥희 옮김, 『사육과 육식: 사육동물과 인간의 불편한 동거』 (파주시: 알마, 2008).
31 피터 싱어/김성한 옮김, 『동물 해방』, 29.

른 인종과 성性에 속한 사람들의 지적, 도덕적 능력의 실제적 평등의 문제가 아니라, 개개인의 이익good을 동등하게 고려하는 문제이다.

인간의 '종차별주의'에 대한 피터 싱어의 비판은 이러한 평등 원칙에서 나온다. "종차별주의란 자기가 속한 종種의 이익을 옹호하면서 다른 종의 이익을 배척하는 편견이나 왜곡된 태도를 말한다."32 고로, 더 나은 지적 능력을 가진 인간이라고 해서 비인간 동물을 착취할 권한은 없다. 싱어의 종차별주의 비판이 인간과 비인간 동물의 완전한 평등주의를 의미하는 것은 아니다. 인간의 이익과 비인간 동물의 이익이 비슷할 경우, '동등 고려의 원칙'에 따라야 한다. 그는 동물의 도살 자체보다는 동물에 가해지는 고통에 주목하면서, 고통이 없거나 고통을 최소화하는 사육 방식과 도축, 거기서 얻는 육식을 용인한다. 동물을 학대하는 공장식 축산업을 규제하고 윤리적 채식주의를 실현하여 동물의 고통을 최소화하는 것이 그의 대안이다.

또 다른 동물권 사상가 톰 리건은 의무론적 접근방법을 취한다. 본래 칸트가 수립한 의무론적 윤리는 공리주의와 달리 어떤 행위의 도덕적 올바름이 행위의 결과가 아닌 행위 자체에 있다고 간주한다. 톰 리건은 동물도 인간처럼 '삶의 주체'로서의 '고유의' 가치를 지니므로 인간의 도덕적 고려 대상이 되어야 한다고 주장한다. 그가 말하는 '삶의 주체'란 생명이나 의식의 존재 여부가 아니라 자신에 대한 감각, 과거에 대한 기억, 미래에 대한 감각, 정체성에 대한 감각의 유무 등을 의미한다. 한편 칸트는 인간이 이성이 결여된 동물에게 직접적인 도덕적

---

32 앞의 책, 35. '종차별주의'는 인간이 동물의 위계를 정하고 비인간 동물을 차별하기 위해 고안한 신념체계로서 리처드 라이더(Richard Ryder)가 제시한 개념이다. 이 용어는 피터 싱어의 『동물 해방』첫 판이 출간된 후 대중적으로 사용되어 *The Oxford English Dictionary*, 제2판 (Oxford: Claren don Press, 1989)에 실렸다.

의무를 갖지 않는다고 보았고 동물을 인간을 위한 수단으로 간주했다. 리건의 의무론적 권리론 혹은 동물권리론은 칸트의 의무론적 윤리를 비판적으로 수용한 것이다.[33]

피터 싱어의 공리주의 입장이 동물에 대한 인간의 시혜적 행위에 초점한다면, 톰 리건의 의무론적 권리론은 동물이 자신의 가치를 스스로 실현할 수 있는 기회를 인간이 보장해야 한다는 측면에 주목한다. 리건의 시각에서, 동물을 감금하고 살육하는 모든 행위는 동물의 기본권인 '생명권'을 박탈하는 행위이므로 도덕적으로 정당화될 수 없다. 리건에게 중요한 것은 동물의 고통을 최소화하는 인간의 행위가 아니다. 동물에게는 빼앗길 수 없는 고유의 기본권이 있고, 인간에게는 육식과 동물 실험 등, 동물 학대와 잔혹한 태도를 중단해야 할 도덕적 의무가 있다. 두 사람의 입장을 공장식 축산업 문제와 연관지어 말하면, 싱어의 동물복지론은 고통을 최소화하는 사육 환경과 도살 방식을 중점할 테고, 리건의 동물권리론은 동물의 생명권과 기본권 박탈 자체를 문제 삼을 것이다. 오늘날 동물권 논의는 현실적으로 피터 싱어의 복지론에 더 치중하는 양상을 보인다. 비좁은 닭장에서 닭을 해방시키고, 인도적인 도축방식을 고려하고, 사육 환경을 개선하는 것이 그 실천 방안이 될 것이다. 동시에 동물 학대와 폭력을 종식하려면 환경 개선이나 복지 증진만으로는 불충분하다는 주장에도 귀를 기울여야 할 것이다. 그러한 방안이 소비자의 부채의식과 죄책감은 덜어주겠지만, 닭의 감금상태와 자연 수명 단축과는 무관하기 때문이다. 그래서 등장한 것이 '신복지주의' 개념이다. 동물사랑실천협회 박소연 대표는 그것

---

33 앤드류 린지, 장윤재 옮김, 『동물 신학의 탐구: 같은 하나님의 피조물』 (대전광역시: 도서출판 대장간, 2014), 17.

을 "오늘은 돼지우리를 깨끗이 청소하고 내일은 돼지우리를 완전히 비우자"는 말로 표현한다. 동물권을 이해하고 실천하려면 더욱 다양하고 유연한 대안들이 필요하다.

2. 앤드류 린지의 동물 신학: 동물의 권리, 하나님의 권리

동물 신학의 선구자 앤드류 린지Andrew Linzey는 영국성공회 신부이자 옥스퍼드대학교 신학 교수이다. '옥스퍼드 동물윤리 센터'를 설립하고 동물 신학적 사유와 실천에 앞장서온 앤드류 린지는 전통적 그리스도교 신학과 바르트 신학을 인간중심주의적 시각에서 동물을 포함하는 신중심적 신학으로 새롭게 해석하고 탐구해왔다. 그가 1974년에 처음 펴낸 연구서 『동물권: 그리스도교의 시각 *Animal Rights: A Christian Assessment*』은 영국에서 피터 싱어의 『동물 해방』(*Animal Liberation*, 1988, 1975)과 톰 리건의 『동물권의 논거』(*The Case for Animal Rights*, 1984)보다도 더 일찍 세상에 나왔다. 이후에 동물권과 동물 신학에 관한 수권의 책들과 공저, 수많은 논문을 집필했다.

린지는 무수한 생명체와 동물들이 학대와 폭력에 시달리는 이 시대에 종교가 무엇보다 생명을 경축하고, 생명을 경외하고, 생명에 대해 연민하는 감수성을 회복하기를 염원한다. 우리를 둘러싼 피조물들과 생명들을 경축하고 경외하고 연민하는 것은 "우리 밖에 있는 가치와 중요성을 인정하는 것이다. 인간은 모든 가치의 총합이 아니다. 우리 밖에는 우리가 깨달아야 할 무언가가 혹은 누군가가 있다."[34] 그러한

---

34 Andrew Linzey and Dan Chon-Sherbok, *After Noah: Animals and the Liberation of Theology* (London:Mowbray, now Continuum, 1997), 12 ; 앤드류 린지/장윤재 옮

종교라야 인간의 오만함과 인간중심주의를 넘어설 수 있다. "나는 모든 종교를 윤리적으로 테스트할 수 있는 기준이 하나 있다고 생각한다. 그것은 그 종교가 우리에게 더 사랑하고, 더 자애롭고, 더 연민하는 삶을 살도록 만드는가 혹은 아닌가이다."[35] 전통적인 기독교 신학이 동물을 윤리의 주변 문제로 치부하고 동물을 인간의 필요를 위한 존재로만 여겼지만, 오늘날 확산되고 있는 동물에 대한 새로운 윤리적 감수성은 "인간중심적이고 심지어 위 중심적인 기독교 사상"[36]을 크게 위협하고 있다.

한편, 린지는 동물에 대한 친절, 책임, 소통을 촉구하는 부분도 성서에 풍부하게 담겨있음을 상기시킨다. 하나님은 '모든 살아있는 피조물'과 계약을 맺는다(창세기 9:9-11). 안식일의 평화는 모든 창조세계의 목표이다(창세기 2:1-3). 하나님은 "지으신 모든 피조물에게 긍휼을 베푸신다"(시편 145:9). "자기 가축의 생명을 돌보는" 사람은 의로운 사람이고 자기의 가축에게 "잔인한" 사람은 불의한 사람이다(잠언 12:10). 창조 이야기에서 하나님은 인간에게 동물을 다스릴 권한을 준 다음, 바로 다음 절에서 인간에게 채식을 명한다(창세기 1:29).

그래서 린지는 우리에게 세상의 만물을 인간의 눈이 아니라 "다른 눈으로" 보라고 권고한다. 스스로 만물의 척도를 자임하는 인간은 하

김, 『동물 신학의 탐구: 같은 하나님의 피조물』, 51.

35 앞의 책, 59.

36 앞의 책, 63. 여기서 "인간중심적이고 위 중심적"이라는 개념은 동물이 인간의 필요를 충족하기 위해 존재한다는 확고부동한 신념을 빗대 표현한 것이다. 아리스토텔레스로부터 토마스 아퀴나스에게 그대로 전수된 그러한 견해는 비이성적인 존재들이 보다 이성적인 종(種)을 섬기는 것은 신의 섭리이며 인간이 동물을 사용하고 죽이는 것은 잘못이 아니라는 신학으로 재탄생했다. 린지는 다른 종들이 오직 인간의 허기진 위를 채우는 것에 불과하다는 사고방식에 거듭 탄식한다.

나님이 수백만 종, 혹은 수십억 종의 생명과 "여러 개의 눈을 가진 우주"의 창조자라는 사실을 자주 몰각한다. 성육신은 단지 인간의 육체에 대한 하나님의 긍정이 아니라 '모든 육체'에 대한 하나님의 긍정이고 그것은 육체를 가진 모든 피조물을 향한 하나님의 연애사건이라는 점에서[37], 우리는 "하나님의 최고의 목적은 인간의 구원이 아닐 수도 있다"[38]는 제임스 구스타프슨의 말을 경청할 필요가 있다.

오늘날 동물과 관계하고 공생하는 새로운 감수성은 우리로 하여금 '하나님이 아닌 것'을 다시 배울 수 있는 영적 도전이기도 하다. 창조 이야기에서 하나님의 형상대로 지어진 우리는 하나님에게 그에 부합하는 힘을 위임받았는데, 그 힘은 곧 예수 그리스도 안에 나타난 하나님의 힘이며 '카타바시스_{katabasis}', 즉 겸손과 희생적 사랑으로 억눌린 자들과 함께하는 고통 속에서 드러난다. 요컨대, 그리스도의 주권은 섬김이다. 우리는 고통당하는 피조물과 "우리 가운데 지극히 작은 자"에게로 확장되는 예수의 '관대함의 윤리'(ethics of generousity)를 배워야 한다.[39] 인간이 다른 피조물 위에 군림하지 않고 하나님의 명령에 따라 섬기는 종(種)이 될 때, 지배 욕구에서 벗어난 종(種)이 되어 만물을 있는 그대로 인정하는 '무위'(無爲)의 영적 규율을 실천하게 될 것이다. 린지가 계속 촉구하듯, 인간에게 다른 생물은 '같은 하나님이 지으신 동료 피조물'(creatures of the same God)이다. 오늘날 전 세계로 확산되고 있는 동물에 대한 새로운 감수성은 동물이 인간의 목적을 위해 복무하는 수단이 아니라 하나님이 주신 지각력 있는 존재이며 고유

---

37 앞의 책, 69.

38 James M. Gustafson, *Theology and Ethics* (London: Blackwell, 1981), 112.

39 앤드류 린지/장윤재 옮김, 『동물 신학의 탐구: 같은 하나님의 피조물』, 74.

한 가치와 존엄성과 권리를 지닌 동료 피조물임을 깨달아가는 인식론적 변화와 관계한다.

앤드류 린지는 자신의 피조물이 존중받길 요구하는 창조주의 권리, 곧 '신적 권리theos-rights'의 차원에서 동물과 동물권을 조망한다. 린지에게 동물은 하나님이 부여한 권리를 지닌 하나님의 피조물로서, 개별적으로 고유한 가치를 지닌다.[40] 우리에게 '중요한 타자'[41]인 지각력 있는 동물들의 도덕적 요청을 받아들이고 돌보는 일은 우리의 깊은 본성에 위치한 정의에의 욕구, 만유를 위한 정의(justice for all)에의 욕구와 연합하는 일이다.

또한 린지는 단순히 이론적 신학자가 아니라 동물들의 삶과 죽음, 고통과 구원에 직접 참여하고 그들을 돕는 실천적 사제이다. 그는 많은 사람들에게 조롱을 받으면서도 『동물의례: 동물 돌봄의 예배 *Animal Rites: Liturgies of Animal Care*』라는 의례집을 출간했다. 그리스도인들이 "온 지구에 울려 퍼지는 신적 환희를 듣게" 하려는 의도에서였다. 다음에 소개되는 기도문은 엔드류 린지가 맨 처음 집례한 동물 장례식에서 사용된 것이다.

순례자 하나님 / 우리와 함께 여행하시는 분

이 세계의 기쁨과 그림자들을 통해 / 우리와 함께하시고

우리의 슬픔 안에서 / 우리의 고통을 어루만지소서.

---

40 앤드류 린지/장윤재 옮김, 『동물 신학의 탐구: 같은 하나님의 피조물』, 13-32. 이 점에서 린지의 시각은 싱어의 공리주의를 넘어서 톰 리건의 의무론적 윤리에 다가서는 것 같다. 인간의 도덕적 의무는 하나님의 피조물인 연약하고 무구한 각 존재들에게 확장된다.

41 앞의 책, 176.

비통함 없이 / 희망을 가지고

죽음의 신비를 받아들이도록 도우소서.

이 세계의 그림자들 가운데서 / 삶의 혼란과 죽음의 공포의 한복판에서

당신은 우리 곁에 서 계시며 / 항상 축복하시고, 늘 두 팔 벌려 안아주십

니다.

우리는 이것을 압니다.

살아있는 모든 것이 당신의 것이며 / 당신께 돌아간다는 것을.

우리가 이 신비를 깊이 생각할 때 / 당신께서 ---에게 생명 주심을 감사

드립니다.

이제 우리는 그/그녀를 당신의 사랑의 손에 드립니다.

온유하신 하나님

당신의 세계는 깨지기 쉽고, / 당신의 피조물은 섬세하며,

우리 모두를 낳으시고 구원하시는 당신의 사랑은 / 값을 매길 수 없습니다.

아멘.[42]

V. 나가는 말: 다시, 동물은 누구인가?

여전히 언급하지 않은 문제가 하나 있다. 오늘날 동물의 집단적 학
살을 조장하고 가속화하는 주범 중의 하나는 포식, 즉 육식 식습관이
다. 본론에서 이 문제를 전면에서 다루지 않은 이유는 지면상의 제한

---

42 "A Liturgy for Animal Burial"에서의 기도문, *Animal Rites*, pp. 113-114 ; 앞의 책,
178-179에서 재인용. 사랑하던 반려동물들의 죽음에 슬퍼하는 한 지인에게 이 기도문
을 나누어 주었을 때, 그이는 매우 고마워하며 그 동물은 신앙 안에서 여전히 함께 있음
을 깨달았다고 말했다.

만이 아니다. 수십 년 간 베지테리언으로 살아온 필자에게도 이 문제
는 여전히 껄끄럽고 걸핏하면 오해와 논쟁으로 비화되는, 가급적 기피
하고 싶은 불편한 주제이다. 직설적으로 말해서, 가부장제와 육식문화
가 긴밀한 공조관계를 유지하는 사회 안에서 이 문제를 다루기란 매우
어렵고 험난해 보인다. 미국의 페미니스트 작가 캐럴 아담스에 따르
면, 한 사회에서 다른 어떤 존재를 소비대상, 즉 사물로 간주하게 되는
과정은 그 사회의 지배 문화의 관점과 일치해서 발생하므로, 그 과정
은 쉽사리 은폐되고 비가시화 된다. 이 사회에서 동물은 부재하는 지
시대상absent referent인 것이다.[43]

　　그렇지만 동물권을 요청하는 이 시대에는 인간의 육식 신화에 대한
좀더 깊고 비판적인 시선이 요청된다. 공장식 축산농장 혹은 동물밀집
사육시설에서 사람이 375g의 동물성 단백질(즉 고기)을 섭취하려면
송아지에게 7,875g의 단백질을 먹여야 하고, 결국 사람은 투입량의
5% 미만의 단백질을 얻는 셈이다. 실은 식물성 음식이 육류가 생산하
는 단백질의 열 배를 생산한다! 부유한 국가에서 동물 사육에 낭비하
는 음식을 적절히 분배하기만 해도 세상의 기아와 영양실조, 식량문제
를 해결하기에 충분하다는 사실은 이미 식상하게 알려진 불편한 진실
이다.

　　덧붙여, 인류 역사 초기부터 성차별은 육식과 불가분의 관계를 형
성해왔다. 경작 문화가 성장과 재생의 주기와 조화했다면 수렵 문화는
도살과 죽음을 기본 특성으로 삼았다. 육식 중에서도 쇠고기의 붉은
피는 남성다움, 남성의 체력, 공격성, 성욕과 연관되었다. 이런 고대의

---

43 캐럴 J. 아담스/이현 옮김, 『육식의 성정치: 페미니즘과 채식주의 역사의 재구성』 (서
　　울: 미토, 2006), 20.

음식과 성별 선입관은 현대인들의 심리학에도 깊이 침투해서 오늘날에도 동서양의 많은 지역에서 가장 좋은 부위의 고기는 항상 남성 '가족 부양자'의 몫이다. 18, 19세기에 쇠고기 소비는 아메리카에 이주한 유럽인들과 미국 노동자들 사이에 계급적 열망과 강력한 국수주의의 상징이었다. 19세기의 물리학자 조지 비어드에 의하면, 진화된 본성과 품행을 지닌 우수한 인종이 당연히 전 세계 음식 사슬의 상층부에 위치한 육류를 먹는데 반해 미개인들은 일반 동물과 별반 차이가 없으므로 저급한 식물류를 먹고도 살아갈 수 있다는 인종이론도 같은 맥락에서 발생했다. 근대인들에게 음식 섭취는 사회적 차별의 수단이자 계급 불평등의 구현물이었다(레슬리 고프턴). 현대의 동물 포식과 육식문화는 자본의 논리만이 아니라 가부장적, 인종적 편견과 신화 위에 구축된 비가시적인 지배 시스템이다.

다시, 동물은 누구인가? 창세기는 동물을 하나님이 지으신 인간의 동료 피조물이라고 말한다. 동물은 하나님의 형상을 닮은 인간의 형제자매요 이웃이다. 그러므로 성서가 전하는 구원의 기쁜 소식은 비단 인간에게만 아니라 세상의 모든 만물들에게도 들려야 한다. 그 중에서도 인간에 의해 수단화되고 주변화된 동물들은 인간의 동료이자 생명의 위기에 처한 타자들이다. 가인을 향해 "너의 아우 아벨이 어디에 있느냐?"고 물었던 하나님은 이 시대에 "사람아, 네 아우 동물들이 어디에 있느냐?"고 황급히 묻는다. 오늘날 동물권의 문제는 동물만의, 혹은 사회적 문제일 뿐만 아니라 인간의 문제, 무엇보다도 종교적 영성의 물음으로 우리에게 다가온다. 가령, 감리교의 창시자 존 웨슬리가 베지테리언이었음을 아는 이는 많지 않다. 그는 자신이 설교하는 내용대로 실천하려고 애쓴 최초의 감리교인Methodist이었다. 그의 저명한 설교 "보편적 구원"에서 웨슬리는, 동물들과 인간들이 조화롭게 살았던 에덴동산의 삶을 상기한다. 그 때 "인간은 창조주와 온 동물 피조물 사이의 거대한 소통 수단이었다." 그러나 타락한 인간이 동물을 소외시켰고, 그로 인해 동물들도 하나님이 주신 복을 상실하게 되었다. 그는 동물들도 내세에서는 본래의 완전성을 회복하게 되고 인간이 지닌 이성적 능력을 부여받음으로써 하나님의 영광에 참예할 수 있으리라고 전망을 전한다. "동물들은 하나님의 동산에서 누렸던 사랑과 애정을 회복하고, 인간이 지금 상상할 수 없을 정도로 높임 받고 존귀해질 것이다."[44]

동물권은 이 야만적인 시대에 동물들이 매개하는 신적 자비와 권리를 인간이 용납하고 승인하라는 새로운 요청이다. 동료 피조물들의 감금과 집단 학살, 도살과 포식, 육식 이데올로기와 축산업의 가공할 만한 위력에 눈감고 모른 척하면서 과연 하나님의 자유와 풍성한 자비의 식탁을 말할 수 있을까? 인간중심주의를 넘어서는 온전한 사랑만이 만물을 구원할 것이다. 동물은 인간과 더불어 하나님과 거룩한 교제(*Communio santorum*)를 같이 나누는 신의 피조물이요 인간의 동료임을 새로이 증언할 사명이 우리에게 있다.

---

44 Albert C. Outler, The Works of John Wesley, Vol. 2 (Nashville: Abingdon, 1985); Stephen H. Webb, *On God and Dogs: A Christian Theology of Compassion for Animals* (New York: Oxford University Press, 1998), 33에서 재인용.

참고문헌

아담스, 캐럴 J/이현 옮김. 『육식의 성정치: 페미니즘과 채식주의 역사의 재구성』. 서울: 미토, 2006.

롤랜즈, 마크/윤영삼 옮김. 『동물의 역습』. 서울: 달팽이, 2004.

리프킨, 제레미/신현승 옮김. 『육식의 종말』. 서울: 시공사, 1993.

린지, 앤드류/장윤재 옮김. 『동물 신학의 탐구: 같은 하나님의 피조물』. 대전광역시: 도서출판 대장간, 2014.

불리엣, 리처드 W/임옥희 옮김. 『사육과 육식: 사육동물과 인간의 불편한 동거』. 파주시: 알마, 2008.

싱어, 피터/김성한 옮김. 『동물 해방』. 개정완역판. 고양시: 연암서가, 2012, 원서 첫 판은 1975년.

조이, 멜라니/노순옥 옮김, 『우리는 왜 개는 사랑하고 돼지는 먹고 소는 신을까: 육식주의를 해부한다』. 서울: 모멘토, 2011.

퍼지, 에리카/노태복 옮김. 『'동물'에 반대한다』. 서울: 사이언스북스, 2007.

헤르조그, 할/김선영 옮김. 『우리가 먹고 사랑하고 혐오하는 동물들: 인간과 동물의 관계, 그 모든 것에 관하여』. 서울: 살림, 2011.

Bentham, Jeremy. ed. Burns and Hart, H. L. A. *An Introduction to the Principles of Morals and Legislation*. London: Methuen, 1982.

Farrington, Benjamin. ed. *The Philosophy of Francis Bacon*. Liverpool, 1964.

Gustafson, James M. *Theology and Ethics*. London: Blackwell, 1981.

Linzey, Andrew. *Animal Rites: Liturgies of Animal Care*. London: SCM Press, and Cleveland, Ohio: The Pilgrim Press, 1999.

Linzey, Andrew. *Animal Theology*. Illinois: University of Illinois Press, 1995.

Linzey, Andrew and Chon-Sherbok, Dan. *After Noah: Animals and the Liberation of Theology*. London: Mowbray, now Continuum, 1997.

Paul, John II. *Solicitude Rei Socialis*. Homebush, NSW: 51. Paul Publications, 1988.

Summa Theologica. II.

Politics, *Everyman's Library*. London: J. M. Dent & Sons, 1959.

Webb, Stephen H. *On God and Dogs: A Christian Theology of Compassion for Animals*. New York: Oxford University Press, 1998.

2014년 12월 21일자「오마이뉴스」, 이화영의 기고문 '살이 찢기고 피가 튀고… 쌓여가는 사체: 2011년 가축 살처분 현장, 아직도 잊지 못합니다'.
2015년 6월 15일자「한겨레신문」, "박쥐와 낙타가 '부적절한 만남'을 가진 까닭은?"
2013년 8월 8일자「경향신문」.

인터넷 사이트

www. thalidomide. ca.

저항과 치유로서의 생태정의

박지은

I. 들어가는 말: 미래는 없다?

지치고 피곤한 몸과 마음을 치유하고 충전하는 곳. 미래를 계획하며 꿈을 키우는 공간. 바로 집이다. 집은 또한 타인/타 생명체 혹은 (비)생명체와 삶을 공유하며 이들과 관계를 맺는 소중한 공간이기도 하다. 그러나 집은 상처와 아픔이 일어나는 곳이기도 하다. 소통이 부재할 때, 서로 공유하기를 거부할 때, 힘의 불균형이 일어날 때 집은 더 이상 의미 있는 공간이 될 수 없다. 그런데 더 불행한 것은 이러한 집조차 허용되지 않는 공간 부재를 경험하거나, 철거, 자연재해 등 외부적으로 집에 가해지는 폭력과 위협이다.

인간과 모든 (무)생물체가 함께 머무는 공간, 곧 지구가 심각하게 위협받고 있다는 것은 우리에게 그리 생소하지 않다. 거대한 우리의 집에서 꿈을 꾸며 낭만적으로 미래를 상상하던 시대가 더 이상 담보되지 않는 시대에 우리는 살고 있다. 무차별적인 개발은 특정 에너지의 고갈을 가속화하고 있으며, 특정 (무)생명체는 멸종되고 있다. 더 많이 가진 특정 국가 혹은 특정 계층의 소비 형태는 그보다 더 가질 수 없는 상황에 살고 있는 사람들 혹은 지역에 막대한 폐해를 입히고 있는 것이 현실이다. 같은 공간, 곧 지구라는 집에 함께 머물고 있음에도 불구하고 누군가에게 지구는 아늑하고 부족함 없는 공간이 되기도 하고, 누군가에게는 기본적인 삶조차 누릴 수 없는 위험한 공간이 되기도 한다.

한편, 지구를 살리기 위한 운동은 지속적으로 전개되어 왔다. 우리나라의 경우 60년대부터 "환경 혹은 자연을 보호하자"는 표어를 통해 환경 문제의 심각성을 홍보하였고, 근래에는 생태학ecology이라는 용어로 우리의 집, 곧 지구의 총체적이며 절박한 위기를 표현하기도 한다. '생태'라는 용어는 '오이코스oikos'라는 그리스어에서 유래한 것으로, '집' 즉 거주지, 서식지를 의미한다. 환경이 인간이 주체가 되어 인간에게 영향을 끼치는 것에 초점을 둔 인간 중심적인 용어라면, 생태는 지구에 거주하는 모든 생물, 무생물 등을 포함하여 그들 상호간 관계성에 초점을 둔 포괄적인 용어이다.[1] 말하자면, 지구에서 인간과 인간 이외 모든 존재들은 상호 관계성을 가지고 있으며, 이들은 서로 연결되어 있기 때문에 한 존재의 (유형이든 무형이든) 파괴는 모든 존재에 영향을 줄 수 있다는 개념이 생태이다.

기독교인에게 생태 위기가 특별히 더 중요한 이유는 하나님의 창조 세계가 위협받고 있기 때문일 것이다. 기독교인에게 가장 친숙한 성서의 말씀은 "태초에 하나님이 천지를 창조하셨다"(창 1:1)는 선언일 것이다. 성서의 첫 구절인 이 말씀은 모든 존재의 유래와 그 존재들의 삶

---

1 김윤성, 『그림으로 이해하는 생태사상』 (서울: 개마고원, 2009), 6-8; 136.

의 터전에 대한 신앙고백이자, 지구에 거주하는 전 존재들의 소중함을 일깨우는 기독교인들의 핵심적인 신앙 고백이다. 따라서 하나님 창조세계의 위협, 곧 생태 위기와 정의의 문제는 세계교회협의회에서 지속적으로 언급되었고, 현재까지 세계교회협의회의 과제 중 하나로 논의되고 있다.[2] 또한 생태윤리학이라는 새로운 학문 분야가 논의될 정도로 생태 위기의 심각성이 강조되면서 교회와 기독교인들의 참여를 촉구하고 있다. 특히 하나님이 창조하신 이 땅, 지구, 곧 "하나님의 집 Oikos"에 거주하는 인간을 "넓은 생명망의 일부"로 규정하면서 인간과 타(비)생명체와의 상호 의존성과 전 생명체가 하나님의 생명과도 연결되어 있음을 명백히 한다.[3] 따라서 생태 위기의 위협은 모든 생명체에 대한 위협이자 하나님의 생명에 대한 위협이라는 선언을 통해 교회와 기독교인들이 어떠한 삶을 살아야 할 것인가를 성찰하게 한다.

그렇다면 하나님의 집에 거주하는 모든 존재를 위협하는 생태 위기의 현실은 어떠하며, 이러한 위기를 어떻게 극복할 수 있을까? 생태 정의란 무엇일까? 아마도 저항과 치유로 요약될 수 있을 것이다. 생명을 위협하고 파괴하는 모든 문화와 가치에 대한 저항과 인간에 의해 파괴되어 지고 있는 모든 생명의 치유. 이를 위해 첫째, 생명을 파괴하

---

2 1961년 뉴델리의 제3차 총회에서 처음으로 언급된 이래 1975년 나이로비의 제5차 총회가 "정의롭고, 참여적이며, 지속가능한 사회 Just, Participatory, and Sustainable Society: JPSS"라는 프로그램을 결정하였고, 1989년 벵쿠버 총회에서 "정의, 평화, 창조의 보전 Justice, Peace and the Integrity of Creation: JPIC" 프로그램을 통해 생태정의 문제의 시급함을 일깨우고 있다. 박성원, "WCC와 에큐메니칼 공동체의 생태정의 신학과 행동," 「제 10차 WCC 총회 주제 심화를 위한 '생태' 부문 워크샵 자료 모음」 (서울: WCC 제10차 총회 한국준비위원회 기획위원회, 2013, 10), 4-5.

3 World Council of Churches, "모두의 생명, 정의 평화를 위한 경제: 행동 촉구 요청," 120.

는 가치와 끝없는 인간의 욕망에 저항한다는 것은 무엇을 의미하며 생
태 정의는 무엇인지 살펴보기 위하여, 기후 난민의 문제와 핵발전소
문제를 살펴보고자 한다. 둘째, 죽어가는 창조세계를 치유함으로 "풍
성한 하나님의 생명" 보존에 참여하도록 성서는 어떻게 증언하고 있는
지 고찰함으로 교회와 기독교인의 책임과 성찰을 촉구하고자 한다. 마
지막으로, 우리는 성서의 증언에 어떻게 응답할 것인가를 모색하고자
한다.

II. 생명 죽임의 가치에 대한 저항

1. 생태 채무와 기후 난민

생태 위기에 대한 논의는 정의 문제와 밀접한 관련이 있다. 생태 위
기는 하나님의 집의 보존을 위협하는 가치, 곧 "생명 죽임의 가치"이며,
이것은 좀 더 많은 것을 소유하려는 인간의 탐욕으로부터 비롯된 경제
적 불평등과 결코 무관하지 않음이 지속적으로 인식되어 왔다. 특히
소수 특정인들의 낭비적 소비 형태와 부의 축재는 주변부 다수 사람들
에게 구조적인 가난과 생태 파괴로 인한 폐해를 고스란히 안겨주었다.
충분히 가졌음에도 더 많은 것을 소유하려는 인간의 끊임없는 욕망,
개발이라는 명목으로 행해지는 자원 약탈 및 착취는 중심부와 주변부
를 창출했으며, 주변부 사람들의 생존을 위협하면서 중심부와 주변부
의 격차를 가속화시켜 왔다. 특히 중심부를 대표하는 국가들의 주요
거주지인 북반구의 무모한 소비 위주와 개발 중심의 삶의 행태는 남반

구에 거주하는 소수 사람들의 삶에 위협을 초래해 왔다.[4] 예를 들어, 남미의 대표적 국가라 할 수 있는 브라질은 아마존이라는 풍부한 자원을 소유하고 있다. 그러나 서구의 정치, 경제적 착취로 아마존은 황폐화되고 있으며 국가 내부의 빈부격차는 심화되었고, 특정 계층을 제외한 대부분의 사람들은 삶을 영위하는 기본적인 것조차 제대로 누리지 못하는 상태로 살아가고 있다.[5]

이렇듯 생태 위기가 정치, 경제적 착취, 즉 정의 문제와 불가분의 관계에 있음을 표명하는데 그것을 표현한 대표적인 용어가 "생태 채무"이다. "생태 채무ecological debt"는 2009년 "생태 정의와 생태 채무에 대한 WCC 성명서Statement on eco-justice and ecological debt"에서 등장한 용어이다. 이것은 현존하는 심각한 생태 위기의 현실을 정치, 경제적 측면까지 포괄한 개념으로, 북반구의 선진국들이 남반구 국가들에게 이제까지 행해온 자원 약탈, 환경오염, 온실가스와 독성 폐기물 방출로 떠넘긴 빚이 우선적인 예가 될 것이다. 또한 강대국의 지도층들이 약소국가 시민들에게 진 빚이기도 하며, 현 세대가 미래 세대에게 진 빚이자 인류가 다른 생명체와 지구에 진 빚이라는 의미에서 생태 위기를 경제적 약자를 포함한 정의 문제와 연결시키고 있다.[6] 그리고 기후 난

---

4 앞의 논문, 119-121. 그 동안 협의회를 진행하면서 대륙별 갈등이 있어왔음을 문서에서도 언급하고 있는데, 이에 대해서는 박성원, "WCC와 에큐메니칼 공동체의 생태정의신학과 행동," 11-12.

5 김혜령, "이본 게바라의 남미 여성해방신학과 생태여성신학 연구,"『21세기 세계 여성신학의 동향』(서울: 동연, 2014), 120-122.

6 WCC Central Committee, "Statement on eco-justice and ecological debt," (Geneva, Switzerland, 2009).
https://www.oikoumene.org/en/resources/documents/central-committee/2009/report-on-public-issues/statement-on-eco-justice-and-ecological-debt.

민은 생태 채무의 대표적인 예 중에 하나일 것이다.

20세기 이후 전쟁, 종교, 정치 등으로 인한 난민 발생과 함께 기후 난민이라는 새로운 유형의 난민이 발생하고 있는데 남태평양의 투발루 사람들이 대표적인 예이다.7 온실가스로 인한 바다의 온도 증가로 해수면이 상승하면서 기후 난민으로 분류된 투발루 사람들은 서서히 물속에 잠겨가는 삶의 터전을 떠나야 하는 위기를 경험하며 그들을 받아줄 낯선 공간을 찾고 있다. 유엔 산하 기후변화정부간위원회IPPC의 2007년 발표에 의하면, "지구 지표면 온도가 지난 100년(1906년부터 2005년까지) 동안 0.74도 상승했으며 해수면 상승은 온난화와 일치하여 일어나는데, 1993년 이후 연 평균 3.1밀리미터가 상승했다"고 한다.8 섬의 가장 높은 곳이 5m 정도인 곳에 거주하는 투발루 사람들은 해수면 상승으로 1999년 아홉 개의 섬 중 사발리빌리섬이 침몰하는 것을 지켜봐야 했다. 인구 1만 천여 명의 투발루 사람들은 "2060년경에는 지구에서 사라질 위기"에 있으며 주변국으로 이주하는 것도 쉽지 않다고 한다. 가령 호주에서는 이들의 입국을 거부하고 있으며, 뉴질랜드는 "연간 75명을 수용하나, 신체 건강하고 영어에 능통하며 뉴질랜드에 거주지가 있는 45세 미만의 사람"을 수용한다는 규정이 있다.9

온실가스로 인한 해수면 상승 외에 자연과 더불어 소박한 삶을 살아갔던 투발루 사람들의 생존의 위협은 식민주의와 강대국의 전투의 흔적의 일부로 인한 것이기도 하다. 제2차 세계대전 당시 영국의 식민지

---

7 지식채널e, "무지개 너머 어딘가(Somewhere over the Rainbow)," EBS 지식채널, 2007. 5.

8 남종영, 『북극곰은 걷고 싶다: 북극에서 남극까지 나의 지구온난화 여행』 (서울: 한겨레출판, 2009), 146.

9 지식채널e, "무지개 너머 어딘가(Somewhere over the Rainbow)."

였던 투발루는 20세기 초부터 서구 문명이 들어오면서 전통적 일상이 금지되었으며, 남태평양 북쪽에서 남하하는 일본군을 저지하기 위한 일환으로 미군에 의해 참호가 파이고, 활주로를 만들기 위해 투발루의 땅이 파헤쳐졌다. 이것이 투발루에서 "보로 핏츠borrowed pits"라고 칭해지는 것이다. 미군은 투발루 사람들의 주요 먹거리였던 풀라카 농장을 없애고 코코넛 나무를 베고 그곳에서 모래를 팠다. 그리고 세계 대전 후 미군은 바닷물이 샘솟는 구덩이를 남겨둔 채 떠났다. 코코넛과 풀라카로 자급자족하던 투발루 사람들에게 남은 것은 바닷물이 솟아오르는 구덩이와 서구식 생활양식이 만들어낸 캔이나 플라스틱과 같은 쓰레기였다고 한다.[10] 최초 기후 난민인 투발루 사람들이 살고 있는 지역이 지형학적으로 바닷물에 취약한 곳이기는 하지만, 투발루 사람들은 강대국들의 확장의 욕심과 전쟁 및 개발 위주의 삶이 빚어낸 위협을 고스란히 떠안고 있는 곳이기도 하다. 그리고 이것이 바로 중심부가 주변부에게 진 생태 채무의 한 예이다.

따라서 생태위기 극복을 위해 우선적으로 요구되는 것은 생명을 죽이는 모든 가치에 저항하는 것이다. 그리고 이것은 정치, 경제적 불의와 착취를 포함하여 모든 생명 죽임의 가치를 창출하는 "지배 구조와 문화"에 대한 저항이기도 하다. 이러한 저항은 생태 위기로 인한 생명의 위협이 중심부들의 힘과 권력의 오용과 욕심과도 맞물려 있음을 재확인하는 것이다. 따라서 생명 죽임의 가치에 대한 저항은 정치, 경제적 불평등에 대한 저항이자 정의를 이루기 위한 저항을 의미한다. 그럼으로 우리는 과도한 개발을 통해 무한히 성장할 수 있으며 더 많은 것을 소유할 수 있다는 신화를 만들고 이것을 통해 자신들만의 안전을

10 남종영, 앞의 책, 163-168.

구축해가는 중심부 일부 계층 사람들의 가치에 저항하면서, 행복하고 성공한 삶은 치열한 경쟁과 나 이외의 모든 생명을 위협하여 얻는 물질적이며 가시적인 것들의 증식이 아님을 인식해야 한다. 이러한 생명 죽임의 가치에 대한 저항이 곧 생태 위기와 그로 인해 생존을 위협받는 하나님의 집에 거주하는 모든 생명을 살리는 일에의 동참을 의미한다. 그리고 이것이 바로 주변부에게 중심부가 부과한 "생태 채무를 교정"하고 변혁으로 나아갈 수 있는 첫걸음인 것이다.[11] 동시에 이제까지 지배 가치와 문화를 수용하여 그 삶의 방식과 가치를 추구하며 살아온 우리의 소유욕을 내려놓고 이 가치를 양산해 온 우리의 삶의 방식도 성찰해야만 한다.

2. 핵발전소

개발 중심적인 생명 죽임의 가치에 대한 저항이 중요한 것은 우리의 미래, 우리 후손들의 미래와 맞물려 있기 때문이다.[12] 지구의 미래, 우리 후손들의 미래를 논의하며 간과할 수 없는 것이 핵발전소이다. 석

---

11 이 단락은 세계교회협의회의 다음 문서에서 발췌하였다. World Council of Churches, "모두의 생명, 정의 평화를 위한 경제: 행동 촉구 요청," 119-127.

12 "핵 없는 세상을 향한 WCC 선언"에서 인용하였음을 밝힌다. 세계교회협의회는 원자력 발전소가 인류와 하나님의 집에 더불어 사는 모든 피조물들의 미래를 보장하지 못함을 선언한다. 1948년 제1차 총회이후 "핵폐기물 저장의 위험성과 핵 기술의 확산"에 대한 우려를 경고하며 세계교회협의회는 2013년 부산총회에 이르기까지 원전과 핵 위협에 대한 공식입장을 지속적으로 발표해 왔다. 특히 2013년 부산총회에서 상정한 "핵 없는 세상을 향한 WCC 선언"이 2014년 중앙위원회에서 승인됨으로 탈핵을 향한 목소리를 높이고 있으며 교회와 기독교인들의 참여를 촉구하고 있다. https://www.oikoumene.org/ko/d575-c5c6b294-c138c0c1c744-d5a5d55c-wcc-c120c5b8bb38.

탄 대신 우라늄을 원료로 사용하여 핵분열로 전기를 생산하는 원자력 발전소는 이산화탄소를 배출하지 않기 때문에 친환경 에너지, 청정에 너지로 널리 알려져 있다. 그러나 2011년 3월 일본에서 발생한 지진과 쓰나미로 후쿠시마 원전 사고가 발생한 이래 원자력 안전성에 대한 논 의가 또다시 수면위로 떠올랐다. 후쿠시마 원전 사고는 이전 미국의 스리마일 섬 원전사고(1979년)와 체르노빌 원전사고(1986년)와 함께 세 번째 대형 원전 사고로, 방사능으로 인한 땅의 오염뿐 아니라 방사 능 피폭으로 인해 현재뿐 아니라 다가올 미래에 "적어도 100만 명 이 상이 암이나 기형아 출산 등을 경험할 것이라고 예측"되기도 한다.[13] 핵에너지는 단지 인간에게만 위험한 것이 아니며 이로 인한 다른 생명 들과 지구, 특히 땅의 오염도 심각한 상태임을 이미 체르노빌 원전 사 고를 통해 인식되어 왔다. 예를 들어 체르노빌 원전 사고 이후 인접국 인 벨로루시의 국토 약 사분의 일이 방사능 오염으로 죽음의 땅으로 변했으며, 방사능 피폭으로 기형아 출산이나 기형 동, 식물 및 갑상선 암을 비롯한 다양한 질병과 피폭 후유증이 사진 전시회나 책을 통해 널리 알려져 왔다.

우리나라도 세계에서 다섯 번째로 많은 원전을 보유하고 있기 때문 에 원전 사고의 위협으로부터 결코 안전하지 않으며, 중국과 일본으로 둘러싸인 지형적인 위치로 핵발전소 밀집도가 높은 나라이다. 우리가 놓여있는 동북아시아는 전쟁 중 핵무기가 사용되었던 곳으로, 태평양 과 아시아 지역에서는 냉전 기간 동안 1천 번 이상의 핵 실험이 실시되 었다고 한다.[14] 후쿠시마 원전 사고의 피해자들이 1945년 핵폭탄의

---

13 김익중, "원자력, 필요악인가?,"「녹색평론」121(2011/11-12), 64.
14 World Council of church, "핵 없는 세상을 향한 WCC 선언," 1.

피해자를 지칭하는 '히바쿠샤'로 불리며 사회적으로도 분리되는 아픔과 이유 없이 당해야 하는 고통은 원전의 안전성에 대한 의문을 다시 한번 재기하게 한다.[15] 그러나 후쿠시마 사고 이후에도 최상의 노동력과 설비를 통한 점검으로 안정성을 보장한다는 미명 하에 우리나라는 원전에 대한 정책 변화 없이 원전을 유지하겠다는 입장이며, 독일, 이태리 등 일부 국가들을 제외하고는 아직도 핵발전소에 대한 심각성보다는 안전성이 강조되고 있는 것이 실정이다. 하지만 원전 안전성의 문제는 인간의 노력 여하에 달린 문제가 아니다. 후쿠시마 원전 사고의 경우도 지진과 쓰나미가 원인이었으며, 바람에 날린 비닐이 고압선에 걸려 고리원전이 정지했던 사건도 사소한 원인이 대형 참사로 이어질 수 있다는 것을 보여주는 단적인 예라고 할 수 있다.[16] 대형 참사가 일어나지는 않았지만, 이제까지 은폐된 사건을 포함하여 수없이 일어났던 소소한 원전 사고들은 언젠가 우리의 땅도 황폐해질 수 있으며, 미래가 보장되지 않은 현실 속에 우리가 살고 있다는 것을 단적으로 보여주고 있다. 그리고 이것은 비단 우리의 땅을 넘어서 전 지구의 미래와 관련된 문제이다.

인간의 과소비와 개발 중심, 그리고 미래의 삶을 위협하는 원자력발전소는 주변부에 거주하는 사람들의 안전 문제 및 정의 문제와도 연관되는데 이것은 특별히 핵폐기물 처리 문제에서 드러난다. 핵폐기물 처리장은 원전을 가동시킨 후 배출되는 방사능 쓰레기를 분리수거하는 시설로 원전에서 핵 분열시 사용되었던 우라늄은 플루토늄이라는 폐기물을 남기는데, 플루토늄은 또한 핵무기의 주원료이다. 따라서 원

---

15 앞의 선언, 2.
16 앞의 선언.

자력 발전소를 통해 플루토늄을 얻을 수 있다는 것은 핵무기 사용 가능성이 높다는 말이기도 하다. 특히 핵발전소의 시작이 청정에너지를 찾기 위한 것이라기보다는, 핵무기 개발과 관련되어 있었고 "군사용 원자로가 모델"이었다는 것은 주목할 만하다.[17] 이것은 핵발전소는 핵무기와 불가분의 관계에 있다는 것이며, 청정에너지나 친환경 에너지라는 이름 뒤에는 엄청난 파괴력으로 지구의 종말을 초래할 수 있는 위험성이 숨겨져 있다는 것이다.[18] 특히 자원이 부족한 우리나라의 경우 핵발전소를 통해 비교적 싼 비용으로 전기를 얻을 수 있고, 히로시마와 나가사키에 투하된 원폭이 안겨준 해방의 기억은 핵발전소의 위험성보다는 핵 발전의 필요성과 이것이 가져다주는 경제성장의 측면이 더 강조되어 왔다.[19] 그러나 피폭과 방사능 유출 및 오염은 점진적으로 인간과 모든 (무)생물체의 죽음을 담보로 하고 있기 때문에 안전 문제는 결코 간과할 수 없다. 특히 앞서 지적했듯이 핵폐기물 장소로 선정되는 곳이 주로 중심부가 아닌 주변부이기 때문에, 핵폐기물 장소 주변에 거주하는 주민들과 (무)생물체들은 방사능 오염으로 인한 다양한 질병에 무방비로 노출되고 있다. 예를 들어 고리원자력발전소 주변 마을 주민들의 집단 갑상선암 발병은 암 소송으로까지 이어져 논란이 되고 있다.[20] 현 세대에게 일으키는 각종 질병뿐 아니라 장기적이며 영구적인 유전자 손상 외에도, 핵 실험이 진행되는 지역의 방사능 낙진의

---

17 김태연, "핵개발 담론의 종교성에 대한 페미니즘적 성찰,"「종교문화비평」28, 123. 이 논문은 핵무기제조가 독일 나치에 대항하는 무기를 만들기 위해 모인 핵물리학자들에 의해 제작되었음을 밝히고 있다. 핵폐기물의 심각성과 미래세대에게 부과된 핵폐기물 처리비용에 대한 논의는 다음을 참고하라. 김익중, "원자력, 필요악인가?," 76-78.
18 앞의 논문, 135.
19 앞의 논문, 126.
20 8시 뉴스룸, JTBC. 2014. 12. 11.

위험성과 함께 핵폐기물은 미래 세대에게 현재를 사는 우리가 부과하는 참혹한 짐이다.

핵발전소나 핵무기에 대한 윤리적인 성찰이 지속적으로 요청되어 왔음에도 불구하고,[21] 탈핵으로의 방향 전환과 핵발전소가 현재와 미래에 초래하는 잠재적이나 엄청난 파급 효과에 대한 인식의 확산은 여전히 미흡한 상황이다. 생태라는 용어 자체가 관계성 개념임을 상기할 때 생태 위기는 더 이상 타자/타 (무)생명체만의 죽음이 아니다. 우리와 무관한 어딘가에서 벌어지는 일이 아니라, 곧 우리 실존의 위기이자 죽음의 위협이며 우리 후손들의 생명의 위협이기도 하다. 기독교인들의 핵심 고백인 하나님 창조 세계의 아름다움의 파괴이며 죽음이다. 따라서 생명 죽임의 가치에 대한 저항과 생태 파괴로 인한 상처의 치유가 요청되며 여기에는 우리의 실천이 동반되어야 한다.

III. 생태 정의와 창조 세계 치유의 성서적 근거

하나님 창조 세계의 치유에 동참한다는 것은 무엇인가? 하나님이 창조한 세계의 치유 없이는 온전한 생명, 정의, 평화가 존재할 수 없다는 것은 무슨 의미인가? 이 질문은 우선적으로 우주 창조에 대한 창세기 말씀의 인간중심적 해석으로부터의 탈피와 새로운 하나님 인식으로부터 시작되어야 할 것이다.

---

21 세계교회협의회도 1948년의 제1차 총회이후 "핵폐기물 저장의 위험성과 핵 기술의 확산"에 대한 우려를 경고하며 2013년 부산총회에 이르기까지 원전과 핵 위험에 대한 공식 입장을 계속 발표하고 있다.

1. 우주 창조와 하나님 이해

생태 위기 논의와 관련하여 우주 창조에 대한 창세기(1-2장)의 말씀은 인간과 자연의 관계를 어떻게 해석할 것인지에 근거하여 두 가지 상반된 논의를 불러 일으켰다. 인간은 하나님의 형상대로 창조되었으며 인간에게 땅을 다스리라는 임무를 부여하는 말씀(창 1:27-28)은 인간과 자연을 분리된 존재로 이해하였고, 인간을 자연보다 우월한 존재로 상정한다고 해석함으로 생태 파괴의 근거가 되었다는 주장이 있었다. 반면 땅을 다스리라는 임무는 창조 세계의 보전이며, 인간은 자연과 분리되거나 자연보다 우월한 존재가 아니라 자연의 한 부분이라는 해석을 통해 생태 위기 극복의 중요한 말씀의 근거로 창세기를 해석하는 입장도 공존해 왔다.[22]

히버트T. Hiebert는 그의 논문에서, 자연과 인간을 대립시켜 해석하는 입장은 자연과 역사에 대한 이분법적 경향을 학자들이 반영하여 해석한 것이라고 주장한다. 고대 이스라엘의 종교와 주변의 종교를 역사와 자연으로 구별하면서 하나님은 역사를 통해 자신의 뜻을 계시하지만, 주변 종교의 신들은 자연의 법칙에 의해 움직이며 자연은 인간과 대립하는 존재라는 해석이 결국 자연에 대한 차별성을 초래하였다는 것이다. 그러나 이와는 반대로 인간은 자연의 일부이지 결코 타 생명체 혹은 비생명체와 구별하여 특별한 존재가 아니며, "땅을 경작하라"(창 2:5)는 것도 땅의 훼손이 아닌 섬김의 측면에서 인간에게 주어진 과제라고

---

22 T. Hiebert/강성열 편저, "자연에 대하여 다시 생각하기," 『구약성서와 생태신앙』(서울: 땅에 쓰신 글씨, 2005), 99-100. 이하 이 단락의 요약은 특별한 언급이 없는 한 히버트의 논문에서 인용하였음을 밝힌다.

재해석하는 학자들의 논의를 통해 창세기의 우주 창조는 재해석되고 있다고 히버트는 지적한다. 창세기 1장의 땅을 정복하라는 말씀도 땅의 훼손이 아닌 청지기의 사명을 가지고 하나님이 창조한 우주를 보전하는 역할과 관련이 있다는 것이다. 이스라엘의 하나님은 역사를 통해서 뿐 아니라 자연을 통해 자신의 현존하심과 뜻을 전달하고 있으며, 산이 그 대표적인 장소이다. 시내산에서 하나님은 자신을 드러내시며, 욥기에서는 폭풍 속에서 욥에게 나타나신다. 폭풍 속에서 욥에게 말씀하시는 하나님은 인간 중심적으로 세상을 보아왔던 욥에게 인간의 관심밖에 있는 혹은 인간생활에는 별 도움이 되지 않는 야생동물조차 하나님의 돌보심의 대상임을 깨우쳐준다.[23]

이렇게 볼 때, 창세기 우주 창조의 말씀에서 중요한 것은 인간과 모든 생태계의 출발점이자 근거는 하나님으로부터 유래했으며, 그렇기에 지구상의 모든 존재는 소중하다는 것이다. 또한 "창조하신 모든 피조물을 하나님께서 보시기에 좋았다"는 말씀을 통해 하나님은 창조한 세계에 대한 무한한 사랑을 드러내시며 창조 세계에는 하나님의 신비로움이 가득함을 보여준다. 청지기로서의 인간은 '신비와 사랑'이 가득한 하나님 창조 세계의 생명을 유지하며 사랑하고, 창조 세계 속에서 다른 피조물들과 더불어 사는 것이 책임이자 사명이다. 그러나 인간은 청지기로서 사명을 다하지 못했고 창조 세계와 질서를 오염시켰으며, 따라서 이제는 인간이, 우리가 파괴한 세계를 치유하면서 우리의 행위를 성찰해야 할 시기이다. 이것은 여전히 인간 이외의 모든 존재들을 지배하려는 권력과 문화에 대한 저항과, 정복욕과 인간의 욕망으로 고난 받는 피조물들에 대한 치유가 동시적으로 일어나야 한다는 것을 의

---

23 앞의 논문, 101-116.

미한다.[24]

　하나님 창조 세계의 치유와 보전을 위해 특별히 원주민들과의 연대가 중요하게 제시되고 있는데, 그것은 원주민들로부터 하나님의 창조 세계를 지속할 수 있는 지혜를 얻을 수 있기 때문이다. 원주민들 가운데는 지구가 거룩한 힘을 가지고 있다는 것을 인식하고, 지구와 조화롭게 살아갈 수 있는 능력을 가진 사람들이 있다고 한다.[25] 원주민들은 생태계 모든 존재들의 질서 유지와 조화를 위한 인간의 행동을 지향한다. 원주민들에게 생태 모든 만물들은 성스러운 존재들이기 때문에 원주민들은 이들의 음성을 듣고 이들과 인격적인 관계를 맺으면서 공존한다. 이렇게 생태계 모든 존재들과의 조화로운 관계를 통한 원주민들의 삶의 방식은 인간과 다른 피조물들을 구별하지 않음으로 위계질서가 존재하지 않는다. 원주민들은 우주 안에 창조적 존재가 있으며 땅의 운명과 자신들의 운명이 하나라고 생각한다. 창조자는 땅 안에 존재하는 아름다운 분이며 "인간도 그 아름다움 속에 들어가서 그것을 깨닫고 그것을 영광스럽게 하고 그것을 인정할 필요가 있다"고 원주민들은 인식한다. 이러한 측면에서 창조자로서 자신을 피조물과 구분하는 창세기의 하나님은 원주민들이 이해한 하나님과 다르다고 지적되기도 한다.[26]

---

24 WCC 제10차 총회 한국준비위원회, "정의 평화 창조의 보전(JPIC) 서울 세계대회 최종 문서,"「제 10차 WCC 총회 주제 심화를 위한 '생태' 부문 워크샵 자료 모음」 (서울: WCC 제10차 총회 한국준비위원회 기획위원회, 2013,10), 73-74.

25 낸시 라이트·도날드 킬 지음/박경미 옮김,『생태학적 치유-기독교적 전망』 (서울: 이화여자대학교출판부, 2003), 60. 원주민들과의 연대는 세계교회협의회에서도 강조하고 있다. World Council of Churches, "모두의 생명, 정의 평화를 위한 경제: 행동 촉구 요청," 120.

26 앞의 책, 62-68.

그러나 하나님이 모든 만물 속에 계시다는 성서의 증언은 피조물을 바라보는 원주민들의 시각과 결코 다르지 않다. 특히 창조자 하나님이 모든 생명을 창조한 후, 창조한 전 우주를 자신의 몸으로 여겼다는 주장은 생태계의 모든 존재들과 하나님과의 깊은 관계성을 보여준다. 우주 바깥에서 자신이 창조한 우주와 떨어져 계신 초월적 하나님은 동시에 전 생명체를 움직이게 하며 살아있게 하는 힘이며 "세계와 우주는 하나님의 몸"이다.[27] 이렇게 우주 속에 역동적으로 살아계시며 모든 것의 원동력이 됨으로 하나님은 자신이 창조한 피조물에 대한 사랑을 드러내신다. 하나님의 몸인 우주, 그리고 하나님의 몸 안에 거주하는 생명체는 몸이 되신 하나님으로부터 생명의 힘을 지속적으로 받으며 존재하고 살아 움직인다. 하나님은 모든 "존재들을 살리고, 건강하게 하며, 번영하게 하는 일에 마음을 쓰는 하나님"이며, 이것은 창조하신 모든 것을 아름답게 보시고 우주에 거주하는 모든 생명의 풍성함에 관심을 쏟는 "양육자"로서의 하나님의 모습이기도 하다.[28]

그러므로 하나님으로부터 양육 받는 존재로서 모든 (비)생명체들은 서로 협력하는 관계임을 인식해야만 한다. 모두는 서로 관계를 가지고 얽혀있는 존재들이다. "생명 공동체," 이것은 한 생명의 파괴가 다른 생명의 파괴로 연결될 수 있다는 연대감과 상호간의 관계성, 그리고 공동체 안에 존재하는 모든 (비)생명체의 소중함을 일깨운다. 또한 하나님의 집의 풍성함을 보존하고 지속시키는 것이 모든 생명 공동체에게 부여된 과제이다. 모든 생명 공동체는 이 역할을 수행하면서

---

27 샐리 맥페이그/장윤재·장양미 옮김, 『풍성한 생명: 지구의 위기 앞에 다시 생각하는 신학과 경제』 (서울: 이화여자대학교 출판부, 2008), 213.
28 앞의 책, 216-217.

과거 세대, 현 세대 그리고 미래 세대와 관계를 맺고 있음을 인식해야
한다. 즉 생명 공동체는 지금까지 물려받은 하나님의 집에 거주하면
서, 이제는 미래 세대에게 어떻게 하면 하나님 집의 풍성함을 유지시
켜 전해줄 것인가 고민하고 행동해야 한다.[29] 특히 하나님 집의 풍성함
은 우리에게 무상으로 주어진 선물임을 재인식할 필요가 있다. 모든
피조 세계가 하나님의 선물이라는 개념은 창세기 말씀에서 "땅의 모든
요소들이, 지구의 풍성한 요소들이 모두 얼마나 소중한지를 느끼는 것
이며 모든 피조물들의 생명의 의미와 존엄성을 인정한다"는 측면에서
중요하다.[30] 창조자 하나님은 창조의 신비를 아낌없이 우주 창조를 통
해 드러내셨으며 이것은 창조자의 사랑을 반영하는 것으로, 인간과 다
른 모든 피조물들은 그런 사랑에 참여하고 서로 의지하며 친밀한 관계
로 살아가야 함이 절실히 요청된다.[31]

2. 예언자로의 부름

기후 난민과 핵발전소를 논의하며 살펴보았듯이, 생태 위기의 문제
는 정의 문제 특히 경제 정의 문제와 맞물려 있으며 따라서 생태 정의
를 존중하는 경제적 행위는 생태 정의를 이루는데 필수적이다. 개발로
인한 땅의 착취와 황폐, 소비 생활의 극대화로 인한 주변부 사람들과
주변부 지역의 모든 생태계에 행해진 막대한 폭력으로부터의 치유는
예언자로의 부름에 응답하는 것이다. 즉 약한 자를 짓밟고 다른 피조

---

29 World Council of Churches, "모두의 생명, 정의 평화를 위한 경제: 행동 촉구 요청,"
   120.
30 낸시 라이트·도날드 킬 지음/박경미 옮김, 『생태학적 치유 —기독교적 전망』, 105.
31 앞의 책, 113-114.

물을 죽이는 "불의에 관련된 공범자"에서 돌아서서 정의를 부르짖는 "예언자로의 부름"에 응답할 때 경제적으로 약한 자의 해방이 일어나며 착취로 신음하는 생태계의 치유가 시작된다.[32] 공의 혹은 정의는 예언자들 선포의 핵심 사상 중 하나로 공동체 안에 선하고 올바른 질서를 유지하는 근간이며 힘이다. 가난한 사람들을 압제하며 이들을 죽음으로 몰아가는 온갖 불의함으로 더럽혀진 공동체는 파괴될 수밖에 없으며 하나님의 심판을 면할 수 없다. 교회나 기독교인들도 마찬가지이다. 가난한 사람들을 착취하고 드리는 예배, 가난한 자들로부터 탈취한 물질로 자신의 부를 축적하고 드리는 불의한 제물을 하나님은 받지 않으신다고 예언자들은 외친다.

땅과 인간 공동체, 즉 하나님 집의 풍성함을 파괴하는 모든 오염은 관계성을 파괴하는 인간의 타락과 하나님의 신비와 사랑이 깃든 세상을 파괴하는 행위를 포괄하는 용어이다. 예언자들은 이러한 오염이 생명공동체에 침투할 때 급속하게 전체 공동체에 영향을 미치며, 이것은 인간 공동체뿐 아니라 모든 생명체를 위협하고 하나님의 이름도 함께 더럽혀짐을 증언한다.[33] 특별히 인간에 의해 자행된 오염으로 전 생명체가 파괴되고 있다는 것이 예언서 곳곳에서 선포된다. "하늘도 땅도 함께 슬퍼한다. 주민의 발에 밟혀 땅은 더러워졌다…. 그리하여 온 땅은 저주를 받고 주민은 처형된다"(사 24:4-6). 예언서에서 인간의 행위로 자행된 오염에 대해 하나님은 우주를 이용하여 인간을 징벌하시는 것으로 이해한다. 곧 땅과 온 우주의 고통은 인간 행위의 결과이며 따

---

32 World Council of Churches, "모두의 생명, 정의 평화를 위한 경제: 행동 촉구 요청," 121, 124.

33 낸시 라이트·도날드 킬 지음/박경미 옮김, 『생태학적 치유—기독교적 전망』, 116.

라서 인간의 철저한 회개와 악한 행위로부터의 돌이킴이 오염된 세계를 정화하는 출발점이라고 예언서는 말한다.[34] 가난하고 나약한 사람들에 대한 착취로 깨어진 공동체, 이로 인한 우주의 고통과 하나님과의 관계성 파괴는 곧 인간의 회개를 통해서 치유되기 시작한다는 것이다. 따라서 예언자로 부름을 받았다는 것은 정의를 짓밟고 공동체의 현재와 미래를 파괴하는 모든 가치와 행위에 대한 저항이며 관계성 회복과 치유를 위한 성찰 및 실천으로 응답하는 것이다.

3. 예수의 제자로서의 삶

예언자로의 부름에 대한 응답은 곧 예수의 제자로의 부름과 동일하며, 예수가 이 땅에 오심 또한 새로운 창조와도 깊은 연관성을 가지고 있다. 약자를 착취하며 그로 인한 생명 공동체 파괴를 신랄하게 비판한 예언자들의 정신은 예수의 삶에서도 그대로 드러난다. 예수도 예배 장소가 될 성전에서 돈을 거래하는 자들을 책망하고 쫓아냈으며(마 21:12), 예수 당시 가장 약하고 소외된 사람들 즉, "주변부로 내몰린" 사람들과 "자신을 동일화"했는데 이것은 이들의 "비참한 삶이 구조적인 악을 그대로 증거하기 때문이었다."[35] 예수는 권력과 물질에 대한 욕심으로 인간을 억압하고 다른 피조물들과의 올바른 관계를 거부하는 인간을 책망한다. 예를 들어 창고가 차고 넘치도록 곡식을 거둔 농부가 자신의 잉여물을 위해 창고를 확장하지만, 그것을 필요로 하는

---

34 앞의 책, 116-117.
35 World Council of Churches, "모두의 생명, 정의 평화를 위한 경제: 행동 촉구 요청,"
   121.

생명체들, 곧 굶주리고 가난한 사람들이나 다른 피조물들에게 주지 않은 것을 정죄한다(눅 12:16-20).[36]

예수의 삶 자체는 착취당하는 사람들뿐 아니라 모든 피조물들에 대한 관심과 사랑으로 가득하며, 예수의 선포는 이 세상의 모든 생명을 포괄한다. 특히 예수가 이 세상에 오심 자체가 세상을 사랑한 하나님의 행위이며(요 3:16), 여기에서 세상은 인간과 우주의 모든 피조물들을 포함하는 사랑이다. 예수의 삶은 온 우주 만물들과의 친밀함을 드러내는데, "공중의 새들과 들꽃들과 밀알에 대한 이야기들"이나 "빈들에서 시간을 보내는" 예수의 모습이 그러하다. 즉 예수가 세상에 구원을 위해 오셨다는 신약성서의 말씀은 인간의 영적인 측면을 넘어 모든 우주 만물들에게 새로운 기운을 불어넣어 주는 창조적인 행위이며 예수는 인간을 포함한 모든 "창조 세계를 새롭게" 하기 위하여 이 땅에 온 것임을 증언한다.[37] 따라서 예수의 제자로서의 삶을 산다는 것은 착취당하고 억눌린 가난한 자들과 함께하는 삶인 동시에 인간 위주의 삶으로 피폐해진 우주 만물에 대한 사랑과 관심, 그리고 그들과의 올바른 관계를 재정립하는 것을 의미한다. 이것은 그동안 우리의 과도한 소비 형태와 욕심, 무제한적인 자원의 착취로 생명 죽임의 가치를 추구해온 우리의 죄를 회개하고 변혁을 위한 새로운 요청으로 돌아서는 것을 의미한다. 이때 치유가 시작되며 생태 정의뿐 아니라 경제 정의도 함께 실현할 수 있는 예수의 새로운 영이 우리에게 임할 것이며 우리는 온 우주의 탄식소리에 귀를 기울이기 시작할 것이다.

---

36 낸시 라이트·도날드 킬 지음/박경미 옮김, 『생태학적 치유—기독교적 전망』, 123.
37 앞의 책, 121-123.

4. 탄식하는 피조물들

모든 피조물들이 그동안 끊임없이 탄식해 왔으나 우리는 듣지 않았다. "피조물들의 탄식"(렘 14:2-7; 롬 8:19-22)은 인간 중심적인 사고와 "인간의 욕구가 하나님의 우주의 중심에 자리하고 있다"는 생각에서 비롯되었다.[38] 즉 인간의 소유욕과 확장욕과 우월감이 땅과 다른 피조물들을 황폐하게 만들었다는 것이다. 따라서 경제 정의를 포함한 생태 정의는 그동안 듣기를 거부했던 가난한 사람들(주변화된 사람들)과 모든 피조물들의 애통함과 탄식에 대한 응답이자, 그들의 아픔과 고통에 함께하는 것이다. 위에서 살펴보았듯이 땅이 "공허하게 되고 황무하게 된"(사 24:1, 3) 피조물들의 아픔은 인간의 잘못으로 인한 하나님의 심판의 결과로 나타난다. 하나님의 법을 어긴 결과 "땅은 그 주민 아래서 더럽게 되었다"(사 24:5). 또한 인간의 죄로 인해 "땅에 비가 없어 지면 이 갈라지니⋯ 들의 암사슴은 새끼를 낳아도 풀이 없으므로 내어 버리며⋯"(렘 14:4-5)와 같은 피조물들의 탄식은 하나님의 집에서 함께 거주하며 동반자 관계를 가져야 할 피조물들이 인간의 이기심과 욕망으로 인해 받는 고통의 심각성을 드러낸다. 우주가 하나님의 몸임을 인지하며 소외된 사람들과 피조물들에 대한 사랑과 관심을 드러내는 교회와 기독교인들은 황폐해진 자연 속에서, 오염으로 죽어가는 피조물들에게서, 그리고 학대받는 가난한 자들의 모습 속에서 탄식하며 아파하는 예수 그리스도를 본다. "현실적으로 인간이 오용하고 있는 세상은 그리스도의 몸이며," 우주의 모든 피조물들을 파괴하고 가난한 자

---

38 World Council of Churches, "모두의 생명, 정의 평화를 위한 경제: 행동 촉구 요청," 121.

들을 학대함으로 우리는 그리스도의 몸을 학대하고 파괴하는 있다는 것이다.39 이제는 이들의 고통과 탄식 소리에 귀를 기울이고 함께하면서 피폐해진 땅과 피조물들과 소외되고 억눌린 사람들의 탄식소리가 더 이상 들리지 않도록 불의에 저항하며 참 교회와 기독교인의 모습을 찾아가야 할 때이다. 행동하는 예언자로서의 삶, 부조리함에 분노하며 정의 회복에 앞장서는 예수의 제자로서의 삶, 이것이 파괴된 생명 공동체를 치유하고 하나님 집의 풍성함을 회복하는 길이며, 온전한 생명, 정의, 평화로 이르는 첫 걸음이다.

IV. 나가는 말: 어떻게 응답할 것인가?

생명을 부정하는 모든 구조에 대한 저항, 하나님의 창조 세계의 치유는 우리의 자발적인 인식변화와 실천하고자 하는 의지로부터 시작된다. 생태 위기를 조장하고, 주변부 사람들의 삶의 터전의 상실을 막기 위한 저항 운동은 단체(예, 기독교환경운동연대) 혹은 개인으로 지금까지 꾸준한 참여를 통해 응답하여 왔다. 예를 들어 기후 변화에 대한 세계교회협의회의 지속적인 대응 사례를 살펴보면, 세계교회협의회 회원교회들은 협의회의 다양한 자료들을 토대로 "예배 자료, 활동 자료 등을 통해 교인들이 활용할 수 있도록 하고 있으며, 시민단체들과 함께 연대할 수 있게 조직적인 홈페이지 구성과 네트워크의 중요성과 자신의 교회, 교단의 홈페이지에서 다른 교회들, 세계 교회들의 연구 자료나 탄원서 등을 나누고 있다"고 한다.40 또한 구체적인 행동으로

---

39 낸시 라이트·도날드 킬 지음/박경미 옮김, 『생태학적 치유—기독교적 전망』, 128.

는 기후 정의를 위한 드럼이나 징을 "대기에서 안전하다고 할 수 있는 이산화탄소 최고치"를 상징하는 350번 치기 운동을 통해 현 상태가 얼마나 위험한가를 경고하고 하나님의 부르심에 참여하는 운동 등을 실천하기도 한다.[41]

우리가 결단하고, 스스로 해결책을 찾아 함께 고민하고 연대하며 실천할 때 변화는 서서히 일어난다. 예언자와 예수의 제자로의 부름에 응답하는 교회와 기독교인들의 모습을 기대하며, 각 교회나 기독교인들이 일상생활에서 실천할 수 있는 작은 행동 하나를 예로 들며 글을 맺고자 한다.

필자가 유학생활을 하던 학교에서는 매주 금요일 아침, 공동체가 모여 빵과 음료를 마시는 시간이 있었다. 인상적이었던 것은 모이는 장소 한 쪽으로 수많은 컵이 걸린 게시판 하나가 서 있는 것이었다. 그리고 매주 금요일 음료를 마실 때 학생들은 자신의 컵을 사용하여 음료를 마시고 컵을 씻어 다시 걸어두는 것을 보며 기회가 된다면 교회 공동체에서 한번 실천해보자고 다짐을 했었다. 회사를 제외하고 교회만큼 모임이 많은 곳도 드물 것이며, 특히 친교를 나누며 사용하는 일회용 접시와 컵은 엄청난 양의 쓰레기를 배출한다. 어떤 대안이 있을까? 또한 안양시기독교연합회에서는 교회 십자가 불빛 때문에 들어온 민원으로 에너지 절약 겸 자발적으로 밤에 교회 십자가 불끄기 운동을 벌이고 있다고 한다.[42] 온갖 네온사인으로 밤이 없는 지구에게 십자가

---

40 더 자세한 내용은 다음의 논문을 참고하라. 채혜원, "세계 교회의 기후변화 대응 사례- 세계의 교회들은 어떤 교육 및 캠페인 활동을 하고 있는가?" 「제 10차 WCC 총회 주제 심화를 위한 '생태' 부문 워크샵 자료 모음」 (서울: WCC 제10차 총회 한국준비위원회 기획위원회, 2013,10), 120.

41 앞의 논문, 123.

가 짐이 되는 것이 아니라 휴식을 주는 밤이 되는 것은 어떨까? 각 교회
와 기독교인들의 생태 위기 극복과 하나님의 창조 세계의 풍성함을 유
지하기 위한 아름다운 행동들이 더 많이 들리기를 소망한다. 때로는
저항으로 그리고 때로는 치유의 영성으로.

---

42 박효진, "교회십자가 불끄기 운동," 「크리스찬투데이」. 2012. 6. 29.
http://www.ctkorea.net/news/articleView.html?idxno=1903.

참고문헌

강성열 편저. 『구약성서와 생태신앙』. 서울: 땅에 쓰신 글씨, 2005.

김윤성. 『그림으로 이해하는 생태사상』. 서울: 개마고원, 2009.

김혜령. "이본 게바라의 남미 여성해방신학과 생태여성신학 연구." 『21세기 세계 여성신학의 동향』. 서울: 동연, 2014, 93-136.

남종영. 『북극곰은 걷고 싶다: 북극에서 남극까지 나의 지구온난화 여행』. 서울: 한겨레출판, 2009.

낸시 라이트 · 도날드 킬/박경미 옮김. 『생태학적 치유 – 기독교적 전망』. 서울: 이화여자대학교출판부, 2003.

샐리 맥페이그/장윤재 · 장양미 옮김. 『풍성한 생명: 지구의 위기 앞에 다시 생각하는 신학과 경제』. 서울: 이화여자대학교 출판부, 2008.

김태연. "핵개발 담론의 종교성에 대한 페미니즘적 성찰." 「종교문화비평」 28(2015). 121-149.

김익중. "원자력, 필요악인가?." 2011년 이화여대 원자력 심포지엄 자료집; 「녹색평론」, (2011/11-12). 64-78.

박성원. "WCC와 에큐메니칼 공동체의 생태정의신학과 행동." 「제 10차 WCC 총회 주제 심화를 위한 '생태' 부문 워크샵 자료 모음」. 서울: WCC 제10차 총회 한국준비위원회 기획위원회(2013,10). 4-16.

채혜원. "세계 교회의 기후변화 대응 사례-세계의 교회들은 어떤 교육 및 캠페인 활동을 하고 있는가?." 「제 10차 WCC 총회 주제 심화를 위한 '생태' 부문 워크샵 자료 모음」. 서울: WCC 제10차 총회 한국준비위원회 기획위원회(2013,10). 120-130.

WCC 제10차 총회 한국준비위원회, "정의 평화 창조의 보전(JPIC) 서울 세계대회 최종문서," 제 10차 WCC 총회 주제 심화를 위한 '생태' 부문 워크샵 자료 모음」. 서울: WCC 제10차 총회 한국준비위원회 기획위원회(2013, 10). 58-96.

World Council of Churches. "모두의 생명, 정의 평화를 위한 경제: 행동 촉구 요청," 『자료모음: WCC 제 10차 총회 부산, 2013』. 부산: World Council of Churches, 2013. 119-127.

참고 미디어 및 웹사이트

JTBC. 8시 뉴스룸. 서울. 2014년 12월 11일.

지식채널e. “무지개 너머 어딘가(Somewhere over the Rainbow).” EBS 지식채널. 2007. 5.
박효진, “교회십자가 불끄기 운동.” 「크리스찬 투데이」. 2012. 6. 29.
    http://www.ctkorea.net/news/articleView.html?idxno=1903.
“핵 없는 세상을 향한 WCC 선언”
    https://www.oikoumene.org/ko/d575-c5c6b294-c138c0c1c744
    -d5a5d55c-wcc-c120c5b8bb38.
WCC Central Committee, “Statement on eco-justice and ecological debt,”
    (Geneva, Switzerland, 2009).
    https://www.oikoumene.org/en/resources/documents/central-committe
    e/2009/report-on-public-issues/statement-on-eco-justice-and-ecologi
    cal-debt.

기독교 이야기 디지털 스토리텔링화 방안 모색: 청소년의 긍정적 자아정체성 형성을 위한 기독교교육적 접근

이주아

I. 들어가는 글

한국 사회 전체가 신음하고 있는 듯한 오늘의 현실에서, 특히 문제가 되는 것은 '나라의 미래'라고 불리었던 청소년들이 극심한 고통을 받고 있으며, 이로 인해 여러 가지 문제들이 파생되고 있다는 점이다. 신자유주의 경쟁 체제가 일상이 되어 버린 현 시점에서, '10분을 덜 자면 마누라가 바뀐다'는 구호 아래 하루 15시간 이상을 학업 경쟁에 할애해야만 하는 청소년들은 더 이상 발달심리학에서 말하는 청소년기의 발달 과제들을 수행할 여유가 남아있지 않다.[1] 긍정적인 자아정체성이야말로 개인이 인생을 살아나가며 겪게 되는 많은 위기들을 대면

---

[1] 에릭 에릭슨(Erik Erikson)은 이 시기의 가장 중요한 과업은 새로운 자아 정체감 확립에 있음을 강조하면서 청소년기의 과제를 "정체감 형성 대 정체성 혼란"의 단계로 놓는다. 에릭 에릭슨/윤진 · 김인경 옮김, 『아동기와 사회』 (서울: 중앙적성출판사, 1995), 285 -312.

하게 해주고, 자신과 이 세계 그리고 이웃과 하나님과의 관계를 재설
정하도록 돕는 근본이 되는 것 중 하나이다. 에릭슨에 따르면 이 시기
에 긍정적인 자아정체성이 형성되지 못하면 그 이후 단계인 성인기,
중년기, 노년기에 겪게 될 여러 발달 과제 역시 제대로 수행하지 못할
가능성이 크다. 에릭슨은 이를 자아의 힘으로 부르며 '덕목virtue'이라고
하였는데, 그 이유는 인간이 지니고 있는 내면의 힘인 덕목은 한 개인
으로 하여금 자신의 삶을 보다 조화롭고 평화롭게 이끌어가게 해주는
원동력이 된다고 보았기 때문이다.[2]

그런데 자아정체성 혹은 자아라는 것은 단독으로 형성되는 것이 아
니라, 다른 이들과의 상호작용과 다양한 경험 안에서 형성되는 것이
다. 청소년들은 자신의 경험 및 그 경험들을 통해 형성된 현재의 자신
을 가지고 다른 이들과의 상호연결성 가운데 새로운 자아정체성을 형
성해나간다. 인간은 수없이 다양한 경험들과 관계들 사이에서 구성되
어 있는 존재이기 때문이다.[3] 문제는 청소년들에게 영향을 주는 다양
한 관계나 경험들이 현재로서는 안타깝게도 상당히 부정적인 방향으
로 작용하고 있는 것으로 관찰된다는 것이다. 현재 한국 사회의 청소
년들은 다른 이와의 지나친 경쟁과 외부로부터 가해지는 심리적 압박
감, 자본주의 사회가 강요하는 비교 의식 속에서 자신이 누구인지, 다
른 이 및 하나님, 세계 속에서 자신은 어떤 역할과 위치를 감당해야 하
는 지 등의 근원적인 질문을 던질 수 있는 시간과 여유를 박탈당하고
있다. 청소년 통계(2012) 자료에 따르면, 우리나라 중고등학생 73.4%

---

2 Erik H. Erikson, *Young Man Luther* (New York : W. W. Norton, 1969), 600-609.
3 메리 무어/이정근 · 박혜성 옮김, 『기독교교육의 새로운 모형』 (서울: 대한기독교서회,
　1991), 91.

가 전반적인 생활 스트레스를 느끼며, 자살충동을 느끼는 비율도 8.8%나 되는 것으로 나타났다.4 개인의 관심사, 취미, 여가 활동 등을 박탈당하다시피 하는 생활은 청소년들의 여러 문제 행동을 만드는 원인이 되기도 하며, 이러한 문제 행동들은 심지어 자살로 이어지기까지 한다.5 가정보다도 많은 시간을 보내게 되는 학교 역시 또래 친구와의 만남을 매개하는 장으로 기능하지만, 시험이나 평가 등으로 인한 부정적인 심리적 기능 역시 크게 가진다. 이러한 청소년기의 스트레스가 해소되지 못하고 증가하면, 내적으로는 우울증 등 정신건강에 악영향을 미칠 수 있고, 외적으로는 학교 폭력이나 집단 따돌림 등의 문제 행동으로 발현된다.6 이러한 상황 속에서 한국 청소년들이 스스로의 삶에 대해 만족하거나 행복감을 느끼며 긍정적인 자아정체성을 형성한다는 것은 매우 힘든 일이다. 2011-2013년 한국 청소년이 느끼는 주관적 행복지수는 OECD 회원국 가운데 가장 저조한 것으로 보고되었다.7 또한 '2010년 한·중·일 청소년 가치관 국제 비교 조사'에서도 한국 청소년이 일본과 중국의 청소년에 비해 행복감이 낮은 것으로 나타났다.8

---

4 한국 통계청, 청소년 2012 통계,
　 http://kostat.go.kr/portal/korea/kor_nw/2/6/1/index.board?bmode=read&a
　 Seq=255358, 2015. 6. 25.
5 문경숙, "학업스트레스가 청소년의 자살충동에 미치는 영향: 부모와 친구에 대한 애착의 매개효과,"「아동학회지」Vol.27, No.5(2006), 146.
6 박병금, "청소년의 자살생각 관련 요인: 자아존중감과 우울의 매개효과를 중심으로,"「한국생활과학회지」Vol.16, No.3(2007), 516-517.
7 한국방정환재단,
　 http://www.korsofa.org/bbs/board.php?bo_table=data&wr_id=65, 2015. 6. 25.
8 한국청소년정책연구원,
　 https://www.nypi.re.kr/brdartcl/boardarticleView.do?brd_id=BDIDX_u1C82

이에 본 연구에서는 청소년들이 긍정적인 자아정체성을 형성하는 것이 현재 청소년들이 겪고 있는 여러 위기 상황들에 대한 근본적인 대안이라는 전제 아래 이를 위한 다양한 방향을 모색하고자 한다. 특히, 본 연구는 기존의 기독교 교육의 장이었던 교회 및 가정이 여전히 청소년 교육의 장으로 유효하기는 하지만, 변화하는 미디어 현실에서 새로운 교육의 장으로 디지털 미디어가 크게 대두되고 있는 현실을 감안하여 이를 중심으로 새로운 교육의 방안을 제안할 것이다.

교육의 내용으로는 연구자가 현장 참여적 방법으로 1년 6개월을 연구해 온 '예수 비유 다시 쓰기'에서 도출된 통계 자료를 바탕으로, 예수 비유 중 청소년들이 가장 선호하는 것으로 조사된 '부자와 나사로', '돌아온 탕자', '선한 사마리아인' 세 개를 중심으로 구성할 것이다.[9]

교육의 방안으로는 디지털 미디어를 중심으로 하는 예수 비유 디지털 스토리텔링화를 제안하며, 이는 다시 청소년을 대상으로 하는 심리 기능성게임 시나리오, 청소년 문화교육으로서의 기독교 이야기 사용 방안, 마지막으로 기존 힐링 콘텐츠와 기독교 이야기 연계 방안으로 제안할 것이다.

II. 디지털 스토리텔링 시대의 기독교교육 현장

본 장에서는 교육의 목적, 교육의 대상, 교육의 장과 방안, 그리고

4w3i9D2Jr72vZ8c3p&cont_idx=98&menu_nix=52001fAd&edomweivgp=R, 2015. 8. 1.

9 본 자료는 연구자가 2014년 1학기-2015년 1학기의 총 3학기 동안 이화여자대학교 교양 필수 과목인 '기독교와 세계' 시간의 필수 과제 수행을 통해 도출된 것이다.

교육의 내용에 대해 연구하고자 한다. 교육의 목적은 본 연구의 목적인 청소년의 긍정적 자아정체성 형성이라는 점을 앞에서 기술하였다. 교육의 대상은 기독 청소년 뿐 아니라 한국 청소년 문제 전체를 두고 논하는 것이므로 종교의 유무나 종류와는 상관없이 청소년 전체를 상정할 것이다. 다음은 교육의 장과 방안, 그리고 교육의 내용에 대한 연구이다.

1. 교육의 장으로서의 디지털 미디어 공간

구술 미디어와 문자 미디어 시대를 넘어서서 전자 미디어 혹은 디지털 미디어가 우리의 현실이 된지는 오래이다. 일각에서 이를 경계하던 과거와는 달리 이제는 그것이 옳은 것이냐 아니냐의 논의는 그다지 일어나지 않고 있다. 가상현실을 지나 등장한 새로운 증강현실이 우리의 삶의 모습이기 때문이다. 모바일 미디어는 생활의 필수품이 된지 오래이다. 공공장소, 대중교통, 심지어는 데이트를 하고 있는데도 서로의 스마트폰만 들여다보고 있는 모습이 낯설지 않을 정도로 디지털 미디어는 우리 삶의 상호작용 대부분을 차지하고 있다.

디지털(모바일) 미디어들은 개인의 일상생활에 깊숙이 개입하며 주된 소통방식으로 작용하고 있다. 특히 청소년들에게 디지털 미디어 공간은 세상을 보는 창이자 소통 공간, 놀이 공간, 심지어는 부정적 감정의 주요 분출구로까지 기능하고 있다. 이는 '갇혀 있는 현실'인 입시라는 중압감과 시험, 평가, 경쟁에서 청소년이 탈출할 수 있는 유일한 공간이자 통로이다. 실제로 한국 청소년들은 대부분의 시간을 학업에 치중하고 있으며 얼마 되지 않는 여가 시간에는 인터넷을 하거나 TV를 보는 활동을 가장 많이 하는 것으로 나타났다.[10] 한편에서는 이러한 청소년들의 모바일 기기 사용에 대해 인터넷 과다 사용과 지나친 의존에 따른 폐해를 우려하는 목소리가 커져가고 있다.

그럼에도 불구하고 본 연구에서는 청소년들이 가장 많이 사용하는 소통과 놀이의 공간으로서의 디지털 미디어 공간을 현재 삶의 현실이라고 전제하며, 이를 교육의 장으로 채택하고자 한다. 다양한 형식의 디지털 미디어는 그 사용자들에게 기존 미디어보다 크게 확장된 접근성을 부여함으로써 기독교교육이 청소년들을 '찾아가는' 통로를 확장해준다.[11] 또한 디지털 미디어는 과거의 일방향적인 교육 방법을 거부하며 양방향적인 소통의 증대를 확장시켜주고 있음과 동시에, 텍스트나 구술에 머물러 있던 소통의 방안 역시 획기적으로 확장시키고 있다. 이에 청소년들은 디지털 미디어를 활용해서 기성세대에게는 익숙하지 않은 수많은 방법들로 자신들의 이야기들을 공유하고 있는 실정이다.[12] 이러한 디지털 미디어 공간을 통해 이루어지는 현재적 경험의 나눔과 공유는 서로에 대한 진정한 이해를 만들어나가는 데 중요한 역할을 할 수 있다. 따라서 기독교교육은 이제 즐기는 자의 하나로, 사용자의 하나로, 그리고 나누는 자의 하나로 디지털 미디어 공간에 참여하여 청소년들과 이야기를 나누어야 한다.

---

10 박민정, "청소년의 여가활동 유형, 사회적 관계, 주관적 행복감의 관계 연구," (서울: 이화여자대학교 박사학위논문, 2012), 129-130.

11 Tex sample, *The Spectacle of Worship in a Wired World* (Nashville: Abingdon Press, 1998), 30-53.

12 1인 미디어인 아프리카 TV나 동영상이나 음원을 창작하여 이를 블로그에 올리는 등 청소년들의 디지털 놀이문화는 매우 다양해지고 있다.

2. 교육 방안으로서의 디지털 스토리텔링

스토리텔링, 즉 '이야기하기'는 기독교교육에서 가장 오래된 교육 방법 중 하나이다. 구술 미디어 시대에는 민족공동체를 지탱해주는 힘으로, 문자 미디어 시대에는 문자 속에서 독자와 저자가 교감하며 사고를 깊게 하는 방식으로 기독교교육은 스토리텔링을 통해 종교 안에서의 역동성, 상상력, 그리고 지혜와 통찰력을 제공해왔다. 스토리텔링은 추상적이고 조직적인 신학적 함의를 넘어서는, 인간 삶에 관여하시는 하나님에 대한 이미지와 상징, 은유 등을 전해줌으로써 보다 전인적이고 통합적인 신앙을 형성하게 하는 힘을 가진다. 백은미는 스토리텔링의 교육적 의미에 대해 1) 의미를 부여하고, 2) 전인적이고 통합적인 교육이 가능하도록 도우며, 3) 따라서 이성과 행위가 괴리된 이원적인 삶이 아니라 정서와 이성이 함께 형성하는 도덕적 행위의 실천이 가능해지고, 4) 스토리텔링 속에 들어 있는 다양한 삶의 모습을 접함으로써 다양성에 대한 이해를 높일 수 있으며, 5) 이와 같은 스토리텔링을 전해 받은 개인이 다시 이를 새로운 스토리텔링으로 변화시킬 수 있는 것이라고 이야기한다.[13]

기독교는 그동안 다양한 방식의 스토리텔링을 통하여 사람들의 마음을 움직여왔으며, 오늘날 디지털 스토리텔링이라는 새롭게 형성된 스토리텔링의 형식을 차용하기 시작하고 있다. 디지털 스토리텔링이란 디지털 커뮤니케이션 미디어를 사용하는 스토리텔링으로, 상호작용성, 비선 형성, 네트워크성, 복합성의 특징을 지닌다.[14] 이를 청소년

---

13 백은미, "기독교 공동체 안에서 스토리텔링 교육방법 모색,"「한국기독교신학논총」 65(2009), 402-404.

의 긍정적 자아정체성 형성을 위한 유효한 교육 방안으로 제언하는 이
유는 다음과 같다.

우선, 디지털 스토리텔링은 독자와 이야기간의 상호작용성이 매우
높다. 디지털 스토리텔링에서 관찰되는 양방향적인 교환은 다양한 양
상을 보인다. 그중 하나는 개인이 만든 하나의 디지털 스토리텔링(주
로 동영상의 형태를 가진다)을 다른 개인이 차용하여 여기에 이야기를 덧
붙이거나 이어가는 형식으로 놀이 문화의 새로운 장르를 연 것이다.
이는 디지털 스토리텔링의 또 다른 특징인 네트워크성과도 밀접한 연
관을 가진다. 예를 들어 네티즌 사이에서 격언처럼 되어버린 "인간의
욕심은 끝이 없고 같은 실수를 반복한다"라는 말이 있다. 이것은 한 인
터넷 사이트의 사용자가 먼저 한 말로, 일파만파 퍼져나가 이제 이 말
을 가지고 이미지를 새롭게 만들거나, 이렇게 만들어진 이미지들을 또
새롭게 변용시키면서 여러 장면으로 구성하는 과정이 반복되며 일종
의 디지털 스토리텔링의 소재 혹은 주제로 놀이문화를 만들고 있다.[15]

이러한 현상을 단순한 놀이문화로 치부할 수도 있겠으나, 중요한
것은 놀이 안에서 청소년들의 생각이나 감정들이 분명히 하나의 이야
기 형태를 이루는 것이 발견된다는 점이다. 이와 같은 스토리텔링 안
에 들어있는 것들은 청소년들의 삶의 단면들이다. 청소년들은 하나의
소재 혹은 주제로 자신이 가능한 방법—동영상이나 그림 이어붙이기,
포토샵 등—을 이용하여 서로의 삶을 나누고 있었다.[16] 즉, 디지털 스

---

14 전영미, "디지털 스토리텔링의 종교교육적 활용," 「기독교교육정보」 Vol.28(2011),
   147-151.
15 동영상 편집프로그램은 수없이 많이 쏟아지고 있으며, 이중 무료 프로그램이 대다수이다.
16 이는 비단 놀이 문화에만 한정되는 것은 아니다. 사회 이슈에 대한 청소년들의 자세에
   서도 발견된다. 이들은 논리와 이성뿐 아니라 자신의 정서, 경험 등으로 삶을 나누고

토리텔링은 자발적인 참여를 불러일으키고 있는데, 이는 기존 구술 미디어나 문자 미디어의 소통 방식과는 확연히 다른 동시에, 파괴적일 정도로 흡입력이 강하다. 과거에 논의 되었던 디지털 스토리텔링의 상호작용성을 이야기할 때 이는 비선 형성과 관련되는 경우가 많았다. 이는 독자에게 다양한 이야기의 선택권을 주고 이를 하나씩 선택하는 형식으로, 분명 기존의 선형적 스토리텔링—문자 미디어—과는 다른 상호작용성이 존재하였다. 그러나 디지털 미디어의 발전이 급진적으로 전개되면서 이제 독자들은 정해진 선택지보다는—여러 개가 있다지만 결국은 생산자가 제공하는 선택지이므로— 자신의 이야기를 담아 비록 짧지만 이를 서로 나누며 즐기는 방식의 디지털 스토리텔링을 선택한 것으로 보인다.17 이러한 현상들을 볼 때, 기독교교육은 더 이상 일방향적인 나열 혹은 전시가 아니라 기독교의 이야기를 가지고, 청소년들과 동등하게 대화하는 주체로 거듭나야 하는 요청을 가진다고 할 수 있다. 따라서 기독교의 이야기를 디지털 스토리텔링화하되, 기존의 형태가 아니라 청소년들이 다양하게 변화시킬 수 있는 형태로 제공하는 방안이나 '같이 노는' 방식에 대한 고민이 필요할 것으로 보인다. 이 시대의 개인들은 더 이상 수용자가 아니라 생산하는 동시에 공유하고, 참여하는 동시에 관람하는, 상호연결적인 주체들로 살아가고 있기 때문이다.18

있었다. 윤명희, "청소년과 디지털 참여: 커뮤니티의 감성적 상호작용 분석을 중심으로," 「한국 사회학」 Vol.43 No.5(2009), 217.

17 마노비치는 이를 '닫힌 상호작용성'과 '열린 상호작용성'으로 구분하였다. 레브 마노비치/서정신 옮김, 『뉴미디어의 언어』 (서울: 생각의 나무, 2004), 152-181.

18 강장묵에 의하면 앞으로 의사소통의 확장을 생활 곳곳에 침투한 '보이지 않는' 컴퓨터에 의해 이루어내는 유비쿼터스 공간에서 인간은 생수 하나를 마시더라도 그 제품을 마신 사람들의 느낌이나 평가 등을 디지털 형태로 제공받는 등 모든 삶의 순간마다 전자미디

두 번째로는 디지털 스토리텔링의 복합성이다. 디지털 미디어는 인간의 거의 모든 감각을 자극하고 있으며, 그중 시각과 청각 영역에서는 일반인이 쉽게 무언가를 제작할 수 있는 툴tool이 제공되고 있다.[19] 이에, 청소년들은 다양한 동영상이나 음원, 혹은 2D 차원의 이야기들을 디지털 미디어를 통해 만들며 이를 나누고 있다. 과거의 만화나 영화, 음악 등의 생산은 전문인들의 것이었으며, 생산자와 소비자의 영역이 매우 뚜렷하게 구분되어 있었다. 시장은 전문가들의 생산품의 시장성을 엄격하게 심사하고 유통시켰으며, 소비자는 이를 일방향적으로 소비하는 것에 그쳤다. 그러나 과거 기성세대가 펜을 사용하듯 디지털 미디어를 사용하게 된 청소년 혹은 청년들은 일방적인 소비자의 자리를 이탈하며 자신의 이야기들을 다양한 방식으로 제작, 유통시키고 있다. 이는 매우 다양한 영역에서 일어나고 있다. 청소년들을 대상으로 공모전을 펼치는 단편영화제—스마트폰으로 얼마든지 촬영 및 편집이 가능하다—, UCC 공모전, 과거와는 비교할 수 없이 늘어났으며 디지털 미디어로 완전히 자리를 옮긴 만화 시장—이는 이제 일반인들이 누구나 참여할 수 있는 공간을 따로 마련하고 있는데 그 참여도가 매우 높다—, 아프리카 TV로 대표되는 1인 미디어 등 청소년들은 이미 자신들만의 디지털 스토리텔링을 만들고, 공유하고, 새로이 생산하고 있다.

이와 같은 현상은 사회, 경제와 삶의 형태를 급격하게 바꾸어놓고 있는데, 이것을 가능하게 한 것은 기술의 발전과 함께 바로 인간이 자

어를 통해 타인의 존재와 경험, 이야기와 연결되어 살아가게 될 것이라고 한다. 강장묵, 『UCC 나비와 유비쿼터스 태풍』 (서울: 커뮤니케이션 북스, 2008), 28-30.

19 촉각과 후각 영역은 아직 개발 중에 있으며, 시각과 청각 영역의 툴(tool) 수준으로는 발전하지 못하고 있다.

신에게 맞는 소통 방식을 채택할 수 있도록 돕는 디지털 미디어의 복합성 때문이라 할 수 있다. '글'이나 '말'을 못하면 소통의 주체로 나서기 힘들었던 과거와는 달리, 글을 못 쓰면 그림을 그리거나, 그림이 힘들면 음악을 만들고, 그것도 힘들면 이미지들을 이어 붙여 새로운 이야기를 만들어내는 디지털 스토리텔링의 방식이 유효하게 작용하고 있는 것이다. 이러한 청소년들에게 글과 말로써만 이루어지는 교육 현장의 프로그램이나, 일방향적으로 방영되는 동영상들이 교육 효과나 있을 것이라고 기대하기는 힘든 부분이 존재한다.

더 나아가 디지털 스토리텔링의 복합성—감각 복합성—은 참여자들과 공유자들이 보다 깊은 몰입 속에서 이에 참여하도록 돕는다. 이는 네트워크성과 병행하여 작용하는데, 네트워크를 통하여 상호작용을 하는 참여자들로 하여금 동시간 대에 존재한다는 사실을 상기시킴과 아울러, 다양한 감각을 복합적으로 제공함으로써 주체 간의 거리를 없애고 한 사건에 실제로 같이 참여한다는 느낌을 부여하기 때문이다.[20] 이는 교육에서 매우 중요한 부분이다. 구술 미디어 시대의 기독교교육이 다양한 종교의식과 결합된 구술 미디어를 통해 이루어지면서[21] 강한 공동체성을 가지는 동시에 다양한 감각을 자극하는 전인적이고 통합적인 교육 형태를 가진 강점을 새로운 형태로 복원할 수 있는 가능성을 던져주기 때문이다. 문자를 중심으로 이루어지는 기독교교

---

20 옹은 전자미디어 시대의 구술성을 구술시대의 그것에 비교하여 후자를 1차적인 구술성, 전자를 2차적인 구술성이라고 칭한다. 월터 옹/이기우 옮김, 『구술문화와 문자문화』 (서울: 문예출판사, 1995), 205.

21 구약 시대의 이스라엘 종교교육은 실제적인 행위인 예전이나 축제 등을 제외하고는 대부분의 종교적 전통들과 이야기, 교훈들이 구술의 형태로 반복되어 전수되었다. 임창복, 『기독교교육』 (서울: 장로회신학대학 출판부, 2002), 39.

육이 사유와 숙고를 자극하면서 보다 지성적이고 논리적인 종교적 접근을 가능하게 해준 반면, 현장성과 생동감이라는 면에서는 비교적 약하다는 지적을 받았다는 점을 생각해 볼 때,[22] 디지털 스토리텔링은 근대 이후 기독교교육 학자들이 요청했던 다양한 감각을 활용하는 교육, 상상력을 자극하는 교육, 이야기와 신학을 통합하는 교육을 가능하게 할 수 있는 가능성을 지닌다.[23]

3. 교육 내용으로서의 기독교 이야기

디지털 미디어 및 디지털 미디어 공간을 교육의 장으로, 디지털 스토리텔링을 교육의 방안으로 상정하였을 때, 가장 중요한 것은 콘텐츠가 되는 교육의 내용이 과연 무엇이 되어야 하는 가에 있다. 이는 교육의 목적에 따라 달라질 수 있을 것이다. 본 연구에서는 연구의 목적인 긍정적인 자아정체성 형성을 청소년들의 자발적인 참여를 통해 이루어나가는 교육 과정을 모색하고자 한다. 기독교의 이야기들은 이를 접하는 사람으로 하여금 상상력을 동원하며 세계와 삶에 대해 다시 생각해보게 하는 힘을 가지고 있다. 기독교 안에 존재하는 다양한 지혜의 이야기들은 오늘날 새롭게 발굴되고 재해석되어 현대 사회 청소년의

---

22 Marshall C. Dendy, *A Study of the Catechism: The Westminster Shorter Catechism for Families* (Virginia: CLC Press, 1966), 96.

23 Barbara Bruce, *7 Ways of Teaching the Bible to Adults: Using Our Multiple Intelligences to Build Faith* (Nashville: Abingdon Press, 2000); Walter Wink, *Transforming Bible Study: a Leader's Guide* (Nashville: Abingdon Press, 1980); Kathleen R. Fischer, *The Inner Rainbow: The Imagination in Christian Life* (New York: Paulist Press, 1983); Jerry H. Stone, "Narrative Theology and Religious Education," *Theologies of Religious Education* (Birmingham, AL: Religious Education Press, 1995), 265-269.

심리적 질병의 근원인 자아정체성 왜곡을 치료하는 대안이 될 수 있다. 성공을 위한 무한 경쟁이라는 사회적 구조 속에서 기독교의 이야기는 현실과 그에 따른 고통을 인식하고, 각자의 목소리를 내게 할 수 있는 지혜를 소유하고 있다.[24] 이러한 기독교의 이야기들을 새로이 해석하고 다시 이야기하는 것이 유의미한 이유는 그것이 현재의 역사-사회적 현실을 돌파할 수 있는 방안을 제공할 수 있기 때문이다.

중요한 것은 어떤 이야기가 현재 청소년들의 자아정체성 형성에, 청소년들이 겪는 위기들에 가장 적합하며 청소년들이 공감하느냐 하는 것이라 할 수 있다.[25] 수없이 다양한 이야기들이 있지만, 이들을 모두 디지털 스토리텔링화하며 시작하는 것보다는 교육 대상과 목적에 보다 적합한 몇 가지를 선택하여 우선적으로 디지털 스토리텔링화하고, 이를 제공하고 공유하며 나오는 반응—피드백—들을 다시 차용하여 새로운 이야기를 접목시키는 선순환적인 디지털 생태계를 만드는 것이 필요하다.[26] 교육의 대상인 청소년들이 무엇에 가장 공감하며 호응을 보이느냐 하는 것은 그래서 매우 중요하다, 기독교 이야기의 디

---

24 Susan M. Shaw, *Storytelling in Religious Education* (Al: Religious Education Press, 1999), 121-125.

25 이들에게 있어서 핵심은 '미래의 나'이다. 따라서 청소년들은 나는 어떤 방향으로 나아가야 하며 무엇을 해야 할 것인가 하는 문제를 도전으로 안고 있다. 기독교의 이야기는 이에 대한 답을 제시하거나 적어도 방향을 제시할 수 있어야 한다. 사미자, 『인간발달과 기독교교육』 (서울: 한국장로교출판사, 2012), 123.

26 이는 어느 영역이건 시행하고 있는 전략이다. IT영역에서는 "테스트베드 testbed"라는 개념으로, 그 외 사회과학 영역에서는 '모형'이라는 개념으로 사용되는데 모형이라는 단어보다는 '테스트베드'가 '초기 모델' 혹은 '실험'이라는 뉘앙스를 가지며 자주 사용되고 있다. 시험무대라는 뜻으로, 시스템 수립 및 가동 시 원활히 작동하는 지를 먼저 시험해보는 영역을 뜻한다. 네이버, 지식경제용어사전, http://terms.naver.com/entry.nhn?docId=1597694&cid=50333&categoryId=50333. 2015. 8. 30.

지털 스토리텔링화에 지속적으로 관심이 있었던 본 연구자는 그동안
기독교 이야기들 중 예수의 여러 비유들을 소개하고 2014년 3월부터
2015년 6월까지 총 3학기동안 대학생 1학년들을 대상으로 이중 하나
를 자유롭게 선택하여 리스토리텔링을 하는 과제를 내주었다. 비유의
원 의미는 살리도록 하되, 시공간적 배경이나 줄거리, 인물 등의 구성
들은 자유롭게 하도록 하였으며, 비유를 읽고 해석하고 첨가하거나 삭
제, 변용, 재구성하는 과정에는 개입을 삼갔다. 다양한 비유를 선택할
것이라는 예상과는 달리, 대학생들이 선택한 비유는 크게 총 3가지로
나타났으며, 그 비율은 다음과 같았다(소수점 이하는 삭제하였다).[27]

<표 1> 예수 비유 채택 결과[28]

돌아온 탕자	부자와 거지 나사로	선한 사마리아인
41%	22%	32%

〈표 1〉에 나타난 바와 같이, 학생들이 가장 공감하거나 혹은 바라
는 것은 '돌아온 탕자'의 주제인 조건 없는 사랑으로 나타났다.[29] 이는
청소년기의 건강한 자아정체성 형성에 가장 중요한 것으로 꼽히는 것
이 다른 이와의 긍정적인 관계 사이에서 형성되는 자기 자신에 대한
신뢰 및 자아상이라는 발달심리학의 연구와도 같이,[30] 무조건적인 사

---

27 총 조사 대상은 다음과 같다. 2014년 1학기 98명, 2014년 2학기 108명, 2015년 1학기
   125명 총 331명.
28 2014년-2015년 1학기, 총 세 학기 동안 이화여자대학교 인문교양 필수 과목인 "기독
   교와 세계"에서 과제를 실시한 결과이다.
29 이경숙 외,『기독교와 세계』(서울: 이화여자대학교출판부, 2014), 115-127.
30 에릭 에릭슨/윤진·김인경 옮김,『아동기와 사회』, 285-312.

랑을 통해 외부의 시선이나 경쟁에서 뒤처지는 것에 대한 두려움을 극복하고, 내적 승인을 획득하는 것이 건강한 자아정체성 형성에 가장 중요하고, 또한 청소년들 스스로도 갈망하고 있다는 사실을 방증하는 것이다. 선한 사마리아인을 선택한 학생들은 거의 왕따, 은따, 엄마에게 버림받은 경험 등 자전적인 경험들을 가지고 리스토리텔링을 행하는 것이 흥미롭게 관찰되었다. 다음 장에서는 현장참여관찰법 연구 결과를 반영하여, 우선적으로 예수 비유 중 이 세 가지를 디지털 스토리텔링화하여 기독교교육적인 교육 방안으로 활용하는 방안에 대해 논할 것이다.

Ⅲ. 기독교 이야기의 디지털 스토리텔링 구현 방안 모색

1. 심리 기능성게임 시나리오

심리 기능성게임이란 기능성게임serious game의 한 분야이다. 기능성게임이란 기존의 재미만을 추구하는 게임에서 벗어나 교육, 군사, 의료, 심리치료 등 다양한 분야에서 여러 목적을 위해 개발되고 있는 게임을 말한다. 기능성게임이라는 명칭은 1977년 처음 생겨났으나, 파일럿의 비행훈련 같은 군사용으로 주로 사용되어 오다가 최근 2년간 다변화가 시작되어 다른 의학 연구, 운동 등 다양한 분야로 확대되고 있다.[31] 기능성게임의 개발 및 상용화 사례는 다양하나, 본 연구와 관련

---

31 정의준·이혜림, "기능성게임의 유형별 범주화와 개념 설정에 대한 연구," 「한국컴퓨터

된 대표적인 예로서는 해외의 Food Force(세계 기아 관련), Personal Investigator(청소년의 정신 치료), Earthquake in Zipland(이혼 및 별거 가정 아이들의 치료) 등이 있으며, 국내에서는 한자마루, 말랑말랑 두뇌 교실, 마법천자문 등 주로 아동 대상의 교육용 게임에 집중되어 있다. 국내에서는 치료용 기능성게임에서의 심리 치료적 요소에 대해 연구하거나 보건 의료용 기능성게임의 효과적 개발 방향 연구, 발달 장애 가족의 정서적 역량 강화를 위한 기능성 모바일 게임 개발 연구 등이 진행되었으며, 특히 본 연구와 관련해서는 학교폭력 가해자, 피해자의 심리적 치료를 위한 구체적인 기능성게임 설계 연구가 있다. 이는 학교폭력을 줄이기 위한 심리 기능성게임 '학교폭력 명탐정'으로 구성한 게임 시나리오를 제공한다.[32]

기능성게임의 다양한 활용 가능성의 모색은 비교적 최근에 시작된 것으로, 특히 교육 분야에서는 의도된 교육 목적뿐 아니라 게임 과정에서 일어나는 비형식적 학습 효과에 대해 주목하고 있다. 즉, 학습자의 자발적인 게임 참여 가운데 무형식적이고 무의식적으로 일어나는 교육 효과가 있을 것이라고 상정하며, 실제로 이와 같은 결과들이 관찰되고 있기도 하다.[33] 기능성게임을 수행하며 얻는 무형식적인 학습

게임학회지」 Vol.25, No.3(2013), 62.
32 안동대학교산학협력단, "학교폭력 가해자, 피해자의 심리적 치료를 위한 구체적인 기능성게임 개발 연구," 법무부. 2011.
http://www.prism.go.kr/homepage/origin/retrieveOriginDetail.do?cond_re search_name=&cond_research_start_date=&cond_research_end_date=&co nd_organ_id=1270000&research_id=1270000-201200003&pageIndex=23&l eftMenuLevel=120, 2014. 3. 15.
33 위정현 편저, 『온라인게임 교육과 손잡다』 (서울: 한경사, 2008), 48; 김사훈, "교육을 위한 기능성게임 연구의 확장적 정의와 범주화를 통한 기능성게임 연구의 발전방향에 대한 연구," 「한국게임학회지」 12권 1호(2012), 6.

효과는 학습자가 인지하지 못하는 사이에 새로운 인지와 감성을 형성하게 한다는 점에서 심리치료 차원에서도 주목하고 있다.34 본 연구자는 청소년들을 위한 심리 기능성게임을 '돌아온 탕자'의 비유를 원용하여 다음과 같은 시나리오를 제안한 바 있다.35 본 심리 기능성게임 시나리오의 주제는 청소년들을 대상으로 조건 없는 사랑(무조건적인 사랑)을 자원으로 딜레마들을 해결하는 과정에 의한 내부적 승인 획득이다. 1인칭 시점 액션 게임으로 청소년의 일상적인 삶의 딜레마를 다루는 이 게임은 스테이지 별로 청소년들의 건강한 자아정체성을 해치는 위협 요인들의 상징을 배치, 여러 캐릭터가 제공하는 이야기들이나 몬스터를 파괴하는 등의 액션을 통해 긍정적인 자아상 확립을 돕는다.

[표 2] '돌아온 탕자' 원 비유의 모티브와 게임 시나리오의 변용

	원 비유	게임 시나리오에서의 변화
주제	조건 없는 사랑	청소년이 자신에게 주어진 사랑을 자원으로 하여 다양한 생활의 딜레마들을 해결하면서 내적 승인을 획득
캐릭터	아버지 (자비와 사랑)	상단의 하트, 스테이지별로 퀘스트 달성에 필요한 것들을 제공
	큰아들(모범생)	보조캐릭터, 스테이지 별 주제에 해당되는 멘토들
	작은 아들(탕자)	메인 캐릭터. 청소년 자신

---

34 게임 시 자신의 캐릭터를 통해 새로운 정체성을 표현하고, 목표달성을 위한 관계형성, 새로운 사건과 관계에 적응하는 과정의 경청, 갈등조절을 통해 공동체에 대한 책임과 공과를 공유하는 사회성과 자아정체감, 그리고 공존의 윤리를 발달시킨다는 연구도 존재한다. Zheng, D, "Affordances of 3D Virtual Environments for English Language Learning: An Ecological Psychological Analysis," Doctoral dissertation, University of Connecticut, Storrs, CT(2006), 23-24.

35 이주아·김미혜, "청소년 자아정체성 형성을 위한 종교 지혜 내러티브 기반의 심리 기능성게임 시나리오," 「디지털융복합연구」 13(1)(2015), 498-501.

스토리요소	탕자의 불효	열등감, 우울감, 불안감 등 청소년 심리 위협 요인
	탕자의 방황	청소년 삶의 딜레마 – 또래집단(왕따 및 은따), 학업, 비행 욕구, 학교폭력 등을 스테이지 별로 형상화하며 이를 달성하는 경로로 구성
	아버지의 무조건적인 사랑	타 게임과는 달리 보조캐릭터 멘토들과 상단의 하트 등은 무한정으로 학습자를 지원한다
	돌아갈 곳 (따뜻한 가정)	스테이지를 모두 달성한 후에 주어지는 엔딩 장면(스토리)

[표 3] 게임스테이지별 시나리오와 심리적 기능

	STAGE 1	STAGE 2	STAGE 3
장르	퍼즐게임	슈팅게임	퍼즐게임
목적	지지 자원 상기	성공주의 교정	관계성 강화
퀘스트	얼음에 갇힌 메인 캐릭터 구출	Study Stress 몬스터 공격	얼음에 갇힌 친구의 구출
공간적 배경	선택 가능(산, 바닷속, 궁전, 동굴 등)	교실을 모티브로 한 감옥	깊고 어두운 동굴
자원	하트	하트	하트
아이템	소모(보조) 아이템	장비 아이템(무기) 소모(보조) 아이템	소모 아이템
인물	주제별 멘토	주제별 멘토	보조캐릭터 얼음 속에 갇힌 친구
엔딩	멘토들이 메인 캐릭터를 안아준다	몬스터가 사라지면서 감옥이 허물어진다	동굴 천장에서 빛이 들어오면서 요정들이 메인 캐릭터와 얼음 속의 친구, 그리고 보조캐릭터를 둘러싸고 춤을 춘다.
심리적 기능	인식하지 못했던 감사의 요소들을 발견함으로써 열등감과 비교의식을 교정	학업에 대한 과중한 부담을 버리고 삶과 장래에 대한 대안적인 관점 획득	대상 구출 과정에서 경쟁자가 아니라 친구로 인식하는 관점 획득. 도움을 받기만 하는 것이 아니라 타인을 도울 수 있는 존재라는 자아상 형성

　기능성게임의 다양한 활용 가능성의 모색은 이제 시작된 것으로, 축적된 연구나 성과물은 매우 미진하다 할 수 있다. 특히 기능성게임을 위한 세계관이나 스토리텔링의 연구가 시급하다. 기능성게임에서의 스토리텔링의 개발자들이 주로 참여하여 기존의 게임에 스토리를 단순 접목하는 방식이 주를 이루고 있기 때문이다. 기능성게임의 스토리보드는 처음부터 그 목적성에 의거하여 기능과 재미를 조화롭게 융화시킬 수 있는 전문 스토리텔링 작가가 포함되어 이루어져야 한다. 예를 들어 의료 기능성게임에서는 해당 분야에 대한 장애나 성공 스토리를 시나리오화하여 게임으로 제작하는 것 등이다. 교육용인 '한자마루'나 '마법천자문'은 학습을 진행하며 괴물이 된 한자를 쓰러뜨리거나 적을 파괴하는 형식이다. 이는 학습의 재미를 주는 요소로 기능하면서 일반적인 액션 게임과 유사한 플레이 방식으로, 아동들의 흥미와 집중력을 높이는 역할을 한다.[36] 그러나 이와 같은 형태가 심리 기능성게임의 목적성에 부합하는 지의 여부에 대해서는 논의가 필요하다.

　심리 기능성게임이 목적하는 기능을 다하기 위해서는 참여자의 흥미를 지속시키고 참여자가 스스로를 투영시킬 수 있는 설득력 있는 스토리텔링이 매우 필요하다. 특히, 본 연구에서 목적으로 하는 건강한 자아정체성 형성을 위해서는 타인과의 공존이나 화해, 자기 이해도를 높일 수 있는 새로운 스토리의 발굴이 시급한 실정이다. 심리 기능성게임은 목적을 전달하는 요소—서사, 정보, 임무, 경험, 성장, 선택, 훈련, 커뮤니티—와 재미—미적 재미, 플레이 재미, 체험의 재미—가 균형을 이루어야 하는데, 기존 게임 개발 과정으로는 이를 제대로 반영

---

36 신상이·박경주, "기능성게임을 활용한 초등학교 도덕과 통일교육 방안 제언,"「한국컴퓨터게임학회」25(2012, 2), 150-151.

하기가 힘들다.37 기독교의 이야기들은 이에 적합한 요소들을 상당수 가지고 있다. 따라서 기독교교육이 기독교의 다양한 이야기들을 재구 성하여 청소년들이 긍정적인 자아정체성 형성을 할 수 있도록 목적성 과 재미를 동시에 제공하는 스토리를 연구하여 제언한다면, 상당한 효 과가 있을 것으로 기대된다.

2. 청소년 문화교육 프로그램과 기독교 디지털 스토리텔링 접목

청소년들의 학업 스트레스가 심하다는 것은 말 그대로 학업 성적 경쟁도 있으나, 과거와는 달리 소위 '스펙'이라고 불리는 여러 다양한 경험들이나 수상 경험까지 쌓아야 하며, 학교 역시 수행평가라고 하여 전시, 체험 행사 등 문화적 경험을 부과하기 때문이다. 방학 때마다 수 많은 미술 전시나 여러 행사들, 심지어는 목표로 하는 과와 관계있는 기관의 인턴 경험까지 해내느라 청소년들은 너무나 바쁘고 힘이 들다. 학업뿐 아니라 문화, 역사, 철학, 종교, 시사 제반 이슈에까지 모두 능 할 것을 요구하는 입시 현실은 가혹하기만 하다. 단, 청소년들이 문화 전시 행사에 이렇게 '억지로라도' 참여한다는 것은 '언·영·수'에만 집 착해야 했던 기존 입시 제도와는 달리 일정한 강점을 지닐 수도 있다. '만남'이라는 것이 어느 지점에서 일어날지 모르는 일이기 때문이다.38

---

37 이면재, "게임 제작 과정 중심의 기능성게임 활성화 방안," 「디지털융복합연구」11 (2013, 12), 763-764.

38 마틴 부버는 '사이로서의 실존'에 대해 이야기하면서 인식하는 정신으로서의 주체인 '나'는 '나와 너의 사이'에 있다고 하였다. 본 논문에서의 '만남'이란 '그것'-과거의 예술 가, 예술 작품 등-이 '너'가 되는 순간, 혹은 가능성으로, 이것까지는 그저 흔한 '그것'이 었던 것이 기독교 디지털 스토리텔링을 통해 '너'가 될 가능성이 있음을 의미한다. 마틴 부버/표재명 옮김, 『나와 너』 (서울: 문예출판사, 1995), 29-31.

특히 기독교는 인류 문화유산의 상당 부분을 차지하는 이야기를 가지고 있는 종교이다. 청소년들이 감상하는 서구 문화의 그림, 음악, 그리고 건축물에 이르기까지 기독교의 이야기가 연계되어 있지 않은 것이 드물 정도로 기독교가 서구 문화의 형성에 기여한 바는 크다. 따라서 일반 전시에 기독교의 이야기가 해설과 함께 접목된다면, 간접적인 교육 효과를 가질 가능성이 있다.

최근의 문화 전시 추세는 기존의 단순한 2차원적인 전시를 넘어서서 이를 디지털화하여 일종의 스토리텔링 형식으로 형상화하여 참여자로 하여금 보다 입체적이고 몰입적인 경험을 할 수 있도록 돕고 있다.[39] 이때 디지털 스토리텔링은 일반적으로 생각하는 나레이션 형태가 아니라 여러 자료들을 연계적이고 입체적으로 엮어가며 참여자로 하여금 구성주의적으로 지식을 형성하도록 돕고, 인지적 차원뿐 아니라 정서적 차원까지 깊이 자극하며 이루어진다. 2014년부터 현재까지 이루어지고 있는 '반고흐 미디어아트'전의 경우, 이어진 벽을 따라 반 고흐 생애의 분기별로 그림들이 이어지면서 계속 바뀌고, 해설이 같이 흐르며 그림들이 역동적으로 움직이는 등 이전의 평면적인 전시와는 상당히 다른 면모를 보여주고 있으며, 관람객들의 반응 역시 일반 전시와는 다르게 친근하면서도 반 고흐의 생애와 작품에 몰입하는 모습을 보였다.[40]

기독교의 이야기들을 담은 문화유산의 수가 상당하다는 것을 생각

---

39 2015년 현재 서울 전시를 마치고 대구에서 전시 중인 '반 고흐 미디어아트'전은 그 좋은 예이다. 반 고흐 미디어아트전, http://www.vangogh-medianart.com/, 2015년 8월 2일.

40 서울에서 예정된 3개월 전시기간 동안 15만 명 이상이 관람하였고, 그 결과 전시기간을 1개월 연장하기도 하였다. 연합뉴스 TV, 문화가 산책, 2015년 1월 27일.

해 볼 때, 이러한 디지털 스토리텔링 형식의 전시에 기독교의 이야기를 접목시키는 것은 매우 좋은 기회가 될 수 있다. 렘브란트의 '돌아온 탕아', 미켈란젤로의 '천지 창조', '최후의 심판', '피에타', 레오나르도 다빈치의 '최후의 만찬'을 비롯한 성모 마리아 연작들 등 서구 거장의 그림들은 기독교의 이야기를 빼놓고는 이해하기 힘들다. 음악 역시 마찬가지로 헨델의 '메시아'를 비롯하여 중세 서양 음악의 발달은 기독교를 둘러싸고 이루어진 동시에, 이를 주제로 한 작품이 많다. 렘브란트 작품을 디지털 전시하며 아버지가 아들의 어깨 위에 올린 손을 계속 토닥이고, 아들이 흐느껴 우는 어깨가 떨리는 장면이 벽에 투사되면서, 이를 다룬 예수의 비유가 음악과 함께 흘러나오는 동시에 본 주제와 관련되는 기독교의 사건이 병행되어 곁들여진다면, 청소년들의 작품에 대한 이해도도 높아질뿐더러, 청소년 스스로 자신이 갈구하던 사랑이 실제로 존재하는지, 나는 용서받거나 용서할 수 있는지, 용서란 무엇인지 등에 대해 자문할 시간을 가질 가능성이 높아질 것이다. 기독교적 이야기들을 담고 있는 그림 등 예술작품들을 선별, 디지털 전시 프로그램을 개발하며 이야기를 접목시켜, 청소년들을 위한 문화 전시를 기획한다면 문화적 소양을 길러줌과 동시에 예술 안에 담겨 있는 기독교의 이야기들을 전하며 잠재적인 교육 효과를 기대할 수 있을 것이다.

그림이나 음악과 같은 문화유산뿐 아니라 현재 유통되는 콘텐츠들이나 비교적 최근의 문화 콘텐츠들 중에서도 기독교적인 상징과 이미지, 문제의식, 대항 방법, 대안적 행위의 형성 등을 담고 있는 경우가 많다. 이들은 서로 독립적인 형태로 제작되어 유통되고 있으며, 이를 유기적으로 연결시켜주거나 해석하고, 혹은 보다 나은 변혁적인 삶을

[그림 1] 반 고흐 미디어아트 전

살 수 있도록 안내해주는 매개체는 가지고 있지 않다. 예를 들어 기독교 이야기를 그대로 형상화한 '나니아 이야기', '반지의 제왕' 등은 판타지의 형태를 차용하지만 기독교에서 다루는 탐욕, 인간의 어두움, 그럼에도 불구하고 공공선을 위하여 개인적인 것들을 이겨나가는 과정을 부각시키고 있다. 황미나의 만화 '레드문'은 주인공이 자신을 희생하여 모듈 행성을 살리는 이야기이다.[41] 이와 같은 콘텐츠들은 기독교

---

41 이 주인공은 자신의 피를 모두 뿜어내어 죽어가는 대지를 살리고, 자신은 그 대가로 정신이 퇴행되며, 자신의 자리인 왕위와 약혼녀를 동생에게 양도하게 된다.

예수의 모티브를 그대로 사용하고 있다고 해도 과언이 아니다. 재미와 목적성을 동시에 달성하고 있는 것이다. 따라서 기독교교육이 청소년에 대한 문화적 접근을 기획함에 있어서, 과거의 문화유산과 현대의 콘텐츠를 접목시키는 디지털 스토리텔링을 만들어나간다면, 그 접근성이나 교육적 효과가 확장될 것으로 기대된다.

3. 기존 힐링 콘텐츠와 기독교 디지털 스토리텔링 접목

한국 사회의 심리적 문제들이 심각해진 2014년의 사회적 화두는 단연 '힐링'이었다. 경기도의 경우 힐링 콘텐츠 집중 육성을 목표로 예비 창업자를 모집하는 등, 한국 사회 구성원들의 정서적 안정과 심리적 치유를 위한 방안이 필요하다는 것에 사회적 합의가 모아지고 있다.[42] 힐링 콘텐츠는 다양하게 개발될 수 있는 분야이다. 관광, 음식은 물론이거니와 음악, 글쓰기, 그림 그리기, 몸으로 표현하기 등 인간이 할 수 있는 모든 방식을 동원한 힐링 콘텐츠의 개발이 전망되고 있다. 그러나 단지 육체적이고 정신적인 긴장 완화에 그치는 것으로는 진정한 '힐링'이라고 하기 힘들다. 모든 콘텐츠에서 가장 중요하고 가장 개발이 요청되는 것은 바로 효과적인 스토리텔링과 이를 새롭게 담아내는 형식이라고 할 수 있다. 이러한 콘텐츠는 참신하고 독특한 아이디어와 그를 뒷받침해주는 재미있고 감동적인 스토리로 이루어져 있어야 한다. 따라서 효과적인 콘텐츠 개발을 위해선 무엇보다 고전을 포함한 폭넓은 독서와 인문학적 사유가 선결 조건이라는 주장이 나오고

---

42 「시사코리아」, "경기도, 힐링 콘텐츠 집중 육성한다", 2015년 2월 11일.
　　http://www.sisakorea.kr/sub_read.html?uid=9264.

있다.[43] 즉, 사용자가 가지고 있는 심리적 문제 해결을 위한 스토리텔링이 새로운 형식으로 개발되는 것이 필요하다.

이러한 점에서 심리 기능성게임 시나리오건, 힐링 콘텐츠이건—큰 의미에서는 심리 기능성게임 역시 힐링 콘텐츠에 포함된다— 중요한 것은 결국 치유를 가능하게 하는 스토리텔링이라 할 수 있다. 기독교의 이야기를 디지털 스토리텔링화하여 기존 힐링 콘텐츠에 접목시키거나 새로운 형식의 힐링 콘텐츠를 개발하는 것이 유의미한 이유가 여기에 있다. 기존의 힐링 콘텐츠는 일방향적인 방송이나 강연 등이었으나, 점차 양방향적인 작용 속에서 자가 치유를 가능하게 하는 스마트 기기 기반의 힐링 콘텐츠의 중요성이 부각되고 있다. 따라서 인터넷 및 모바일 폰의 접근성을 활용한 힐링 콘텐츠가 개발된다면 상당한 심리 치료 및 예방, 관리의 효과가 있을 것으로 기대된다.

기독교 이야기의 디지털 스토리텔링 활용 방안을 제언하면 다음과 같다. 우선, 상담실에서 이루어지던 상담에 기독교의 치유적 의미를 담고 있는 디지털 스토리텔링을 접목시켜 상담자가 내담자에게 효과적일 수 있는 기독교 디지털 스토리텔링을 처방, 전송하는 방안을 생각해 볼 수 있다. 스토리텔링—이야기, 내러티브—은 상담 및 교육 분야에서 그 치유적 역할을 위한 소통의 통로로 사용되고 있을 뿐만 아니라, 최근에는 그 자체로 치유적 효과가 있다는 점이 부각되면서 이야기 치료라는 영역이 새로이 등장하기도 하였다. 이야기 치료를 비롯한 상담 영역에서는 이야기는 인간에게 즐거움과 감동을 주기도 하지만, 고통과 상처를 치유하는 데에도 의미 있는 역할을 한다고 보고 있다. 스토리텔링은 위안을 주거나 삶의 문제들을 해결하도록 도우며, 좌절

---

43 정창권, "콘텐츠에 대한 오해,"『조선일보』, 2005년 7월 5일, A23면.

과 고통을 의미 있고 가치 있는 것으로 재구성하는 역할을 한다는 것이다.[44] 정신분석에서도 스토리텔링의 치유적 역할을 도입하여, 피분석자의 스토리텔링을 듣고 이에 대해 분석가가 치료적 스토리텔링을 제공하면 다시 피분석자가 이에 반응하여 자신의 새로운 스토리텔링을 만들어가는 방식의 과정이 이루어지고 있다. 이처럼 스토리텔링이 인간 심리의 치유를 위해 활용될 수 있는 이유를 인지과학에서는 거울 뉴런이라는 개념을 통해 설명한다. 거울 뉴런계를 통해 타인의 행동을 관찰—타인의 삶의 이야기를 듣는 것 혹은 다른 삶을 관찰하는 것—하는 것만으로도 이에 대한 공감과 모방이 가능하기 때문이다.[45]

즉, 스토리텔링은 인간의 공감 능력을 자극하면서 자신의 인지와 감정을 수정하며 대안적인 삶의 이야기에 담긴 행동을 모방하도록 하는 힘을 가지고 있다. 이와 같은 스토리텔링의 힘은 물론 면대면 상담에서도 필요하지만, 디지털 스토리텔링화되어 접근성과 공유성이 확대된다면, 더욱 그 치유적 효과가 클 것이라고 기대할 수 있다. 디지털 미디어의 특성인 접근성의 확대는 상담 프로그램에 직접적으로 참여하는 내담자 뿐 아니라 잠재적인 수요자, 내담자들에게까지 접근이 가능하며, 공유를 통해 현재적 시점으로는 아직 돌출되지 않은 문제들을 미리 치료하거나 예방할 수 있도록 도울 수 있기 때문이다. 현재 힐링 콘텐츠의 흐름이 이미 도출된 심리적 문제들에 대한 치료 차원에서 이루어지는 것을 지나, 잠재적인 수요자들까지 대상으로 하는 예방을 목적으로 발전되고 있다는 점을 생각해 볼 때, 기독교의 이야기들의 디

---

44 아네트 시몬스/김수현 옮김, 『스토리텔링, 대화와 협상의 마이다스』 (서울: 한언, 2001), 68.
45 장대익 외, 『뇌과학, 경계를 넘다』 (서울 : 바다출판사, 2012), 181-182.

지털 스토리텔링화는 매우 시급하게 이루어져야 할 항목으로 여겨진다.

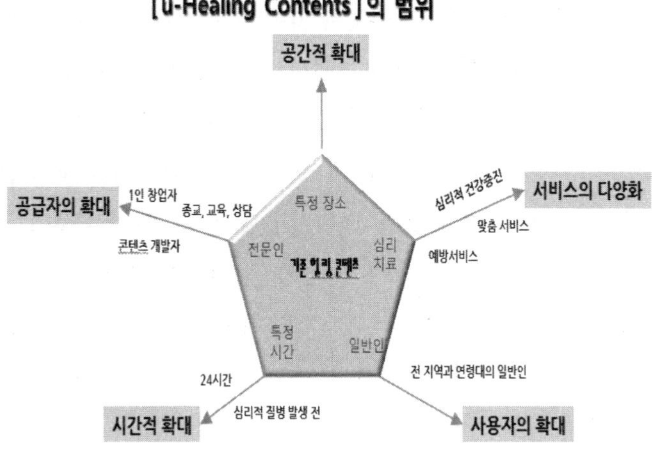

[그림 2] 힐링 콘텐츠 발전 방향 예상도

　두 번째로 제언할 수 있는 것은 최근 개발되고 있는 힐링 콘텐츠와 기독교 디지털 스토리텔링의 접목이다. 예를 들어 서울시청이 운영 중인 '마음약방 자판기'는 2015년 2월 설치된 것으로 이 역시 힐링 콘텐츠의 하나라고 할 수 있다.[46] '마음약방'에서 다루는 증상들은 우울증, 월요병, 외톨이 바이러스, 분노조절장치 실종, 자존감 바닥 증후군, 가족남남 신드롬, 인생낙오증후군 등 다양하다. 마음약방 자판기는 자신이 원하는 증상의 버튼을 누르면 작은 처방전이 나오는 형태이며, 처방전은 추천 영화 목록, 비타민제, 테마 그림 등이 있다. 재미있고 친근

---

46 「약사공론」, "지친 마음 위로 받고 싶을땐 마음약방 자판기 찾으세요," 2015년 2월 17일, http://www.kpanews.co.kr/article/show.asp?idx=161103&table=article &category=B.

한 발상이나, 재미로 그치지 않고 실제적인 치유 효과를 바란다면 현재의 처방에 그치지 않고 조금 더 다양한 방안을 통해 강화되어야 할 것으로 보인다. 마음약방을 비롯한 기존 힐링 콘텐츠들이 다루는 심리적 문제들은 결국 타인과의 비교에서 오는 상대적 열등감, 경쟁 사회에서의 낙오 불안감, 무제한적 물질주의 사회에서 가지게 되는 좌절과 실망감 등이 주를 이루고 있다.[47] 본 논문에서 연구하는 바와 같이 기독교의 이야기들은 치유 효과, 대안적 삶의 모색, 현재적 삶의 성찰 등을 가능하게 하는 것에 큰 강점을 가지고 있다. 따라서 마음약방과 같은 힐링 콘텐츠에 종교적인 지혜 이야기들이나 기독교의 멘토들의 이야기가 디지털 스토리텔링화하여 같이 제공된다면 재미와 목적성의 결합이 한층 견고해질 것으로 예상된다.

그 한 예로 '인생낙오 증후군' 버튼을 누르면 이와 관련된 멘토들—닉 부이치치 등—의 이야기나 기독교의 이야기들이 사용자의 스마트폰으로 전송되도록 하거나 마음약방 자판기에 부착된 작은 화면에 영상으로 뜨도록 하는 등 방안을 생각해 볼 수 있다. 상당수의 심리적 문제는 크고 작은 원인이 있으나 다양한 삶의 이야기들, 대안적인 방향을 제시하는 삶의 이야기들 속에서 인간은 한 번 더 자신과 세계를 돌아볼 기회를 가지게 되고, 이때 치유가 시작될 수 있다.[48] 이에 적합한 이야기로는 여러 가지가 있겠으나, 본 논문에서는 우선적으로 '부자와

---

47 이진형·박종선, "힐링열풍과 관광개발 – 개념, 사회문화적 배경과 사례,"「동북아관광연구」제10권 제1호(2014), 4-5.

48 이정모에 의하면 내러티브, 즉 스토리텔링이란 마음의 기본적·일차적·근원적 작동 원리이며, 인간은 자신에 대한 이야기를 끊임없이 만들어내는데 이러한 이야기들은 다른 사람, 세상의 여러 상황을 보고 이해하며 계속 변화한다. 이정모, "내러티브적 마음과, 정치, 종교에 대한 지나가는 한 생각,"
in: http://blog.naver.com/metapsy/40174779281, 2015. 8. 2.

[그림 3] 서울시에서 운영 중인 마음약방 자판기

나사로'의 이야기를 디지털 스토리텔링하는 것을 제안한다. '부자와 나사로' 비유는 신자유주의의 무한 경쟁 체제 속에서 '부자'가 되기를 갈망하는 현대인들에게 일침을 던진다. 이를 유대 민담과 비교하거나 주인물들을 부자의 육형제로 보며 심판의 날을 경고하는 학자도 있고, 현 상태에 대한 하나님 나라의 갑작스러운 도래와 반전의 가능성을 예고하는 것이라고 해석하는 학자도 있다.[49]

중요한 것은, 본 비유가 '더 가지는 것'이 아니라 '다른 이를 나 자신처럼 여기는 공감'의 중요성에 대해 이야기하고 있다는 것이다. 현대인들의 '굶주림'—은유적 의미로서—은 자기 자신만을 보는 데서 생겨난다고 할 수 있다. 특히 청소년들처럼 또래 집단의 영향을 많이 받는 경우, 물질이 가져다 줄 수 있는 것들에 대한 욕구는 더욱 심각하다. '등골 브레이커 변천사'가 있을 정도로, 타인의 시선을 의식하는 동시에 또래집단 안에서도 물질의 소유로 계급을 매기려고 하는 경향이 나날

---

49 B. T. D. Smith, *The Parables of the Synoptic Gospels* (Cambridge: Cambridge University Press, 1937), 54; J. 예레미아스/허혁 옮김, 『예수의 비유』(서울: 분도출판사, 1974), 80; J. D. Crossan, *In Parables: The Challenge of the Historical Jesus* (New York: Harper & Row, 1973), 67-68.

이 강한 이즈음, 청소년들이 이에 대항할 만한 이야기를 소유하고 이에 공감대를 형성하는 것은 매우 중요하다.

견고한 경쟁 구도로 구조화된 현 사회에서 '나보다 작은 자'를 생각하게 하는 종교적이고 인문학적인 외침은 거의 듣기가 힘들 정도로, 자기 계발이나 '더 잘할 수 있다', '뒤쳐지지 말라'는 이야기들만이 사방에서 들려온다. 현대인들은 잠시 멈추어 서서 심호흡을 하고 자신과 자신의 주위를 돌아볼 필요가 있다. 소유하고 사용하는 것에만 급급하며, 더욱 더 많은 소유를 탐하려는 마음을 잠시 달래고 자신이 어디에서 있는지, 자신이 왜 괴롭고 힘든 것인지, 나와 다른 사람들은 어떻게 살아가고 있는지, 내가 가진 것들은 무엇인지 등을 생각해 볼 때 비로소 변혁적인 행위가 가능해지고, 현대 사회의 끊임없는 요구들에 휩쓸리지 않는 자아정체성을 형성할 수 있을 것이다.[50] 이는 청소년뿐 아니라 모든 계층의 개인들에게도 꼭 필요한 것이라고 본다. 이를 위한 다양한 종교의 이야기들이—본 논문에서는 기독교 이야기, 그중에서도 예수 비유를 중점적으로 다루었으나, 인류의 위대한 정신적 유산인 다양한 종교 안에서 더욱 더 많은 이야기들을 발굴할 수 있을 것이다—디지털 스토리텔링화되어, 현대인들에게 가깝게 다가간다면 우리가 가지고 있는 많은 문제들의 치유의 실마리를 잡을 수 있을 것이라 기대한다. 그리고 이는 지속적으로 재해석, 재창조되면서 보다 생명력을 얻을 수 있을 것이다.

---

50 홍순원과 황현숙은 이것이 바로 구원의 통로라고 역설한다. 홍순원·황현숙, "경제윤리에서 본 예수의 비유,"「신학과 실천」제42호(2014), 890-891.

IV. 나가는 글

본 논문에서는 청소년의 긍정적인 자아정체성 형성을 위한 기독교 교육적 모색을 화두로 하여, 이를 기독교 이야기들의 디지털 스토리텔링으로 풀어나가고자 하였다. 기독교교육의 장을 디지털 미디어 공간으로, 교육의 대상을 기독 청소년들뿐 아니라 일반 청소년들을 대상으로 하였기 때문에 기존의 기독교 교육적 접근에 비하여 '종교적 색채'가 다소 약할 수도 있다는 점이 존재한다. 이러한 한계를 인식하면서도 굳이 교육의 대상이나 장 그리고 방법을 위와 같이 연구한 이유는 이제 기독교의 이야기는 기독교 내에서 뿐 아니라 현대 사회를 살아가는 모든 이가 공유해야 하는, 치유적 의미를 담고 있는 콘텐츠로서 기능해야 한다는 연구자의 신념 때문이다. 기독교의 이야기는 그동안 종교 공동체의 전통과 신념 그리고 선배들의 삶과 신앙을 담고 있으며 또한 전달하는 통로로서 두 가지 기능을 동시에 수행해왔다. 기독교 내의 수많은 이야기들은 기독교인들의 삶에 존재하는 고난과 고통, 좌절 속에서 현실을 넘어 무언가 다른 것을 보도록 힘을 주고, 변혁적인 행위를 모색하도록 격려해왔다. 이러한 기독교의 이야기들은 종교를 넘어 인간의 마음 깊은 곳에 침투하여 자신을 대면하고 우울함이나 좌절감, 실망감, 비교의식을 벗어나도록 도울 수 있는 힘을 가진다.

이에서 더욱 나아가, 기독교의 이야기들은 현대인들과의 만남을 통해 지속적으로 재창조될 필요성이 있다. 전통이란 현재를 살아가는 학습자들의 경험과 질문에 의해 지속적으로 갱신될 때 비로소 새로운 의미 안에서 다시 태어나게 되는 것이기 때문이다.[51] 디지털 미디어는

---

51 정민승은 이를 일컬어 'words-in-group'이 만들어가는 "끝나지 않는 책"이라고 한다.

순기능과 역기능을 동시에 안고 있는 또 하나의 미디어이며, 결코 절대적으로 순기능만을 담보하는 미디어는 아니다. 그러나 우리의 삶의 현실이 급속히 디지털 미디어로 옮겨가고 있는 이 시점에서, 기독교의 이야기들이 보다 효과적인 방향으로 디지털 스토리텔링화되는 것이 바람직할 것이다. 그리고 이는 일방향적인 영상물이나 종교적 전통의 나열이 아니라 참여자들과 함께 대화하고 숨 쉬며 삶을 형성하는 방향으로 모색되어야 할 것이다.

정민승, 『사이버 공간과 평생학습』(서울: 교육과학사, 2002), 72-73, 74; 서남동은 '오늘 여기에서의 실천적 문제의식'이 전통의 수용여부를 결정짓는다고 하였다. 서남동, 『민중신학의 탐구』(서울: 한길사, 1983), 45-82.

참고문헌

강장묵.『UCC 나비와 유비쿼터스 태풍』. 서울: 커뮤니케이션 북스, 2008.

김근영. "청소년기 자아정체성 연구의 대안적 접근: 서술적 정체성 발달."「청소년학연구」제19권 제3호(2012), 85-108.

김사훈. "교육을 위한 기능성 게임 연구의 확장적 정의와 범주화를 통한 기능성 게임 연구의 발전방향에 대한 연구."「한국게임학회지」12(2012). 3-13.

김세희. "청소년이 지각한 SNS 특성과 사이버 집단지성 유형별 참여정도 간의 관계에서 심리사회적 특성의 매개효과." 서울: 순천향대학교 박사학위 논문, 2013.

마노비치, 레브/서정신 옮김.『뉴미디어의 언어』. 서울: 생각의 나무, 2004.

무어, 메리/이정근, 박혜성 옮김.『기독교교육의 새로운 모형』. 서울: 대한기독교서회, 1991.

문경숙. "학업스트레스가 청소년의 자살충동에 미치는 영향: 부모와 친구에 대한 애착의 매개 효과."「아동학회지」27(2006), 143-157.

박병금. "청소년의 자살생각 관련 요인: 자아존중감과 우울의 매개효과를 중심으로."「한국생활과학회지」16(2007). 505-522.

박소연, 이홍직. "청소년의 주관적 행복감에 영향을 미치는 요인에 관한 연구."「스트레스연구」21(2013). 73-84.

백은미. "기독교 공동체 안에서 스토리텔링 교육방법 모색."「한국기독교신학논총」65(2009). 399-422.

______.『여성과 기독교교육』. 서울: 이화여자대학교 출판부, 2014.

박민정. "청소년의 여가활동 유형, 사회적 관계, 주관적 행복감의 관계 연구." 서울: 이화여자대학교 박사학위논문, 2012.

부버, 마틴/표재명 옮김.『나와 너』. 서울: 문예출판사, 1995.

신상이, 박경주. "기능성 게임을 활용한 초등학교 도덕과 통일교육 방안 제언."「한국컴퓨터게임학회지」25(2012). 147-155.

사미자.『인간발달과 기독교교육』. 서울: 한국장로교출판사, 2012.

서남동.『민중신학의 탐구』. 서울: 한길사, 1983.

시몬스, 아네트/김수현 옮김.『스토리텔링, 대화와 협상의 마이다스』. 서울: (주) 한언, 2001.

에릭슨, 에릭/윤진, 김인경 옮김.『아동기와 사회』. 서울: 중앙적성출판사, 1995.

J. 예레미아스/허혁 옮김.『예수의 비유』. 서울: 분도출판사, 1974.

옹, 월터/이기우 옮김. 『구술문화와 문자문화』. 서울: 문예출판사, 1995.

위정현 편저. 『온라인게임 교육과 손잡다』. 서울: 한경사, 2008.

이경숙 외. 『기독교와 세계』. 서울: 이화여자대학교출판부, 2014.

윤명희. "청소년과 디지털 참여: 커뮤니티의 감성적 상호작용 분석을 중심으로." 「한국사회학」 43(2009). 210-244.

이면재. "게임 제작 과정 중심의 기능성 게임 활성화 방안." 「디지털융복합연구」 11(2013). 761-768.

이승연. "괴롭힘의 심리학적 이해." 「2015 한국기독교교육학회 춘계학술대회 논문집」 (2015). 15-27.

이주아, 김미혜. "청소년 자아정체성 형성을 위한 종교 지혜 내러티브 기반의 심리 기능성 게임 시나리오." 「디지털융복합연구」 13(2015). 495-502.

이진형, 박종선. "힐링열풍과 관광개발- 개념, 사회문화적 배경과 사례." 「동북아관광연구」 10(2014). 1-17.

임창복. 『기독교교육』. 서울: 장로회신학대학 출판부, 2002.

장대익 외. 『뇌과학, 경계를 넘다』. 서울 : 바다출판사, 2012.

정민승. 『사이버 공간과 평생학습』. 서울: 교육과학사, 2002.

전영미. "디지털 스토리텔링의 종교교육적 활용." 「기독교교육정보」 28(2011).

정의준, 이혜림. "기능성 게임의 유형별 범주화와 개념 설정에 대한 연구." 「한국컴퓨터게임학회지」 25(2013). 61-69.

홍순원, 황현숙. "경제윤리에서 본 예수의 비유." 「신학과 실천」 42(2014). 875-897.

Bruce, Barbara. *7 Ways of Teaching the Bible to Adults: Using Our Multiple Intelligences to Build Faith*. Nashville: Abingdon Press, 2000.

Crossan, J. D. *In Parables: The Challenge of the Historical Jesus*. New York: Harper & Row, 1973.

Dendy, C. Marshall. *A Study of the Catechism: The Westminster Shorter Catechism for Families*. Virginia: CLC Press, 1966.

Erik H. Erikson. *Young Man Luther*. New York: W. W. Norton, 1969.

Fischer, R. Kathleen. *The Inner Rainbow: The Imagination in Christian Life*. New York: Paulist Press, 1983.

Groome, Thomas. *Christian Religious Education*. San Francisco: Harper& Row, 1980.

Onley, James. *Metaphor of Self: The Meaning of Autobiography*. Princeton: Princeton University Press, 1972.

Sample, Tex. *The Spectacle of Worship in a Wired World*. Nashville: Abingdon Press, 1998.

Shaw, M. Susan. *Storytelling in Religious Education*. Al: Religious Education Press, 1999.

Smith, B. T. D. *The Parables of the Synoptic Gospels*. Cambridge: Cambridge University
    Press, 1937.

Stone, H. Jerry. "Narrative Theology and Religious Education." *Theologies of Religious
    Education*. Birmingham, AL: Religious Education Press, 1995.

Wink, Walter. *Transforming Bible Study: a Leader's Guide*. Nashville: Abingdon
    Press, 1980.

Zheng, D. "Affordances of 3D Virtual Environments for English Language Learning:
    An Ecological Psychological Analysis." Doctoral dissertation. University of
    Connecticut, Storrs, CT(2006).

기타

네이버 대중문화사전,
    http://terms.naver.com/entry.nhn?docId=371256&cid=50293&categoryId
    =50293, 2015년 8월 3일.

네이버, 지식경제용어사전,
    http://terms.naver.com/entry.nhn?docId=1597694&cid=50333&categoryI
    d=50333. 2015년 8월 30일.

반고흐 미디어아트전, http://www.vangogh-medianart.com/, 2015년 8월 2일.

시사코리아, "경기도, 힐링 콘텐츠 집중 육성한다", 2015년 2월 11일.
    http://www.sisakorea.kr/sub_read.html?uid=9264

안동대학교산학협력단. "학교폭력 가해자, 피해자의 심리적 치료를 위한 구체적인 기능성
    게임 개발 연구." 법무부. 2011.
    http://www.prism.go.kr/homepage/origin/retrieveOriginDetail.do?cond_
    research_name=&cond_research_start_date=&cond_research_end_date=
    &cond_organ_id=1270000&research_id=1270000-201200003&pageIndex
    =23&leftMenuLevel=120, 2014년 3월 15일.

약사공론, "지친 마음 위로 받고 싶을 땐 마음약방 자판기 찾으세요", 2015년 2월 17일.
    http://www.kpanews.co.kr/article/show.asp?idx=161103&table=article&c
    ategory=B

연합뉴스 tv, 문화가 산책, 2015년 1월 27일.

이정모, "내러티브적 마음과, 정치, 종교에 대한 지나가는 한 생각,"
    in: http://blog.naver.com/metapsy/40174779281, 2015년 8월 2일.

정창권, "콘텐츠에 대한 오해," 『조선일보』, 2005년 7월 5일, A23면.

한국방정환재단,
http://www.korsofa.org/bbs/board.php?bo_table=data&wr_id=65, 2015년 6월 25일.

한국청소년정책연구원,
https://www.nypi.re.kr/brdartcl/boardarticleView.do?brd_id=BDIDX_u1C 824w3i9D2Jr72vZ8c3p&cont_idx=98&menu_nix=52001fAd&edomweivgp= R, 2015년 8월 1일.

한국 통계청. 청소년 2012 통계,
http://kostat.go.kr/portal/korea/kor_nw/2/6/1/index.board?bmode=read &aSeq=255358, 2015년 6월 25일. http://cafe.naver.com/grace0406/19772, 2015년 7월 1일.

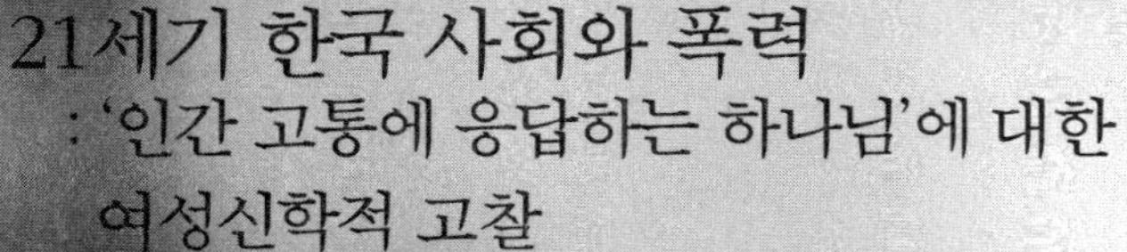

21세기 한국 사회와 폭력
: '인간 고통에 응답하는 하나님'에 대한 여성신학적 고찰

김희선

I. 들어가는 말

2015년 12월 한국여성신학회 송년학술대회에 1세대 여성신학자 네 분(김윤옥, 정숙자, 안상님, 최만자)을 초대했다. 여성신학의 불모지였던 한국에서 1970년대 말부터 여성신학의 터를 닦으셨던 귀한 선배님들을 모시고 그들의 삶과 신학의 여정에 대한 이야기를 듣는 소중한 자리였다. 젊은 여성신학자들을 향한 그분들의 당부는 "예전에는 평신도여성들과 여성신학자들의 모임들도 훨씬 활발했는데, 현재 한국여성신학이 점점 좁아지고 더 어려워지는 학문의 길로만 가고 있다는 생각이 든다"라는 염려와 함께 "앞으로 더 자주 모이고 밥 먹으면서 힘써 모이고, 공부하고 토론하고 그 대화의 내용으로 교회 여성과 더 자주 소통해야 한다"고 조언을 해주셨다.

이화여대 기독교학과에서 학부시절부터 여성신학을 배웠고 90년대 후반부터 세계의 많은 여성신학자들이 이화여대를 방문했기에 여성신학은 당시 내 일상에 가까웠다. 20년 전에 필자가 듣던 설교는 지금보다 훨씬 '가부장적'인 것들이 많아 여성신학을 공부하는 젊은 여신학생으로서 교회에 대한 분노와 거리감이 매우 컸다. 그 후 기독교 상담을 전공하는 필자가 삶의 현장에서 만난 교회 여성들이 "한국교회에는 우리 이야기를 들어줄 더 많은 여성 목사들이 있어야 한다"라고 한 말에 당시 여성에게 안수를 주지 않던 모교단을 떠나 목사안수를 받았다. 필자의 전공은 목회상담학으로 주 내담자들은 가정 안에서 폭력을 경험한 기독교 여성들이다. 상담 과정에서 내담자들이 "내가 왜 이 고통을 당해야 하냐?" 하면서 눈물을 쏟아낸 적이 있었다. 이때 사실 나는 이러한 주제에 대한 여성신학의 연구들이 그동안 매우 많았기에, 필자가 한국을 떠나있던 유학시절 동안 과연 한국교회의 여성들은 얼마만큼 이에 관련된 여성신학의 연구들을 알게 되었을까 하는 기대가 있었다.

결론부터 말하면, 실망스럽게도 필자가 상담과 목회현장 속에서 만난 교회 여성들은 여성신학의 연구에 대해 잘 모르고 있었다. 교회에서 기존에 들어왔던 것과는 다른 새로운 해석에 대해 들어본 적이 있나는 질문에 "그런 이야기는 들어본 적이 없고, 만약 그런 다른 관점과 해석들을 교회에서 들었더라면 도움이 되었을 것이다"라고 대답한 여성들도 있었다. 고통을 경험하는 교회 여성들이 묻는 종교적 질문과 이에 관련된 여성신학의 학문적 연구, 기존의 연구는 꽤 진척되었는데 막상 교회 여성들은 거의 모르고 있다. 그간 해왔던 많은 작업들이 교회 여성들에게는 여전히 생소하기만 한 것임을 알았을 때에 실망감을 감추기 어려웠다. 여성신학의 예언자적 목소리는 어디로 퍼져가고 있으며 나의 이 연구 또한 누구에게 들려질 것인가? 어떻게 내 가슴속을 울리는 여성신학의 주제들을 교회 안으로 들어가게 할 수 있을까? "교회 여성들에게 좀더 쉽게 다가갈 수 있는 여성신학의 형태로 내가 제안할 수 있는 것은 무엇일까?"라는 질문을 가지고 진지한 고민을 하게 되었다.

앞서 말한 대로 폭력을 경험하고 있는 교회 여성들은 여성신학의 기존 연구들에 대해 알지 못하였고, 자신의 폭력 경험과 연관시켰을 때 교회를 안전한 공간으로 여기지 않는다고 응답했다. 그럼 여기서 벌써 질문이 생긴다. 교회가 안전한 공간이 아니라면, 이들에게 새로운 용기와 희망을 주는 여성신학의 해석들이 교회로 굳이 들어가야 할 필요가 있을까? 이 질문에 대한 개인적 응답은 이렇다. 폭력을 경험한 많은 여성들이 교회에서 위로를 받지는 못하였지만, 그럼에도 불구하고 그녀들은 여전히 기독교 신앙을 포기하지 않고 매주 교회를 나가고 있다. 비록, 교회공동체에서 자신의 폭력 경험을 노출하고 싶어 하지는 않지만 그녀들은 예배 안에서 목회자들의 메시지를 통해서 자신을 살리는 희망의 메시지를 찾으려 부단히 애를 썼다. 대부분의 경우, "용서하라", "좀 더 기도하고 인내하라", "고난을 통해 예수님께 더 가까워진다"라는 말씀을 듣고 마음이 무거워져서 집에 돌아오기는 하지만…. 이런 전통적인 교리는 많은 경우, 폭력 속에 있는 여성들을 계속 인내하고 머무르게 하는 해로운 작용을 하고 있다. 오랫동안 여성신학은 이에 대한 경고를 교회를 향해 날카롭게 외치는 예언자적인 역할을 해오고 있다.

II. 여성신학과 교회 여성 사이의 징검다리
   : '교회 친화적' 여성신학

　　보수적인 한국교회 안에서 '여성신학'이라는 단어 자체가 일반평신
도들에게 주는 위화감을 생각하면, 한국교회 여성에게는 여성신학에
대한 반감보다는 아직 여성신학의 담론 자체가 충분히 소개되지 않고
있는 듯 여겨진다. 가부장제의 벽이 두껍고 높기도 하고, 남성신학자
와 목회자 수에 비해서 여성신학자, 여성목회자의 수가 너무 적어서
그럴 수도 있고, 그러한 이유로 각 신학교 내에서도 학생들이 여성신
학을 공부할 수 있는 기회도 제한적이어서 그럴 수도 있다고 나름대로
여러 가지 이유를 생각해 본다. 어쨌든 여성신학의 담론들이 들어가기
에 교회의 벽은 여전히 높다.

　　'교회에 좀 더 다가갈 수 있는 형식의 여성신학은 어떤 것이 있을까'
라는 고민 끝에 그 노력의 일환으로 조금 실용적인 형태의 '교회 친화
적인church-friendly' 여성신학이라는 용어를 제안해본다. 요즘처럼 한국
사회에서 '개독교'로 전락해버린 한국교회의 침울한 상황에서 '교회 친
화적'이라는 말이 자칫하면 '기존 교회와 영합하는'이라는 의미로 오해
될 수도 있는데, '교회 친화적'이라는 말의 정의는 **교회 여성들이 교회에
서 들을 수 있는 여성신학**이다. "어떤 전통적인 교리들은 폭력 아래 신음
하는 사람들에게 더욱 해롭게 작용할 수 있다"는 여성신학의 예언자적
목소리가 결국 교회 안으로 들어가서 빛과 희망의 메시지가 필요한 많
은 사람들에게 실제로 힘을 발휘해야지 고통받는 교회 여성들과 괴리
된다면 그동안의 연구가 너무 아깝지 않은가.

　　이것은 물론 여성신학의 모든 학문적 연구가 교회의 일반 성도들에

게 다가가기 쉬운 형태여야 한다는 것을 말하고자 함이 아니다. '교회 친화적' 여성신학은 전체의 그림으로서의 여성신학의 연구 중에서 교회 여성에게 실질적으로 들려질 수 있는 일부분, 다시 말해서 여성신학이라는 큰 정원 속에 핀 작은 들꽃들 정도로 생각해주면 좋겠다. 혹은 위의 소제목 '여성신학과 교회 여성 사이의 징검다리'도 이해를 돕는 상징이 될 수 있다고 여겨진다.

나의 실용적인 제안에 혹자는 "교회를 비판하는 작업을 많이 해온 여성신학이 꼭 교회 안에 들어가야 할 필요가 있을까?"라는 의문을 제기할 수도 있다. 그러나 적어도 나는 교회와 멀리 떨어진 이론적 작업들을 계속 만들어내는 일로서의 여성신학이 과연 누구를 위한 학문이 되는 것이냐는 질문을 스스로에게 할 수밖에 없다. 여성신학이 교회 여성들과 좀더 가까워지는 것에 관심하지 않는다면, 교회와 전통적인 교리라는 거대한 무게에 눌려 괴로워하는, '교회 안의 여성들의 눈물'을 외면하는 것처럼 들린다. "교회 가서 '용서하라'는 설교 듣고 울고 왔어요. 저는 그 사람 용서 못해요", "저를 때리는 남편을 제 십자가로 생각하라는데 저는 예수님처럼 십자가를 지고 갈 수 없으니 나쁜 크리스찬이죠?" 하며 눈물을 흘리던, 내가 10년간 만났던 여성들의 얼굴을 기억하기에 더욱 그렇다. 이들의 마음에 한줄기 빛으로 다가갈 수 있는 그간의 여성신학의 연구를 교회에서 들을 수만 있다면 폭력 아래 신음하는 교회 여성들의 눈물을 씻는데 큰 공헌을 할 수 있다고 믿기에 필자는 교회 안에서 선포되는 여성신학의 형태인 '교회 친화적' 여성신학이 필요하다고 다시금 강조한다.

교회 친화적 여성신학의 예를 본 연구에서는 '인간 고통에 응답하시는 하나님'이라는 주제로 좁혀서 이에 관한 교회 친화적 여성신학의 형태를 1) 하나님 상징 확장시키기, 2) 삼위일체 다시 보기: 인간의 고통에 응답하고 만물을 살리는 삼위일체 하나님, 이 두 부분의 연구로 제안한다.

1. 하나님 상징 확장시키기(Expansive Language about God)

폭력을 경험하고 있는 여성들은 고통 속에서 하나님에 대한 탐색을 한다. 하나님이 왜 나를 고통 속에 내버려두는지, 이 하나님은 어떤 하나님인지. 그 상황 안에서 하나님과의 관계가 단절되는 경험을 할 수 있고, 때로는 '사랑의 하나님'이라는 하나님의 이미지를 받아들이기 어려울 수도 있다. 아동기 동안 신 표상이 어떻게 형성되고 전 생애에 걸쳐서 그 표상이 어떻게 수정되고 사용되는가, 즉 '살아있는 신의 탄생과 변화과정'에 관한 연구를 한 리주또Ana Maria Rizzuto는 인간의 개인적인 신神 표상이 형성되는 데 어릴 적 부모의 영향이 주는 중요성에 대해 언급한다. 어릴 적 부모와의 대상관계 경험이 자신도 모르는 사이에 신 이미지 형성에 본질적인 내용을 제공해준다는 것이다.[1]

기독교의 하나님은 남성 중심적 은유를 내포하고 있다. 성서와 그 후대의 잘 알려지지 않은 자료들에는 하나님의 신비에 대한 풍부한 명칭들이 있음에도 불구하고 널리 퍼져있는 기독교의 하나님은 남성 명칭으로 표현한다. 그 결과 그 밖의 많은 이름들은 곧잘 잊히거나 가려진다. 엘리자베스 존슨Elizabeth Johnson의 "하나님 상징은 힘을 발휘한다"(The symbol of God functions)[2]라는 한 줄의 말이 포함하고 있는

---

1 애너-마리아 리주토/이재훈 외 옮김, 『살아있는 신의 탄생: 정신분석학적 연구』(서울: 한국심리치 료연구소, 2000), 24.

2 엘리사벳 A. 존슨/함세웅 옮김, 『하느님의 백한 번째 이름: 하느님 신비에 관한 여성신학

많은 생각들을 굳이 풀어 설명하지 않더라도 가부장제 사회의 주된 하나님 이미지가 '남성'이고, '아버지'일 때 이것이 여성의 내면에 어떤 영향을 미칠 것인지 짐작해 볼 수 있을 것이다. 많은 한국교회 여성들에게 하나님은 아버지의 이미지를 가지고 있고, 때로 그 이미지는 무섭고, 권위적인, 나를 벌하는 이미지로 경험될 수 있다. 인터뷰 속에서 한 여성이 다음과 같은 이야기를 했다:

전 늘 하나님이 무섭고 두려웠어요. 어쩌다 교회를 한 번 빠지게 되면 전전긍긍 하는 마음이 들었고 그 다음 주 중 안 좋은 일이 생기면, 하나님이 어김없이 지난주 교회 안 간 벌을 주시는구나 생각했어요. 그런 식으로 생각했으니, 남편이 나를 때릴 때, '아 하나님이 나를 벌 주시는구나' 생각했고 어떻게든 이 벌을 잘 견뎌야 하나님 마음이 풀어질 것이라고 생각했어요.

자신의 고통을 과거의 잘못에 대한 벌이라고 여겨 그 벌을 잘 견뎌야 한다고 생각한다면 이것은 기독교 여성들을 가정 내에서 일어나는 폭력의 상황 속에 더 오래 머물게 하는 이유가 될 수 있다. 또한 자신의 아버지로부터 폭력을 경험한 여성 역시 하나님 이미지에 자신의 폭력적인 아버지가 겹쳐진다면 그 하나님을 멀리하게 될 수밖에 없게 되는 경우도 간과할 수 없다.

이에 대해 어떤 사람들은 자신들이 하나님을 아버지라고 부른다고 해서 그 외의 다른 상징들을 거부하는 것은 아니라고, 왜냐하면 하나님은 아버지라는 용어 하나에 제한되는 분이 아니시기 때문이라고 말할지도 모른다. 그런 사람들조차 하나님을 어머니라고 떠올려보자고

___
적 논의』 (서울: 바오로딸, 2000), 16.

하면 대개 난색을 표한다.

하나님을 어머니로 상징하는 노력은, 기존의 아버지 상징밖에 없었던 신 표상에 여성적 이미지를 소개한다는 데에는 큰 의미가 있으나, 자신의 어머니와의 관계가 갈등이 심했던 사람들, 자신의 어머니에게서 육체적, 정신적 폭력을 경험한 사람들에게는 역시 좋은 해결 방법이 되기는 어려웠다. 어머니 이미지는 어떤 사람에게는 편안하고 무한한 사랑을 주는 자비로운 어머니가 될 수도 있지만 어떤 사람들에게는 아버지 하나님이 무섭고 두려워 멀게 느껴지는 것과 똑같은 이유의 부작용을 낼 수가 있다. 즉 하나님을 어느 한쪽의 부모 상징으로 경험하는 것이 어떤 사람들에게는 매우 어려울 수 있다는 것이다. 메타포는 긍정적으로도 부정적으로 경험되기 때문이다.

한국교회에서의 하나님을 어머니 이미지로 떠올려 보는 것에 대한 큰 거부감을 잘 알고 있으며3, 그뿐 아니라 하나님 아버지 외의 다른 상징을 교회 안에서 소개하는 것조차 힘든 한국교회에 하나님 상징에 대한 "확장된 언어"(expansive language about God)4의 개념이 하나님의 다양한 이미지와 하나님을 부르는 많은 이름들을 조금 순화적으로 한국교회에 소개하는데 도움이 되지 않나 생각한다.

하나님 이미지가 주로 아버지인 문화 속에서, 하나님에 대한 여러 가지 모습의 상징들과 하나님을 부르는 다양한 이미지들을 새롭게 부각시키는데 여성신학은 많은 공헌과 노력을 해왔다. 또한 구약과 신약 성서 전통에는 이미 오래 전부터 다양한 상징으로서 하나님의 이미지

---

3 이에 대한 연구는 다음을 참조하라; 강남순, 『페미니즘과 기독교』 (서울: 대한기독교서회, 1998), 158.

4 영문 "expansive language about God"에 이미 통용되는 한국어 번역을 찾을 수 없어 필자 임의대로 "확장된 언어"라고 번역한 것을 양해 바란다.

들이 들어있었다. 문제는 성서 안의 그 풍부한 하나님 상징들이 실제로 교회에서 다양하게 소개되지 않는다는 것에 있다. 성서 안에 이미 존재하는 다양한 상징들을 교회와 신학교에서 다양하게 사용하게끔 하려는 시도의 일환으로, 그리고 하나님을 아버지로만 부르는 것이 교회 여성에게 미치는 영향에 대한 새로운 성찰을 불러오고자, 1970년대부터 미국 예배학 분야에서 여성신학자들이 하나님을 지칭하는 언어에 대한 제안으로 "non-sexist language", "성별중립적 언어gender-neutral", "gender-balanced", "남녀포괄적 언어inclusive language" 그리고 "해방적 언어emancipatory language"라는 용어들을 제시해왔고,5 "확장된 언어expansive language"라는 특정 용어는 1998년 미국 성공회교회Episcopal Church와 UCC교회United Church of Christ에서 사용된 것을 그 기원으로 한다.6 확장된 용어의 취지는 신과 인간을 부르는 상징적 언어를 가능하면 '확장expand'시키자는 것이다. "남녀포괄적인 용어inclusive language"는 남녀 모두를 위해 남성으로서의 하나님 용어 사용을 제한할 것을 의미하지만, "확장된 용어expansive language"는 어느 한 개의 상징이 하나님을 설명하기에 충분하지 않다는 것을 인정하여,7 하나님 상징에 남성적 상징을 포함, 여성적, 중성적 상징 등 가능한 한 많은 이미지와 상징을 불러올 것을 권장한다.8

---

5 Ruth Duck, *Because We Are One People* (Chicago: Ecumenical Women's Centers, 1974); Ruth Duck, *Bread for the Journey: Resources for Worship and Everflowing Streams: Songs for Worship* (Cleveland: The Pilgrim Press, 1981); Marjorie Procter-Smith, *In Her Own Rite: Constructing Feminist Liturgical Tradition* (Nashville: Abingdon Press, 1990).
6 When the ECUS published *Enriching our Worship* (New York: Church Publishing Co., 1998), 7-12.
7 Paul Powell, "Expansive Language: Beyond the Exclusively inclusive," *Liturgy* 17 (2002/2), 6.

샐리 맥페이그Sallie McFague는 신에 대해 오직 한가지의 이미지만 사용한다는 것이 우상숭배의 위험이 될 수 있음을 경고하면서, "어머니, 연인, 친구"로서의 하나님 이미지를 제안한 바 있다. 맥페이그는 "하나님에 대한 상징과 이미지들은 매우 중요한 것이기 때문에 만약 기독교인들에게 하나님 상징이 자신의 현실에 맞지 않는다면 그 상징들은 의미 없는 것으로 전락하게 된다"고 강조하며 많은 이미지와 상징들을 사용할 것을 촉구하였다.9

어떤 이들에게는 아버지 상징이 불편하니 꺼리고, 어떤 이들은 어머니 상징에 대한 반감이 있고, 이런 식으로 어떤 특정한 이미지들을 사용하지 말 것을 주장하며 제거하려 하는 것보다 차라리 수많은 이미지와 상징들을 다 초대해 불러 그 상징들이 개인에게 어떻게 작용할지 지켜보자는 것이 "확장된 언어"를 권장하는 이유라고 이해한다. 그 과정에서 사람들은 자신들한테 익숙하지 않은 혹은 불편한 상징도 만나게 될 것이다. 그것들을 너무 빨리 제거하는 것이 아니라, 그것을 다 포함해 부대끼는 과정을 개인과 교회공동체가 견뎌낼 수 있는 성숙함이 생긴다면 그것이 또 다양성이 주는 큰 선물이 될 것이라고 생각한다. 그렇게 되면 사람들은 각자 자기가 처한 환경 속에서 자신에게 힘과 위로를 주는 하나님 상징에 의지하지 않을까? 그 다양한 상징들 중 일부를 발췌하여 여기에 소개한다.10

---

8 Expansive language에 대한 자세한 내용은 다음을 참고: Ruth Duck, "Expansive language in the baptized community," in *Primary Sources of Liturgical Theology: A Reader*, ed. Dwight W. Vogel (Collegeville, MN: The Liturgical Press, 2000).
9 샐리 맥페이그/정애성 옮김, 『어머니 연인 친구』 (서울: 뜰밖, 2006).
10 위의 나오는 이름들은 다음의 두 자료에서 발췌되었다:
  Ruth Duck's Hymnal texts (http://www.ucc.org/assets/pdfs/duck.pdf);
  Maggi Dawn, "Naming God: Inclusive and Exclusive language," *The Marguand*

물Water, 빛Light, 바위Rock, 영Spirit, 위로자Comforter, 바람Wind, 숨결Breath, 구원자Savior/Redeemer, 친구Friend, 평화Peace, 창조자The Creator, 생명을 주신 분Giver of Life, 연인Lover, 은혜Grace, 치유자Healer, 치유의 영Healing Spirit, 산파Midwife, 부모Parent, 엄마 닭Mother hen, 소피아Sophia, 자애로운 아버지 Compassionate father, 살아있는 영Living Spirit, 사랑Love, 목자Shepherd, 도와주는 자Helper, 살림꾼Housekeeper, 정원사Gardener, 젖먹이는 엄마A mother who breastfeeds her children, 강한 타워Strong Tower, 방패Shield, 빵굽는 자A baker of bread, 지혜Wisdom, 듣는 자Listener, 불Fire, 옹호자Defender, 보호자Protector, 피난처Refugee, 보호소Shelter, 그녀She, 교사Teacher, 애매모호한 하나님 Ambiguous God, 영적 가이드Spirit-Guide, 언니의 지혜Sister Wisdom, 연민Divine Compassion, 어두움The Darkness.

많은 이미지를 초대해 실험하게 하는, 하나님 상징에 대한 "확장된 용어expansive language"는 개인이 자신의 삶과 신앙생활 속에서 가장 자신에게 '생명을 주는' 하나님의 이미지들을 진지하게 찾아가는 순례의 과정을 도와주는데 좋은 자원이 되리라고 생각한다. 한 예로 필자는 교회에서 워크샵 시간에 성서와 그 후대 전승 안에는 많은 하나님 이미지가 있다고 하면서 위의 이미지들을 보여주며, "여러분의 마음속에 다가오는 하나님 이미지를 몇 개만 말해 보실까요?"라고 질문했다. 많은 사람들이 '위로자', '보호자', '치유자', '창조자', '생명을 주신 분'의 상징을 좋아한다. 여신도들 중에는 의외로 나이에 상관없이 '언니의 지혜'가 마음에 든다고 하는 분들이 있었고, 현재 본인이 겪고 있는 고통을 출산의 고통이라 생각해 '산파' 하나님 이미지가 이 고통에서 해산케

도와줄 것 같아 선택했다는 사람들도 있었다. '연인' 하나님을 골랐던 한 여성분이 자신의 생각을 흥미롭게 설명했다. "'부모'로서의 하나님은 주로 자신이 일방적으로 받기만 하는 아이가 되는 느낌인데 '연인'이 되면 나도 그 사람을 위해서 많은 것을 해주고 싶어 하잖아요. 하나님이 원하시는, 하나님을 기쁘게 하는 일들을 더 적극적으로 하고 싶어질 것 같아서요. 부모님 이미지보다 훨씬 가깝기도 하구요." 연인 하나님이라는 상징을 소개한 샐리 맥페이그라는 여성신학자를 들어본 적도 없을 이 여성의 유사한 설명은 나를 놀라게 했다. 한 여성은 워크숍 후에 내게 다가와, "어릴 적 아버지의 폭력을 경험한 후 하나님을 아버지라고 부르는 교회를 다니며 나도 모르게 그 하나님을 부르지 않게 되었고 과연 이런 내가 기독교인이라고 말할 수 있을까?" 하며 교회와 멀어졌는데 하나님을 다른 이미지로 떠올려보라고 하니까 "이제 다시 한 번 하나님과의 관계를 시작할 수 있을 것 같다"고 이야기했다. '창조자 하나님'에 영감을 받아 "하나님이 나의 창조자이고 나는 하나님의 자녀인데 자녀로서 더 이상 폭력 아래 내 몸을 맡기지 않겠다"고 말한 여성분의 이야기는 잠시 주위를 숙연하게 만들었던 기억도 있다. 요약하자면, 하나님 상징들을 많이 소개해주면 사람들은 그 안에서 자기를 살리는 하나님 상징을 붙잡게 된다.

교회 안에서 대상이 남성이건 여성이건 필자가 '하나님 아버지' vs '하나님 어머니'로 이야기를 시작하면 벌써 반론과 거부감이 팽팽하게 전해지고 '아 저 목사는 굉장히 급진적인(?) 사람이구나' 하며 마음의 문을 미리 닫는 것을 많이 느꼈다. 반면에 많은 상징들을 먼저 소개한 후 '나에게 다가오는 하나님 상징'에 대해 설명하라고 하면 모두가 자신이 처한 상황 속에서 훌륭한 신학자가 되어 풍부한 설명을 하는 것을 체험할 수 있었다. 개인의 하나님 표상은 어릴 적 양육자의 이미지와 관련이 있지만, 이것은 성장 과정에서 만나는 사람들에 의해 변화될 수 있다. 삶의 과정에서 만나는 멘토, 상담자, 목회자등과의 관계를 통해 수정된, 그래서 더욱 풍부해진 하나님 상징은 한 개인의 치유 과정에도 연결될 수 있다.[11] "확장된 언어"로서의 하나님 상징들은 많은 사람들에게 현재 자신의 고통에 응답하는 하나님과 만날 수 있는, 다시 말해서 본 연구의 취지인 여성신학의 자원이 교회 안에서 실제로 사용될 수 있는 '교회 친화적' 여성신학의 중요한 자원이 될 것이라고 생각한다.

2. 삼위일체 다시 보기

1) 인간의 고통에 응답하시는 삼위일체 하나님

두 번째 '교회 친화적' 여성신학의 예는 삼위일체에 대한 폭넓은 해석을 제공하는 것이다. 이에 관해서 하나님을 삼위로 바라보는 것, 즉 삼위일체론이 인간 고통에 응답하려는 역동적인 하나님을 더 잘 표현한다는 여성신학적 선행연구들을 소개하려 한다.

오랫동안 삼위일체 이론은 아버지-아들-성령에 이르는 가부장적 종교의 기반을 이루는 교리로 취급되었고, 아버지-아들-성령의 관계가 기존의 남성과 여성의 종속적 위계질서를 정당화한다고 여겨졌기 때문에 여성신학에서 선호하지 않는 주제였다. 불행히도 위계와 종속

---

11 애너-마리아 리주토/이재훈 외 옮김, 『살아있는 신의 탄생: 정신분석학적 연구』, 379; Lallene J. Rector, "The Function of Early Selfobject Experiences in Gendered Representations of God," in *Basic Ideas Reconsidered: Progress in Self Psychology* 12, ed. Arnold Goldberg (Hillsdale, NJ: The Analytic Press, 1996), 250.

을 정당화하는 견해의 삼위일체 교리는 앞으로도 계속 존재할 것이라고 생각한다. 그렇다면 '여성신학에서 삼위일체는 포기 또는 폐기되어야 하는 걸까?'라는 질문이 생긴다. 그리고 다른 한편 그러한 이유로 삼위일체 연구를 꺼린다면 기존의 남성 하나님으로 상징되는 한 분의 아버지, 가부장 하나님은 교회 여성들에게 어떤 더 나은 영향을 미쳐왔는가 하는 의구심도 든다.

오랫동안 삼위일체에 대한 논쟁은 삼신론이나 종속론으로 비화되었고, 그래서 그 위계 안에서 성령 하나님의 위상은 과연 넘버 투냐 넘버 쓰리냐를 놓고 벌이는 지난한 논쟁이 되곤 했다. 아버지 하나님과 아들 예수, 즉 두 남성 사이에서 종종 마리아와 헷갈리는 인자한 어머니로 표현되는 여성이 되거나, 혹은 숨결, 바람 등으로 중성 또는 무성화되어 얼굴 없는faceless 이미지로 존재감 없이 '잊혀진 신forgotten God', 그것도 아니면 그냥 성화에 등장하는 한 마리 비둘기 신세로 전락하곤 했다. 이러한 상황에서 삼위일체에 대한 여성신학적 연구는 그동안 방치되었던 성령 하나님을 새롭게 조명하는 것과 밀접한 관계가 있다. 성서와 랍비 문헌에서 성령은 "끊임없이 말하고, 소리치고, 타이르며, 슬퍼하고, 눈물 흘리고 기뻐하고 괴로워하고 위로한다."[12] 존슨은 성령 하나님이 잊혀져가는 것은 세상에 대한 하나님의 사랑과 고난의 역사 가운데 개입하시는 하나님의 신비와 현존의 능력 역시 소홀히 여겨지는 것이라고 주장한다.[13]

여성신학자들은 삼위일체론의 '관계적'측면—위격들 사이의 역동

---

12 엘리사벳 A. 존슨/함세웅 옮김, 『하느님의 백한 번째 이름: 하느님 신비에 관한 여성신학적 논의』, 396.
13 앞의 책, 207.

적인 상호관계성—에 관심을 가진다. 이들의 연구에 따르면 관계성의 관점에서 바라본 삼위일체 하나님은 첫째, 인간의 고통에 보다 적극적으로 응답하며, 둘째, 악과 고통을 정의와 치유로 변화시키는데 인간의 적극적인 참여를 요구한다는 것이다. 이에 대해 세 명의 여성신학자 캐서린 라쿠나Catherine Mowry LaCugna, 엘리자베스 존슨Elizabeth A. Johnson 그리고 캐런 베이커-플러쳐Karen Baker-Fletcher의 연구를 간략히 살펴보겠다.

라쿠나는 삼위일체신학이 '탁월한 관계성의 신학'이라고 말하며 삼위로서의 하나님을 "우리를 위한 하나님God for us"라고 묘사한다. 삼위일체 하나님을 경험하는 것은 하나님과 피조물이 연합과 상호의존의 신비 안에 함께 존재하는 만남의 자리, 우리를 위한 하나님을 만나는 신비의 자리인 것이다.14 라쿠나는 8세기 그리스 신학자 성 요한 다마센John Damascene이 사용한 페리코레시스Perichörësis라는 개념이 가진, 세 위격 각각이 갖는 역동적이고 생명이 넘치는 특성에 주목하였다. "모든 신적 위격은 자신의 존재를 다른 존재로부터 취하고 있고, 스스로 안에 타자를 포함하면서 어쩔 수 없이 다른 위격에 쏠려 있으며, 동시에 다른 위격들 속으로 자아를 넘겨주고 있다."15

삼신론과 위격 사이의 종속론을 반박할 수 있는 페리코레시스의 모델은 하나님의 하나됨이 위격들의 다양성 곧 위격들의 참된 연합 안에 있으며, 세 위격이 서로 안에 상호 내재한다는 개념이다. 페리코레시스를 묘사하기 위해 여러 유비들이 그동안 사용되었다. 향이 어디서

---

14 캐서린 모리 라쿠나/이세형 옮김, 『우리를 위한 하나님: 삼위일체와 그리스도인의 삶』
　　(서울: 대한 기독교서회, 2008), 354.
15 앞의 책, 388.

시작되고 어디서 끝났는지 말할 수 없는 '허공에 뿌려진 향수의 유비', 어느 하나 없이 물체가 되는 것이 불가능한 '길이, 넓이, 높이를 가진 삼차원의 유비' 등이 사용되었지만, 비슷한 어원의 다른 동사들이 가진 의미 *perichoreo*(둘러싸다, to encompass)와 *perichoreuō*(춤추다, dance round)에 착안하여 여성신학자들은 삼위일체를 "하나님의 신성한 춤" (the divine dance)으로 묘사한다.[16]

상호활동과 교류를 통해 에워싸고 포용하고 확장하고 침투하는 하나의 흐름, 그 춤에는 오직 상호운동이 존재할 뿐 지도자가 없다. 춤으로 표현되는 새로운 삼위일체 연구의 공헌은 '위격들의 비종속화'이다. 아버지-아들-성령은 동일하게 하나님이라는 이유에서 동등하다. 춤으로 비유되는 삼위일체 이론은 인간의 동등성을 추구하는 여성신학자들에게 호소력을 가져다준다. 기존의 위계와 종속을 상징해 불편하게 여겨지던 삼위일체 개념을 연구하여 동등성과 상호관계성의 상징으로 새롭게 비추어 내는 것 또한 여성신학의 과제가 아닌가 생각해본다.

한국 사회에서 일어나는 고통 ─ 가난, 비정규직, 불평등, 가정 내에서 일어나는 여성과 아이들을 향한 여러 가지 종류의 폭력과 성폭력의 문제들을 포함한 사회적 문제와 개인적 고통. 이러한 고통 속에서 신음하는 사람들, 고통이 만연히 흐르는 세상에서 과연 인간만이 흐느끼고 신음하고 신은 이 고통에 관여하지 않을까? 고통과 하나님을 연결시킬 때 전통적인 신론은 고통을 '죄에 대한 벌'이라고 이해했기 때문에 위대한 하나님과 고통을 느끼는 하나님을 양립시키기 어려웠다. 그러나 하나님의 연민, 슬픔과 한탄은 성서에서 다양한 모습으로 나타난다. 성서에 나타난 하나님은 "원수들에게 억눌려 울부짖는 그들의 소

---

16 앞의 책, 389.

리를 들으시고 가엾게 생각하시는"(사사기 2:18) 분이시다.

삼위일체 하나님은 이 세상에서 일어나는 고통에 응답하는 하나님의 연민에 대해 새롭게 이해할 수 있도록 도와준다. 엘리자베스 존슨은 삼위일체 하나님을 "우리와 함께 고통받는 하나님"(The triune God is the one who suffers with us)이라고 정의한다. 십자가는 하나님이 이 세상의 고통에 참여하고 있다는 것이 드러난 구체적인 상징이다. 십자가 위에서 고통의 한가운데에서 예수님이 "주여, 어찌하여 나를 버리시나이까" 하며 몸부림쳤지만, 결국 그는 버림받지 않았고 폭력과 악을 이겨내고 부활했기 때문이다. 십자가에서의 죽음이 끝이 아니라 부활로 이끌어낸 십자가의 역동성, 고난에서 새 생명을 끌어내는 하나님의 연민과 사랑을 보여주는 십자가 사건은 가장 비참하고 비극적인 상황에서 고통 받는 세상과 연대하며 희망의 미래로 이끌어내는 하나님의 신비를 보여준다.

존슨은 삼위일체 하나님의 특징을 "생명을 일으키는 창조성, 정의에 대한 열정을 유발"하는 것으로 정의한다.[17] 고통 받는 하나님 상징이 도움이 될 수 있는 방법은 '하나님이 여기 고통 받는 이들과 연대함'을 알리는 것이다. 그 연민이 인간의 고통을 경감시켜주지는 않지만, 말로 표현할 수 없는 위로와 평안을 가져다준다. 이러한 공감과 연민은 단순히 인간을 그 고통 속에 무기력하게 머물도록 두는 것이 아니라 고통을 견디고 이겨내고 저항할 수 있는 힘을 불러 올 수도 있다. 불의로 인한 고통의 상황을 이겨내면서 다른 이들이 이러한 고통을 또 경험하지 않도록 함께 행동하는 것, 즉 하나님과 협력하여 하나님과 함께

---

17 엘리사벳 A. 존슨/함세웅 옮김, 『하느님의 백한 번째 이름: 하느님 신비에 관한 여성신학적 논의』, 242.

실천하는 것이다. 삼위일체 하나님은 고통에 함께 현존하며 대항하는 동지(The Trinitarian God as an ally against suffering)이다. 이 신비를 경험한 사람은 이 신비에 부합하는 실천을 해야 한다.

여성신학적 관점에서 인간의 고통에 응답하는 하나님에 대해 언급하는 것이 가지는 의의는 무엇일까? 이에 대한 대답은 '폭력이라는 악에 맞서는 저항을 불러올 수 있다는 것'이다. 하나님이 폭력으로 고통받는 여성들과 연대하고 있다면, 그 폭력에 저항하라는 부르심은 신앙의 바로 한 가운데서 생겨날 수 있다. 고통과 악의 신비에 대한 해결책은 없지만 여성의 인간 존엄성을 말살하는 악과 부정의에 맞서 극복하려는 활동에는 무한한 장이 펼쳐져 있다. 이런 목표를 향할 때, 연민에 가득 찬 강한 사랑을 지닌 하나님에 대해 말하는 것은 저항의 동지이자 희망의 샘이 될 것이다.[18] 이제 십자가에 대한 메시지는 "예수님처럼 십자가를 지십시오"라고 말하는 것에 그치지 말고, 더 나아가 고난을 당하는 여성들에게 "예수님처럼 부활하십시오"라고 선포되기를 바란다.

흑인여성신학자 캐런 베이커-플러쳐Karen Baker-Fletcher는 『하나님과 함께 춤추기 *Dancing with God: The Trinity from a Womanist Perspective*』라는 책에서 앞에서 논의된 두 가지 개념인 라쿠나가 중시했던 '관계성으로서의 삼위일체 하나님'과 존슨의 '인간의 고통에 연민을 보내는 삼위일체 하나님'의 개념을 아우른다. "악과 고통 속의 세상에서 하나님을 어떻게 이해해야 하는지, 그리고 인간은 고통을 어떻게 이해해야 하는지?" 신정론에 대한 그녀의 대안 역시 삼위일체 하나님이다. 플러쳐는 하나님이 이 세상의 악에 대해 응답하는 방식을 춤이라고 보았고, 삼위일체가 하는 일을 "신성한 춤", "치유의 춤"이라고 명명한다.[19] 관계

---

18 앞의 책, 402-404.

적 삼위의 춤을 통해 하나님은 피조물의 울부짖음을 경험하고, 응답하고 그 고통에 대한 비전과 용기를 제공하며 창조, 재창조 과정을 통해 만물을 새롭게 한다.

플러쳐는 치유와 부활healing and resurrection을 삼위일체의 신성한 춤의 중요한 속성으로 본다. 부활신앙은 파괴적인 힘과 악에 저항하는 용기의 근원이 된다. 역사 속에서 많은 여성들이 여성에게 가해지는 폭력에 저항해왔다. 이 여성들은 단순히 십자가를 지고 가는 여성들이 아니라 자기 십자가를 극복하려 하는 여성이다.[20] 삼위일체는 춤을 통하여 고통 받는 사람들에게 치유와 위로를 가져다주고, 고통에 저항할 수 있는 용기와 희망을 가져다주는 이 댄스에 인간도 동참할 것을 촉구한다.[21] 하나님의 형상을 따라 지음 받은 인간은 이 춤에 응답할 의무가 있다.

죽음의 세력으로 만연한 곳에서 삼위일체 하나님은 악에 저항하고 정의가 실현되고 만물이 새롭게 되는 방식으로 일하신다. 하나님은 세 가지의 각기 다른 독특한 움직임, 인격과 기능으로 피조물과 관계하신다. 삼위일체 존재론의 적용은 사색적인 것이 아니라 실천적인 것이다. 예컨대 하나님은 누구인가? 우리는 누구인가? 하나님을 가장 잘 닮아가는 삶을 위해 우리는 어떻게 살아야 하며 이웃과 어떤 관계를 가져야 하는가? 라쿠나, 존슨과 플러쳐 모두 삼위일체 하나님은 이 역동적인 각기 다른 세 위격의 움직임을 통해 희망과 저항의 정신을 불러오려 하고 인간에게도 참여와 응답을 요구한다고 하는 데 동의한다.

---

19 Karen Baker-Fletcher, *Dancing with God : The Trinity from a Womanist Perspective* (St. Louis: Chalice Press, 2006), xi.

20 앞의 책, 150-152.

21 앞의 책, 73-74.

삼위일체 하나님은 인간의 고통 안에 함께 존재하며 인간에게 힘과 용기를 주어 부정의에 항거함으로 그 고통을 변화시킬 것을 요구한다. 단순히 고통을 견디는 것을 거절하고 그 고통을 극복해 나감으로써 인간 역시 정의와 치유를 이루는 삼위일체 하나님이 하시는 일에 동참하게 되는 것이다. 이러한 삼위일체 하나님의 역할에 대한 새로운 이해는 교회로 하여금 고통당하는 많은 사람들에게 십자가를 지고 예수의 고난에 동참하라는 선포보다는, 고통을 극복하고 함께 부활로 나아가자는 힘의 자원이 될 수 있다고 여겨진다.

2) 만물을 살리시는 삼위일체 하나님

여기에서 필자는 조금 더 나아가 이러한 삼위일체 하나님의 역할을 '만물을 살림'이라고 칭하고 싶다. 존슨은 삼위일체의 능력을 생명력과 활력, 자신과 타인에게 자유와 힘을 갖게 하는 "신성한 힘divine power"으로 본다. 이것은 폭로하고, 각성시키며 생명을 양육하고 자율성과 우정을 가능하게 하는 힘이다. 또한 건설하고 개혁하며 함께 대항하여 싸우고, 사람을 변화시키고 서로 한데 묶어 세상과 결합시킨다.[22] 존슨의 글을 읽으며 나는 죽어가는 것을 살려내고 치유하는 것을 지칭하는 '살림'이라는 한국적 개념을 자연스럽게 떠올렸다.[23]

한국 사람들에게 '살림'이라는 것은 주로 여성이 집안에서 하는 가

---

22 엘리사벳 A. 존슨/함세웅 옮김, 『하느님의 백한 번째 이름: 하느님 신비에 관한 여성신학적 논의』, 400-401.

23 필자의 영문 저서에 이 개념이 더 자세히 설명되어 있다, James Poling and HeeSun Kim, *Korean Resources for Pastoral Theology: Dance of Han, Jeong and Salim* (Eugene, OR: Pickwick Publications, 2012), 94-111.

사 일을 지칭한다. 살림은 전업주부가 집안에서 하는 많은 일들을 지칭한다. '집에서 논다', '집에서 살림이나 해라!'라는 말이 가진 부정적 뉘앙스처럼, 많은 양의 집안일에도 불구하고 여성의 살림은 폄하되고 그 가치를 인정받지 못하고 있다. 삼위일체가 하는 역할 중 하나가 '살림'이라고 말할 때 그것이 자칫 필자의 논지의 본질에서 벗어나 여성들이 가부장제 사회 안에서 하던 일인 살림을 "그 일은 가치 있고 소중한 일이니 계속 살림을 하시오"로 다시 기정화essentialize할 위험이 있음을 필자는 알고 있다. 그러나 중요한 논지는, 본 연구의 취지가 기존의 하나님 상징들을 새롭게 보고 확장시키려는 노력을 했듯이 '살림의 의미' 역시 확장되어야 한다는 것이다. 여성이 늘 하던 일, 그 사적인 영역 속의 살림으로 여성을 다시 가두려는 것이 아니라 살림을 삼위일체 하나님이 지금도 하고 있는 일, 그렇기 때문에 신의 형상을 따라 창조된 여자와 남자, 인간이 해야 할 일로 확장시켜 보자는 것이다. 오랫동안 '살림'이라는 명사는 집안일과 동일시되었지만 살림이라는 명사를 살펴보면, '살리다'라는 동사와 관련되어 있다. 즉 죽어가는 것을 일으키고 망가진 것을 고치고 상처난 것을 치유하는 것, 그야말로 '살리는 것'이다. 시인 김지하로부터 출발해 이정배, 김성희, 정현경 등의 신학자들은 이 살림이라는 말이 가진 보다 큰 의미에 주목하였고 이를 각각 '살림운동', '살림 공동체로서의 교회', '살림의 해석학', '살림이스트'등의 개념을 통해 만물을 살리는 본래의 큰 의미로서의 '살림'을 조명하려 노력하였다.[24]

---

24 김지하, 『생명과 자치』 (서울: 솔, 1996); 이정배, 『한국적 생명신학』 (서울: 감리교 신학대학교, 1996); 현경, "살림이스트 선언," 『미래에서 온 편지』 (서울: 열림원, 2001), 236-240; Seong Hee Kim, "Reading the Bible from the Perspective of Korean Women," *EWHA Journal of Feminist Theology* 5, 2007.

정현경은 '살림이스트'라는 말을 만들어 이 살림이스트가 집에서 가정 일을 주업으로 하는 여성만을 일컫는 것이 아니라 "죽어가는 것들을 살아나게 하는 일을 하는 사람"이라고 정의하였다.

살림은 한국여성이 매일 하는 가정 일을 일컬음. 살림은 또한 망가지는 것을 고치는 것을 일컬음. 한국 사람들이 "저 여자 살림꾼이네"하고 말하면 그것은 그 여성이 모든 것을 살아나게 하는 기술, 예술, 전문성이 있음을 말함. 예를 들면 모든 사람을 배부르고 행복하게 먹이는 것, 가족의 평화, 건강, 풍요함을 끌어내는 것(이때의 가족은 모든 종류의 생명을 포용하는 큰 가족 개념을 의미), 아름다운 삶의 환경을 만드는 일 등.25

망가진 것들을 고치고 생명을 불어넣고 재활용하고 사람들을 서로 사랑하게 하고 서로 해치지 못하게 하고 더 나은 사회를 위하여 일하는 것, 그것을 '살림'이라고 한다면 그것은 삼위일체 하나님이 이 세상과 인간과의 관계 속에서 지금도 하고 있는 일, 그리고 여성과 남성이 모두 해야 하는 일이라고 말할 수 있다. 이러한 관점에서 만물을 살리시는 일을 하는 삼위일체 하나님이라는 말을 '살림하시는 삼위일체 하나님Salim Trinity'이라고 부르고 싶다.26

그렇기에 이 살림이라는 말이 더 이상 여성이 가정에서 하는 영역의 집안일만을 지칭해서는 안 된다. '살림'은 여성과 남성이 자신의 가정에서, 교회에서, 사회에서 전 지구적으로 죽어가는 것을 살려내고 부

---

25 현경, 『미래에서 온 편지』 (서울: 열림원, 2001), 232.
26 James Poling and Hee Sun Kim, *Korean Resources for Pastoral Theology*의 마지막 챕터에서 필자가 Salim Trinity라는 용어를 제안하였다.

정의를 바로잡고 상처를 치유하는 행위의 넓은 의미를 가진다. 실제로 한국의 일부 교회 여신도회에서 여성의 인권, 나아가 인간의 인권, 이 지구와 환경을 위해 공부하며 실천하는 넓은 의미의 살림운동을 위한 모임을 하고 있는 것으로 알고 있다. 한국 사회의 인권, 고용과 빈곤, 가정폭력과 성폭력, 아동학대, 인신매매, 세월호 희생자와 유가족, 위안부 할머니들, 탈북 새터민들과 난민들, 환경 문제 등등 교회 안의 여성과 남성이 모여 함께 해야 할 일들, 즉, 부서진 것들을 고치고 바로잡고 살려내고 더 나은 세상을 위해 노력하는 '살림운동'이 펼쳐질 주제는 너무나도 많다. 인간은 삼위일체 하나님이 지금도 하시는 이 '살림운동'에 동참해야 한다.

정리하자면, 삼위일체로서의 하나님은 인간의 고통에 공감적 연민으로 응답하시고 나아가 정의와 치유의 일에 인간이 함께 동참하기를 원하신다. 이 모든 삼위일체 하나님의 일을 필자는 "살리는 일-살림"으로 본다. 그래서 본 논의가 '지금까지 하던 집안일이 소중한 것이다. 혹은 교회에서 음식담당과 안내 등 한정된 역할의 일을 계속 하라'는 등 기존의 관행들을 지속하라는 뜻으로 악용되지 않기를 바란다. 제한된 의미로서의 '살림' 조차도 이제는 "삼위일체 하나님도 서로 살림을 나눠서 하시는데 그 중요한 살림을 남성도 같이 해야 한다. 우리 작은 살림도, 큰살림도 서로 도와가며 다 함께 하자"고 오히려 말할 수 있는 쪽으로 이 논의가 교회 여성들에게 도움이 되었으면 하는 바람이다.

III. 나가는 말

1970년대 후반부터 시작된 한국 여성신학. 오랜 세월의 노력과 학문적인 업적에도 불구하고도 한국교회 여성은 여성신학의 연구들을 잘 모르고 있다는 안타까운 현실에서 시작된 고민을 가지고 연구를 시작하여, 여성신학의 연구들이 교회에서 실제적으로 들려질 수 있는 한 예로 '교회친화적 여성신학'을 제시하였다. '인간 고통에 응답하는 하나님'이라는 주제 아래 교회에서 들을 수 있는 여성신학의 예로써 하나님에 대한 확장된 많은 상징들을 교회에서 사용하는 것(expansive language)과 삼위일체 하나님에 대한 보다 폭넓은 이해를 소개하였다. 이 두 가지의 여성신학 연구가 교회 안에서 선포된다면, "하나님 어디에 계십니까?" 하며 고통 속에 괴로워하는 한국교회 여성들의 기도와 눈물에 응답하는 하나님을 새롭게 만나는 신비를 더 많이 경험할 수 있을 것이라고 기대한다.

2015년 초 필자가 속한 교단의 양성평등협의회에 처음으로 참가했다. 주로 여성들인 목사, 전도사, 권사, 장로, 여신학생협의회 학생들이 모인 회의였다. 주제 강연 후 30분의 소그룹별 토론 시간이 있었는데 주로 교회에서 느낀 성차별의 경험을 나누다 끝나버리고 말았다. 한편 아득한 마음이 들었다. 15년 전 신학생일 때도, 10년 전 유학을 떠나기 전에도 너무나 익숙한 이야기들에 왠지 10년 후에도 여전히 비슷한 이야기를 하지 않을까라는 불안이 주는 예정된 무력감에 나는 모임 후 담당자 분들께, "중요한 토론에 겨우 30분의 짧은 시간을 준다면 결국 몇 년 후에도 같은 이야기를 반복하고 있을 것"이라고 건의 겸 항의를 하였다. "어떻게 한발자국 더 나아가 생산적인 대화와 결과를 만들어낼까?”, “무엇이 그것을 가능하게 할까?”라고 질문한다면 사실 답답하고 막막한 한국교회의 현실이다.

1세대 선배님들의 그간의 노력과, 희망과 절망, 분노와 애정이 모여 지금의 한국 여성신학이 있다고 생각한다. 여성신학과 교회 여성과의 거리를 좁히려는 노력은 포기하지 않아야 한다고, 막막함을 뚫고 계속 걸어가고 함께 협력하는 것이 결국은 방법이라고 나는 믿는다. 그러한 노력의 일환으로 한국 사회에서 일어나는 여러 가지 종류의 폭력이 가져오는 인간의 고통에 응답하는, 삼위일체 하나님을 포함한 다양한 하나님 상징들을 이 연구를 통해 소개했다.

앞서 소개된 다양한 하나님 상징들 중 하나가 우리들 누군가에게 인생의 어느 시점에서 큰 위로와 희망과 용기를 가져다 줄 수 있기를…. 그래서 고통에 역동적으로 응답하시고 인간에게 힘을 주고 격려하고 고통을 극복하게 하는 삼위일체 하나님의 신비를 체험한 인간이, 폭력이 난무하는 고통과 부정의의 현실에 정의를 가져오고 죽어가는 것들을 ‘살리시는’ 하나님의 사역에 동참하기를 소망한다. 그렇다면 예수의 십자가를 지고 고통의 무게에 눌려 괴로워하는 한국교회의 여성들이 죽음을 이기고, 폭력과 고통을 뚫고 나오는 생명과 살림의 세상을 꿈꿔볼 수 있을 것이다.

그대 지금 십자가를 지고 있다면, 이제 예수님을 따라 부활의 새 삶으로!

참고문헌

강남순. 『페미니즘과 기독교』. 서울: 대한기독교서회, 1998.

샐리 맥페이그/정애성 옮김. 『어머니 연인 친구』. 서울: 뜰밖, 2006.

애너-마리아 리주토/이재훈 외 옮김. 『살아있는 신의 탄생: 정신분석학적 연구』. 서울: 한국심리치료소연구소, 2000.

엘리사벳 A. 존슨/함세웅 옮김. 『하느님의 백한번째 이름: 하느님 신비에 관한 여성신학적 논의』. 서울: 바오로딸, 2000.

캐서린 모리 라쿠나/이세영 옮김. 『우리를 위한 하나님: 삼위일체와 그리스도인의 삶』. 서울: 대한기독교서회, 2008.

현경. 『미래에서 온 편지』. 서울: 열림원, 2001.

Dawn, Maggi. "Naming God: Inclusive and Exclusive language." *The Marguand Reader* 8, 2011.

Duck, Ruth. *Because We Are One People*. Chicago: Ecumenical Women's Centers, 1974.

______. *Bread for the Journey: Resources for Worship and Everflowing Streams: Songs for Worship*. Cleveland, OH: The Pilgrim Press, 1981.

______. "Expansive language in the baptized community." In *Primary Sources of Liturgical Theology: A Reader*, edited by Dwight W. Vogel. Collegeville, MN: The Liturgical Press, 2000, 286-294.

______. "Naming God: My Thirty-Year Journey." Worship Arts 48:1 (2002/9-10).

Poling, James, and HeeSun Kim. *Korean Resources for Pastoral Theology: Dance of Han, Jeong and Salim*. Eugene, OR: Pickwick Publications, 2012.

Karen Baker-Fletcher. *Dancing with God : The Trinity from a Womanist Perspective*. St. Louis: Chalice Press, 2006.

Powell, Paul. "Expansive Language: Beyond the Exclusively Inclusive." Liturgy 17(2002/2).

Rector, Lallene J. "The Function of Early Selfobject Experiences In Gendered Representations of God." In *Basic Ideas Reconsidered: Progress in Self Psychology* 12, edited by Arnold Goldberg. Hillsdale, NJ: The Analytic Press, 1996.

부모 상실을 경험한 아동을 위한 놀이치료 연구

박은정

I. 들어가는 말

2015년 12월, 한국 사회는 게임중독 아버지로부터 학대받은 여자 초등학생 이야기로 힘겨운 연말을 보냈다. 2016년 1월에는 아들을 폭행하고 시신을 유기한 아버지 사건과 딸의 시신을 미이라로 만든 아버지, 2월에는 7살 딸을 학대하여 암매장한 어머니 이야기로 한국 사회는 또 다시 충격에 빠졌다. 이들은 남아 있는 자녀에 대한 친권마저도 박탈당하고 남겨진 아이들은 아동보호기관에 맡겨졌다. 이처럼 아동 본인의 의지와 상관없이 갑자기 부모를 상실한 아동들은 그 상처와 슬픔을 어떻게 애도하고 남은 인생을 살아갈 수 있을까?

한국 문화는 가족 중심의 문화이기 때문에 '가문家門' 또는 '집안'이라는 단어에서처럼 집안에서의 폭력이나 학대로 자녀의 생존권이 위협받는 상황이 외부로부터 숨겨질 수 있다. 또한 사회적으로 자녀를 부모의 소유물로 여기고 부모에게 자녀의 생존권을 부여하는 것과 훈육이라는 이유로 체벌 및 물리적 힘을 허용하는 사회 풍토가 아동 학대를 묵인하거나 확대시킬 수 있다.[1] 이와 같이 부모가 자녀에게 물리적인 학대를 가하는 경우 외에도 부모의 자녀 방임, 이혼 등으로 인한 아동의 부모 상실 경험은 적절한 애도 돌봄을 받지 못할 경우 아동에게 지속적인 정신적, 정서적 어려움을 준다.[2] 또한 아동은 부모의 죽음, 이사, 괴롭힘, 질병, 아픔, 사고 등을 경험하면서 많은 스트레스와 긴장, 의심, 두려움, 상실, 상처, 악몽 속에서 심각한 위기의 삶을 살게 된다. 그러므로 아동이 삶 속에서 아무런 위기도 느끼지 못하며, 또는 위기를 느낀다고 하더라도 일시적으로 느낄 것이라는 어른 중심의 생각은 잘못된 판단이다.[3]

아동이 죽음이나 상실에 대해 이해하지 못할 것이라는 생각 또한 사실이 아니다. 아동의 이러한 상실 경험이 제대로 해소되지 않으면 심리적 '외상'이 되어 이후의 삶에 지속적인 영향을 미친다.[4] 쥬디스 스틸리온Judith Stillion과 하넬로어 웨이스Hannelore Wass는 어린이들의 죽음에 대한 개념은 부모를 비롯한 주변 사람들의 자세에 의존된다고 밝혔다.[5] 또한 릴리 핀커스Lily Pincus도 생존해 있는 부모나 친지들의 사별에 대한 태도가 어린 자녀에게 사별에 대한 대처 능력을 갖게 하는 데 필연적인 영향을 끼친다는 사실을 염두에 둬야 한다고 하였다.[6] 따라서

---

1 이소희·도미향·김민정·서우경, 『그것은 아동 학대에요』 (서울: 동문사, 2002), 89-103.
2 김유숙, "부모와의 이별이 아동의 정서 발달에 미치는 영향," 「여성연구논총」 28(2013), 2-5.
3 강문희·장연집·정정옥, 『아동정신건강』 (서울: 정민사, 1998), 243.
4 최선재·안현의, "상실 경험의 의미 재구성과 심리적 적응의 관계," 「상담학 연구」 14(2013), 323-341.
5 Judith Stillion · Hannelore Wass, "Resources for Ministry" in *Death and Dying*, eds. Larry A. Plat · Rogers G. Branch (Nashville, TN: Broadman, 1980), 55.

아동에게 부모 상실의 두려움은 생존해 있는 부모나 친지 등의 적절한 애도 돌봄을 받지 못할 경우 평생 상처로 남을 수 있다. 그러나 남겨진 부모나 친지들조차 이들을 돌볼 수 없는 환경이라면 이들은 어떻게 부모 상실의 슬픔을 애도할 수 있을까?

본 연구는 부모 상실을 경험한 아동들이 어른처럼 언어로만 진행되는 면접상담의 도움만으로는 그 슬픔을 충분히 드러낼 수 없다고 전제하고 아동은 그들의 언어인 놀이를 통하여 상실의 슬픔을 마음껏 표현할 수 있다고 제안한다. 이를 위해 먼저 상실을 경험한 아동에 관한 심리학적 이해를 고찰하고 이어서 연구자가 직접 상담한 상실을 경험한 여아 사례를 분석한다. 이를 토대로 다음 장에서는 여성신학적 놀이 목회상담의 시도로써 '한-여성-놀이로서 성서 읽기'를 소개하고 이를 아동 놀이 목회 상담의 자원으로 소개해보려 한다.

II. 상실을 경험한 아동에 관한 심리학적 이해

사전적인 의미로 아동기는 "사람의 개체 발달의 한 시기로서 어린 이인 시기이며 보통 유아기 이후 청년기 이전 만 5~6세에서 만 12~ 14세까지의 시기"를 의미한다.[7] 발달심리학에서는 만 6세부터 만 11세까지의 초등학교에 다니는 시기를 아동기라고 한다. 이때는 아동 생활의 중심이 가정에서 학교로 옮겨감에 따라 학교생활, 즉 사회생활이 중요한 역할을 하게 된다. 공동체 생활을 통해 아동은 많은 사회적 관

---

6 릴리 핀커스/이인복 옮김, 『죽는 이와 남는 이를 위하여』 (서울: 홍익제, 1979), 210.
7 두산동아 사서편집국, 『동아 새국어사전』 (서울: 두산동아, 2012), 1509.

계를 형성하게 되며, 또래 집단의 비중이 점차 커지게 되므로 이 시기를 학동기 또는 도당기gang age라고 표현하기도 한다.8 본 연구에서는 만 6세에서 만 11세까지 초등학교에 다니는 시기를 아동기로 정의하고 연구의 주 대상자로 하였다.

성장발달상 아동 시기는 긍정적인 자아개념을 가지고 스스로에게 가치를 부여하는 데 중요한 영향을 끼치는 시기이다.9 이때 가족은 아동이 긍정적인 자아 존중감을 고양할 수 있도록 안전기지secure base가 되어주어야 한다. 그러나 가족이 오히려 아동을 소외하고 방치하는 사례들을 임상 현장에서 종종 만나게 된다. 이러한 아동들의 상실 경험은 그들의 인간관계를 평생 동안 힘들게 할 수도 있다. 그렇다면 특히 사랑하는 부모로부터 방치되어 버림받았다는 상실감이란 심리학적으로 무엇을 의미하는가?

퀴블러 로스Kubler Ross는 아동에게 있어서 부모로부터의 버림받음이란 죽음과도 같은 심리적 불안을 야기할 수 있다고 하였다. 그는 죽음의 불안이 항상 인간 곁에 있어 왔고, 앞으로도 이것은 인간에게 가장 위협적인 존재로서 인간을 불안에 떨도록 할 것이며 인간의 삶에 있어서 가장 큰 위기로 다가와서 항상 인간을 불편하게 만들 것이라고 하였다.10 아동은 부모로부터 격리되어 방치될 때에 죽음의 불안과 극심한 상실감을 겪는다.11 아동에게 부모로부터 멀어졌다는 상실감은 아동으로 하여금 본인의 잘못이나 단점 때문에 부모가 자신을 버렸을지도

---

8 정옥분, 『발달심리학: 전생애 인간발달』(서울: 학지사, 2004), 335-336.
9 성경미 외, 『인간성장과 발달』(서울: 고문사, 2015), 139.
10 Kubler Ross, *Death: The Final Stage of Growth* (New York: Touchstone, 1975), 1.
11 조디 J. 피오리니 · 조디 A. 퓰렌/하정희 옮김, 『슬픔과 상실을 겪은 아동·청소년 상담 및 사례』(서울: 학지사, 2014), 4.

모른다는 죄책감을 지니게 한다. 따라서 아동이 부모와 신체적으로나 심리적으로 이별하여 상실감을 지니게 된 경우, 애도와 돌봄은 필수적으로 겪어야 할 과정이다.

최근 부모의 별거나 이혼, 또는 사별의 상실감을 경험한 아동들이 정신적 어려움을 호소하며 보호자와 함께 병원이나 상담 기관을 찾는 사례가 늘어나고 있다. 특히 부모의 방임으로 인한 아동의 상실 경험은 적절한 애도 돌봄을 받지 못할 경우 아동에게 지속적인 정신적, 정서적 어려움을 준다.[12] 대상관계 심리학자 마가렛 말러Margaret S. Mahler는 유아가 안정적으로 발달해가기 위해서 부모의 사랑과 양질의 돌봄이 제공되어야 한다고 하였다. 부모 돌봄의 질이 좋으면 좋은 대상의 내재화와 보상이 이뤄지고 이로 인해 좋은 대상을 상실하는 것에 대한 불안을 누그러뜨릴 수 있다. 부모의 돌봄을 통해 주어지는 긍정적 경험이 충분하지 않으면 유아의 정서조직은 우울적 자리에서 고착되고 병리적 결과를 가져올 수 있다.[13] 따라서 상실을 경험한 아동이 치유되려면 좋은 대상으로부터 정기적으로 일정 기간 동안 따뜻한 돌봄을 받는 것이 가장 중요하다. 따뜻한 돌봄은 아동으로 하여금 자신에게 상처를 준 상실 대상이 좋은 면과 나쁜 점을 모두 포함한 전체 대상이라는 현실을 받아들이고 통합적인 자리로 나아가도록 도와주는 치유 과정이 될 수 있다.

존 보울비John Bowlby는 아동의 상실 경험을 비탄mourning으로 간주했기 때문에, 그의 가설은 매우 중요한 의미가 있다. 그는 떠나간 부모가

---

12 김유숙, "부모와의 이별이 아동의 정서 발달에 미치는 영향," 「여성연구논총」 28 (2013): 2-5.

13 프랭크 써머즈/이재훈 옮김, 『대상관계 이론과 정신병리학』 (서울: 한국심리치료연구소, 2004), 135-136.

돌아올 것을 갈망하는 아동은 떠난 사람을 비난하면서 슬퍼하는 성인의 측면과 비교하여 볼 때 상실감으로 인한 저항의 연장으로 볼 수 있다.[14] 본 논문의 처음에 언급하였던 아들 시신 유기 사건의 아버지도 경찰 조사에서 자신이 부모로부터 학대당하였음을 언급하였다. 그러나 본인이 학대당한 경험을 가지고 있다고 하여 모든 부모가 자신의 자녀를 학대하지는 않으며, 오히려 자녀를 더 아끼고 사랑하는 부모도 있다. 이들은 그 부모로부터 학대를 당하였을지라도 자라는 동안 따뜻한 스승, 이웃, 공동체와의 안정애착 재경험을 통해 자녀들에게 학대가 대물림되지 않도록 치유된 경우이다. 따라서 상처의 대물림을 막기 위해서라도 부모 상실을 경험한 아동의 치유는 꼭 필요한 과정이다. 다음은 상실을 경험한 아동을 연구자가 직접 놀이치료 한 사례를 소개하고 해석함으로써 놀이치료의 효과와 의의에 대하여 고찰해 본다.

III. 부모 상실을 경험한 아동의 놀이치료 사례 연구

아동에 관한 연구는 사례 제시를 통해 실제 상황 속에서 판단의 근거가 되고 도움이 될 원칙과 자료들이 필수적으로 제공되어야 한다.[15] 따라서 이 사례는 상실을 경험한 아동의 놀이치료를 통한 치유 경험의 실제 사례로써 제시되었다. 본 사례는 영아기부터 부모와 떨어져 10년간 할머니와 지냈던 11세 여자 아동 사례로, 아동이 학교와 교회에서

---

14 하버트 앤더슨 & 케네스 미첼/김형준·윤혜원 옮김, 『상실과 슬픔의 치유』 (서울: 상담과 치유, 2004), 26.
15 이세원, "아동보호전문기관 사회복지사로 윤리적 딜레마와 의사결정에 관한 연구," 육아정책계발센터, 「한국 사회복지학」 60(2008), 53-76.

교우관계에 문제가 생기자 아동의 부모가 아동을 상담실에 데리고 와
서 시작된 20회기 놀이치료 사례이다.

1. 사례 개념화

	내담 아동	가족관계	종교	부모 부재 상실 기간	상담 회기
	여자 아동(만 11세)	부모, 남동생	기독교	부모 부재 11년	20회기
호소 문제	부모에게 반항하고 친구들과 잘 어울리지 못하며 동생과 자주 싸움				
문제 배경	11년간 부모와 떨어져 살던 아동이 학교와 교회에서 대인관계 부적응과 주의산만 문제를 보여 선생님들의 권유로 놀이치료를 시작함				
정서 상태	소아 우울감, 불안감정, 산만함, 분노				

　　내담자는 놀이치료를 받을 당시 초등학교 5학년(만 11세) 여학생으
로 또래보다 작은 키에 마른 체형이고 긴 머리를 풀고 다니며, 세탁되
지 않은 옷을 계속 입고 다니는 것으로 보아 적절한 돌봄을 받지 못하
고 있는 것으로 보였다. 내담자는 부모와 떨어져 지낸 11년 동안 따뜻
한 애착 경험을 거의 받아보지 못하고 지냈다. 그러던 중 아동이 교회
와 학교 친구들로부터 왕따를 당하였으나 사역자와 교회 선생님들이
아동을 도와주지 못하고 문제가 심각해져 부모에게로 보내졌다. 이때
부모는 아동의 남동생을 늦둥이로 10년 만에 낳고 강한 애착을 느껴
부모 역할이 어떤 것인지 처음으로 느낀 후 할머니에게 맡겨놓은 딸을
다시 데려왔다. 아동이 부모와 함께 새로 다니게 된 교회 전도사님과
선생님이 아동을 지도해보니 분노 문제와 친구 관계 문제가 심각하여
부모에게 전문상담을 받아 볼 것을 권유하여 놀이치료를 시작하게 되

었다. 아동에게 실시된 놀이치료 회기는 총 20회로 주 1회 45분씩 이루어졌고 중간에 부모 상담은 한 달에 한 번씩 총 5회 1시간씩 실시하였다.

목표	— 아동과 놀이치료사의 반영적인 상호작용을 통한 안정애착 형성 — 아동의 부모부재로 인한 상실감과 상처를 놀이를 통해 표현하고 애도함 — 부모교육을 통해 아동과 부모의 안정애착을 돕고 아동이 신뢰할 수 있는 대인관계를 맺을 수 있도록 함
내담자의 자원	— 아동의 자원: 아동은 기질이 밝고 에너지가 있음. 가족, 학교, 교회에서 만나는 선생님, 친구들과 잘 지내고 싶어 하는 욕구가 많고 이를 위해 본인 스스로도 변화되고자 하는 의지가 있음 — 가족적 자원: 아동과의 건강한 관계회복을 적극적으로 원하는 부모의 태도 — 심리사회적 자원: 아동 부모에게 전문놀이치료 상담을 권유한 교회학교 담임선생님과 교회 친구들, 학교 담임 선생님의 섬세한 돌봄과 격려가 아동의 부적응행동을 나아지도록 기여할 것으로 보임
전략	— 내담 아동에 대한 무조건적 공감과 수용, 격려와 반영하기 — 아동의 상실감과 상처를 모래놀이치료를 통해 모래상자에 표현하고 애도하기 — 게임 놀이치료를 통한 상호작용을 통해 아동의 대인관계 능력 향상시키기

아동과의 상담은 놀잇감을 이용한 놀이치료와 보드게임을 이용한 게임 놀이치료, 모래놀이치료로 진행되었다.[16] 아동은 어릴 적 아버지와 어머니의 어려운 경제 사정 때문에 시골에 있는 할머니께 맡겨져 명절 외에는 부모님을 만나지 못했다. 따라서 아동은 안정 애착 대상을 상실한 상태였다. 아동은 회기가 지날수록 눈 마주침이 자연스럽고 치료자를 끌어안는 등 친근한 모습을 보였다. 3회기부터는 몸을 깨끗이 씻고 인상이 밝아짐을 관찰할 수 있었다. 아동의 어머니는 스무 살

---

16 이숙·최정미·김수미, 『현장중심 놀이치료』 (서울: 학지사, 2002), 81.

나이에 아동을 낳았는데 아동의 아버지가 아동을 시어머니께 맡겨 키
우게 하자고 주장하여 떨어뜨려 놓을 수밖에 없었다. 아동의 어머니는
생업 전선에 있으면서 딸과 안정애착 관계를 맺지 못한 것에 대해 죄책
감을 많이 느끼고 부모 상담 시에 자주 눈물을 보였다.

2. 심리검사 결과[17]

아동의 심리검사는 과거와 현재의 양육 상황에 대한 전반적인 질문
지와 아동 놀이평가 그리고 지능검사와 사회성 검사, 투사검사 등을
함께 실시하여 종합적인 해석을 하여야 한다. 위 아동의 경우에도 종
합적인 심리검사를 통하여 아동의 놀이치료 시작 당시 아동의 전반적
인 심리 정서적 상황에 대하여 파악하였다. 여러 심리 검사들 가운데
그림투사검사 결과 내용을 보면 심리적이고 물리적인 부모 부재와 안
정애착 미형성, 친구들의 따돌림으로부터 받은 아동의 상처를 짐작할
수 있다.[18] 아동은 그림투사 검사를 통해 안정애착 대상을 상실한 내면

---

17 신민섭 외 서울대학교 어린이 병원 소아청소년 심리 학습 평가실, 『그림을 통한 아동의
　　진단과 이해』(서울: 학지사, 2006), 81.
18 J. N. Buck(1948)은 '집-나무-사람' 검사(House-Tree-Person Test: HTP)를 개발
　　하였다. 집-나무-사람을 소재로 삼은 이유에 대해서는 모든 연령층이 누구나 친숙하
　　고 쉽게 그릴 수 있으며, 무의식적 측면을 반영하는 상징성이 풍부한 소재이기 때문이
　　라고 설명하였다. R. C. Burns와 S. H. Kaufman(1970)은 '운동성 가족화' 검사
　　(Kinetic Family Drawing: KFD)를 발전시켰다. 아동의 자아-개념과 다른 사람과의
　　상호작용 및 공감 능력의 발달에 영향을 미치는 것이 바로 가족이므로, 아동의 문제는
　　가족과 분리시켜서는 이해할 수 없다고 해도 과언이 아니다. 아동이 보이는 문제의 원
　　인을 이해하는 데 매우 중요한 환경적 요인이 가족이므로 KFD를 통해서 아동이 가족
　　내에서 자신을 어떻게 지각하고 있고, 가족 관계나 환경을 어떻게 지각하고 있는지에
　　대한 정보를 얻을 수 있다. KSD는 내담자가 속해 있는 사회, 즉 아동에게는 학교, 성인
　　에게는 일 하는 곳에서 자신을 어떻게 지각하고 환경을 어떻게 지각하는지에 대한 정보

[그림 1] 집(house)

의 상처를 솔직하게 표현하였다. '집' 그림은 전반적으로 아동의 가정 생활과 가족 간의 관계에 관한 인상을 반영하였다. 예를 들어 굴뚝에서 짙은 연기가 뿜어져 나오는 집을 그린 피검자는 현재 집안의 거친 정서적 분위기와 갈등 상황을 표현한 것으로 생각할 수 있었다.[19] 집 그림에 손잡이가 없는 것은 다른 이들이 그녀의 공간에 들어오는 것에 대한 저항감을 반영할 수도 있다.[20] 검게 색칠하여 진 창문은 외부와 소통이 자유롭지 않았던 할머니와의 생활이 드러나고 외양간 말을 타고 언제든지 탈출하고 싶어 한다는 아동의 이야기를 통해 부모에게로 늘 찾아가고 싶었던 삶이었음을 알 수 있었다.

를 알 수 있다. HTP와 KFD, KSD는 아동의 내면세계나 정서 상태에 대한 풍부한 가설적 정보를 제공해주기는 하나, 엄밀한 의미에서 공식적인 심리검사(formal psychological test)는 아니며, 때론 소망 충족적인 공상이나 욕구가 표현되기도 하므로 현실과는 다를 수 있음도 유념해야 한다. 따라서 HTP와 KFD, KSD 같은 그림검사에서 얻은 단서에 입각해서 아동의 문제에 대한 맹목적인 추론이나 결론을 내려서는 안 되며, 반드시 아동이 그린 그림에 대한 질문(post-drawing inquiry)을 통해 부가 정보를 얻는 게 중요하다. 김현주·김혜숙·박숙희, 『심리검사의 이해』 (서울: 교육과학사, 2009), 175-177.

19 최정윤, 『심리검사의 이해』 (서울: 시그마프레스, 2012), 177.

20 로버트 번스/김상식 옮김, 『동적 집-나무-사람 그림검사』 (서울: 하나의학사, 2001), 35.

[그림 2] 나무(tree)

[그림 3] 여자 사람(female)

 '나무'나 '사람' 그림은 주로 성격의 핵심적인 갈등 및 방어에 대한 정보를 제공해 준다. '사람' 그림이 보다 의식적인 측면을 반영하는 반면, '나무' 그림은 더 깊고 무의식적인 감정을 반영해 준다. '나무' 그림은 자기 노출을 하는데 대한 불편감이 덜하여 방어의 필요성을 약화시키기 때문에, 보다 심층적이면서 겉으로 드러내어 표현하는 것이 '금지된' 감정을 자연스럽게 투사하기 쉽게 된다.[21] 아동이 그린 나무는 주름이 많고 얇은 가지들이 많다. 이러한 나무는 가족, 즉 부모에 의해 길러지기를 기대하고 있는 자아를 표현하기도 한다.[22] 그녀는 이 나무가 느티나무이고 60살이며 껍질이 쭈글쭈글한 모양이라고 했다. 그리고 가지가 많아서 새들이 앉으면 아프고 찔린다고 하였다. 이 나무는 다람쥐들과 새들이 잘 놀러오지 않는 나무인데 그 이유는 찾아와도 앉아서 놀 곳이 없기 때문이라고 했다. 세균이 나무의 몸을 갉아먹어서 썩어가고 있기 때문에 아동도 마음이 아프고 슬프다고 하였다. 또 이

---

21 최정윤, 『심리검사의 이해』, 177.
22 로버트 번스/김상식 옮김, 『동적 집-나무-사람 그림검사』, 56.

나무는 비가 많이 오고 폭풍이 불 때 잘 버티지 못한다고 하였다. 나무 그림은 아동이 가장 오랜 세월 함께 시간을 보낸 할머니를 투사하고 자아대상으로 여기고 있다고 해석할 수 있겠다. 위 나무는 아동이 이 야기한 것처럼 다람쥐와 새들이 잘 놀러오지 않는 나무로서 아동이 친구관계에서 어려움을 겪고 있다고 보고된 것과 연관된다. 또한 아동은 나무가 폭풍우에도 잘 견디지 못할 것 같다고 하였다. 이는 아동이 힘들고 어려웠던 시기에 받았던 돌봄 경험의 부족으로 앞으로 다가올지도 모를 어려움에 대해서도 견뎌 낼 자신이 없음을 보여준다.

'사람' 그림검사는 기본적으로 자기 개념self-concept이나 신체 심상body-image을 나타낸다고 볼 수 있으나, 때로는 상황에 따른 태도나 정서가 나타나기도 한다.[23] 아동이 그린 여자사람은 머리를 먼저 그린 후 몸은 도저히 그릴 수가 없다고 하며 계속 지우개로 몸을 지웠다. 그림 속 여자아이는 5살이라고 하였다. 아빠는 매일 집에 늦게 들어와서 아동과는 이야기도 안하고 눈도 안 마주치고 놀아주지도 않고 동생만 예뻐해서 싫다고 하였다. 또 아동은 피아노 선생님이 되는 것이 꿈이라고 하였다. 아동은 그림 속 여자아이의 몸을 그려보려 노력했지만 결국 그리지 못하고 말았다. 이는 본인의 몸에 대하여 긍정적인 반영을 받아 본 경험이 많지 않고 자기 효능감도 떨어진다는 것을 알 수 있다. 그림검사에서는 전반적으로 아동의 상실감과 외로움, 우울감이 그대로 나타났다. 아동의 주 호소 문제에서도 학업부진, 친구들로부터의 왕따 문제, 집중력 장애와 충동조절의 곤란, 공격성의 증가와 불면증의 증가로 인한 소아 우울증이 의심되어 치료받기를 원하고 있었다.

특히, 여자 사람 그림에서 머리만 그리고 몸을 그리지 못한 것은 여

---

23 앞의 책.

성에 대한 부정적인 자아상을 나타낸다고도 볼 수 있다. 아동은 어머니를 그리워하였으나 어머니를 자주 볼 수 없어서 이상화 대상을 잃었다. 그리고 함께 사는 할머니와의 경험도 긍정적이지 않았음을 여자 사람 그림과 놀이치료 과정을 통하여 알 수 있었다. 아동이 가족화를 그리지 못한 것도 할머니와의 삶에서 부모, 동생과의 삶으로 전환하는 시기에 어느 가족을 그려야 할지 혼란스러워하는 모습을 볼 수 있었다. 또 사회화에서는 친구들에게 왕따를 당하고 있는 상황에서 친구들이 자신의 이야기를 들어주지 않기에 말풍선 속의 말 내용을 직접 써서 전달하고 있음이 안타깝고 특징적이었다. 학교화에서의 장면은 친구들과 함께 어젯밤 TV에서 본 것을 이야기하고 있는 중이라고 하였다. 아동은 친구들과 학교에서 이야기를 많이 나누고 싶다고 하였다. 친구들과 친밀하고 다정하게 지내고 싶어 하는 아동의 열망이 그림에서 말풍선을 그려 말을 하고 있는 묘사에서 드러났다.

내담 아동은 그림검사 내내 선을 많이 그리고 지우는 모습 속에서 내면의 갈등이 복잡함을 표현하였다.

[그림 4] 학교화(KSD)

3. 놀이치료 과정

아동의 상담 초기 과정은 1회기에서 5회기까지로 진행되었다. 놀이치료 초기 단계에서 보이는 아동의 모습은 칼프가 제시하는 모래놀이치료의 첫 번째 단계에 적용된다. 칼프는 모래놀이 발달과정에서 첫 번째 단계를 동식물의 단계라 하였는데, 이는 모아 단일체의 상태로서 자기와 타인에 대한 인식이 없이 어머니와 무의식적으로 뒤섞여 있는 상태를 의미한다.[24] 이러한 초기 관계는 추후 세상의 모든 관계 형성에 기초가 되는데, 대부분의 사람들은 초기관계의 결핍에서 오는 작고 큰 상처를 가지고 있으며 이는 모래놀이 상황에 출현된다. 칼프는 이를 모래놀이에 적용시켜 모래놀이 상황 초기에 모와의 단일체적 특성이 나타나는 것을 보고 이를 동식물의 단계라고 명명하였다. 이는 초기관계 시기에 모와의 관계가 다소 불충분하더라도 나무, 정원 등 대지와 관련된 모성적 특성에 의해 긍정적 영향을 받을 수 있다는 노이만의 주장에 근거한 것이다.[25]

칼프의 첫 번째 단계가 모자 단일체적 특성을 나타낸다고 하는 것은 말러가 이야기하는 유아와 어머니의 공생관계와 유사하다. 이처럼 생애초기에 상실을 경험한 아동은 심리적 대리모라고 할 수 있는 놀이치료사와 상담 초기에 심리적 공생 단계를 경험한다.[26] 공생 단계에서 어머니를 향한 유아의 욕구는 절대적이다. 상실 아동의 놀이치료를 통한 치유 초기 단계에서 아동은 놀이치료사와의 상담을 통해 '나'와 '나

---

24 김보애, 『모래놀이치료의 이론과 실제』 (서울: 학지사, 2003), 43-45.
25 앞의 책.
26 존 패턴/장성식 옮김, 『목회적 돌봄과 상황』 (서울: 은성, 2000), 176.

아닌 것'을 건강하게 구분할 수 있게 된다. 말러는 이처럼 대리모와의 공생적인 일치를 재구성할 수 있는 아동들은 그렇게 하지 못하는 아이들보다 이후 삶에서 더 개체화individuation를 향해 잘 나아갈 수 있다고 언급한다. 본 연구의 여자 사례 아동은 치료 초기에 치료사와 공생 관계처럼 함께 심리적으로 호흡하며 안전감을 느끼는 가운데 주로 모래놀이치료에서의 모래상자꾸미기를 진행하였다. 이러한 과정은 아동에 대한 치료자의 긍정적인 반영과 격려로 가능하며 아동이 새로운 애착 형성을 경험해가는 시기였다.

심리검사 다음 회기에 치료실에 들어온 아동은 지난 시간보다는 더 편해진 모습으로 치료자와 대화하며 모래상자를 꾸몄다. 아동과 치료사의 대화 내용은 다음과 같았다. "오늘은 지난 시간처럼 그림 그리는 거에요?" 하고 물었다. 치료자가 "오늘은 네가 하고 싶은 것을 할 거야"라고 했더니 "우와, 신난다. 그런데 지난 시간 그림 그릴 때 저 너무 못 그렸죠?" 하고 물어왔다. 그래서 치료자가 "그 그림들은 잘 그리고 못 그리는 것을 알아보려는 것이 아니라 그냥 네 마음을 표현해보라고 그린 그림들이야"라고 대답하였다. 이 대답을 들은 아동은 안심하는 듯 "그렇구나!" 하고는 모래를 계속 만지면서 "여기다가 옆에 있는 장난감들 가져다 놔도 된다고 하셨죠?" 하고 묻고는 바로 장난감 피규어figure들을 모래상자에 옮겨놓으면서 모래놀이치료를 시작했다.

아동이 직접 표현한 모래상자 [사진 1]은 마을이고, 다리 위쪽에는 금 거북이 네 식구가 강에서 헤엄치고 있고, 다리 아래쪽에서는 동네 사람들이 구경을 하고 있다. 아래로는 바닷가 모래사장에 차들이 주차되어 있다. 모래를 여러 번 만지고 덮었다가 갈랐다가 하며, 마을 사람들의 위치와 가운데 있는 강아지 두 마리 위치도 여러 번 자리를 바꾸

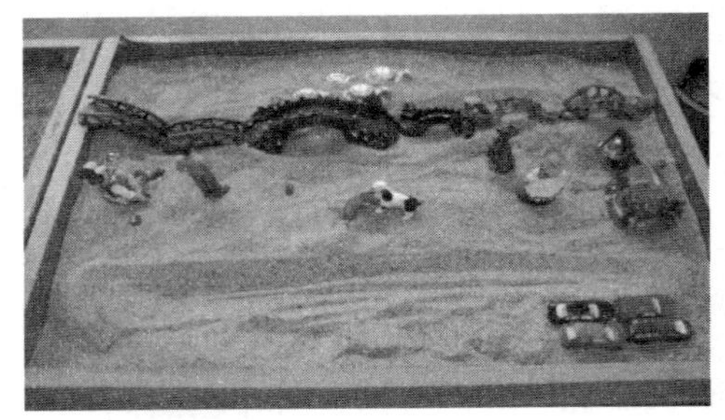

[사진 1] 동물과 마을

었다. 시간이 다 될 때까지 계속 자리를 바꾸기에, 이제 마무리하고 함께 사진을 찍어놓자고 했더니 좋다고 하였다. 마친 후에도 무언가 아쉬운 듯 자꾸만 모래 가장자리를 만졌다. 아동은 다리 위에 놓여 있는 금 거북이 네 식구를 설명하며 자신의 가족이 함께 행복하게 지냈으면 하는 소망을 표현하였다. 치료자는 아동이 자신의 내면을 안전하게 표현할 수 있도록 곁에서 지켜줌으로서 아동이 편안하게 감정 정화를 할 수 있도록 도왔다.

모래놀이에서 나타나는 모든 것은 여러 가지로 자기의 반영을 나타낸다.[27] 특히 모두에게 먹이를 주고 있는 모습의 [사진 2] 모래상자는 아동이 프로이드의 심리성적 발달이론에서 가장 초기인 구강기적 욕구부터 채워나가려는 모습으로 해석된다.[28] 아동은 모래놀이치료 과정을 통하여 심리적 욕구를 채워가며 상담시간 중 함께 존재해 주는 치료사에게 관계적 욕구를 표현하는 모습을 관찰할 수 있었다. 아동은 모래상자 안을 동물원이라며 장난감 피규어figure장 앞으로 가서 강아지 한 마리를 계속 만지작거리다가 통나무를 가운데 가져다놓고는 그

---

27 린다 호메이어·다니엘 스위니/황명숙 옮김, 『모래상자 기법』(서울: 학지사, 2007), 15.
28 이희영·성형림·김은경·박서원, 『인간심리의 이해』(서울: 시그마 프레스, 2013), 32.

[사진 2] 동물원

위에 강아지를 높이 올려놓았다. 아동은 통나무 위에 있는 강아지가 모두를 내려다 볼 수 있는 자신이라고 하였다. 아동이 모래놀이에서 자기를 중심에 두는 것은 삶의 질서와 의미를 회복하고자 하는 욕구를 뜻한다.[29] 이를 통해 그동안 부모와의 상호관계 부재, 남동생에게만 관심 있는 어머니로부터 소외되었던 경험을 극복하고자 하는 마음을 드러냈다. 또한 모래상자 안의 동물들이 모두 배가 고파서 수의사와 한 여자가 밥을 먹이고 있지만 유독 사냥꾼은 독 품은 가재를 죽이려하고 있다고 하였다. 독 품은 가재는 아동의 숨겨진 공격성으로 해석되며 이를 겨냥하고 있는 사냥꾼은 아동의 자아로써 공격성이 무의식적으로 올라오는 것을 억압하고 있는 것으로 보인다. 자신이 표현한 모래상자의 이야기를 풀어가는 내담 아동의 모습은 매우 진지하고 자신 내면 깊은 곳의 이야기들을 드러내는 모습이었다.

아동이 애착을 재형성하기 시작하는 상담 초기에는 아동이 퇴행을 하면서 부모가 아동의 어리광이나 고집스러움을 견디기 힘들어 하였다. 그러나 아동 부모는 놀이치료자와의 집중적인 부모 상담을 통해 자신들의 힘들었던 삶을 위로받고, 아동의 성장을 지탱해주고 안아줄

---

29 바바라 터너/김태련 외 옮김, 『모래놀이치료 핸드북』 (서울: 학지사, 2009), 82.

수 있도록 지지받았다. 부모에게는 자녀의 감정에 공감하고, 상호작용
할 수 있도록 부모자녀 관계 기술을 교육하여 부모가 자녀에게 사회적
관계 모델링이 되어 줄 수 있도록 격려하였다. 또한 부모가 아동의 긍
정적인 면을 찾도록 격려하여 아동을 향한 부모의 시각에 긍정적인 변
화를 주도록 하였다. 상담자는 이러한 부모의 노력과 아동의 열정으로
어려운 시기를 극복해 낸 치유 경험이 앞으로도 아동의 삶에서 힘이
되는 자산이 될 것이라고 부모를 격려하였다.

아동의 놀이치료 중기 단계는 6회기에서 15회기에 해당되며 칼프
의 모래놀이치료 발달 단계 중 두 번째 단계와 함께 적용된다. 칼프는
두 번째 단계를 투쟁의 단계라고 하였다. 이 단계에서는 성장과 발전
을 위해 대극적인 투쟁의 형태가 나타나며, 새로운 것이 드러나 기존
의 것과 투쟁에 의하여 새로운 질서를 만들어가는 등 격렬한 투쟁을
통한 성장이 출현함으로 붙여진 것이다.[30] 노이만은 이 시기를 세상
부모와의 분리 단계라고 하였다. 지금까지 동일체라고 믿었던 의존 대
상인 모로부터의 분리, 독립이 시작되는 것이다.[31] 말러는 이와 같은
단계에서는 이전의 공생 단계 즉, 아동이 부모와 충분한 친밀함을 경
험해야만 자율적으로 분화를 실천하기 시작한다고 설명한다. 이 단계
에서 아동은 상실 대상과 함께 했던 좋은 시절과 좋지 못했던 시절을
회상하며 애도한다.[32] 사례 아동도 자신의 삶에서 가족들과 좋지 않았
던 시절과 좋았던 시절을 통합하여 다음과 같이 모래상자에 표현하였다.

[사진 3]에서 아동은 놀이치료실에 들어서며 "엄마, 아빠가 미워죽

---

30 Dora Kalff, *Sandplay A Psychotherapeutic Approach to the Psyche* (Boston: Siego Press, 1980)
31 바바라 터너/김태련 외 옮김, 『모래놀이치료 핸드북』, 69-84.
32 존 패턴, 『목회적 돌봄과 상황』, 177.

[사진 3] 잡아먹히는 물고기들

겠어요!"라고 외치면서 부모는 자기를 쳐다보지도 않고 자기 말을 들어주지도 않는다고 하면서 단숨에 모래상자를 꾸몄다. 작은 물고기들이 큰 물고기들에게 잡아먹히고 있다면서 왼쪽 위에 까만 물고기는 동생이고 그 입속에 분홍 물고기가 자신이며, 아래쪽 하늘색 물고기가 엄마인데 엄마가 자신을 잡아먹고 있고, 그 옆에 악어는 아버지인데 역시 자신을 잡아먹고 있다고 표현하였다. 다른 물고기들은 그런 모습들을 그저 구경만 하고 있다고 하였다. 구경하고 있는 다른 물고기들을 가져다 놓을 때도 모래에 쑤셔 넣으면서 분노를 표현하고 있었다. 작은 물고기를 잡아먹는 고래들과 악어를 가져다 놓을 때에도 신경질적으로 팍팍 모래 위를 두드리는 모습에서 아동의 분노가 표현되었다. 아동은 영아기부터 부모로부터 사랑과 관심을 받지 못했고, 아동기에 다시 만난 어머니마저 동생에게 빼앗긴 상실의 상처가 모든 가족 물고기들에게 자신이 먹혀버리는 모습으로 모래상자 위에 표현되었으며, 마지막에는 자신을 먹었던 물고기 가족들에게 모래를 먹이며 분노를 표현하였다.

[사진 4] 엄마와 아기 거북이의 목욕

　아동은 일상에서 소외와 관계상실로 인해 억눌러 왔던 격노를 모래 상자 위에 마음껏 표현하며 카타르시스를 느꼈다. 특히 [사진 4]에서 아동이 표현 한 엄마 거북이와 아기 거북이의 목욕 장면은 아동이 손상되었던 자기를 응집된 자기로 회복해가는 모습으로 볼 수 있었다. 아동이 표현 한 모래 상자에서 울타리 밖의 세상이 공룡 전쟁 상황임에도 불구하고 본인인 아기 거북이와 엄마 거북이가 안전하고 평화롭게 함께 목욕하고 있다고 하였다. 이를 통해 아동이 어머니와 안정애착을 재경험할 수 있는 상황까지 준비되고 회복되었음을 보여준다.

　위의 아동이 치료사와의 안정애착 재경험을 통해 어머니와 안정애착을 회복해가는 과정은 인간 생존에 산소가 필수인 것처럼, 아동의 심리적 생존을 위해서도 타자와의 관계가 필수적이라는 것을 잘 보여준다.33 사례 아동은 부모의 부재와 방치로 인해 상호관계 경험이 제한적이었으며, 대인관계 경험에서의 기본 사회성 기술이 결여되어 있는 상황이었다. 아동은 놀이치료자와의 신뢰롭고 친밀한 상호관계 경험

---

33 Heinz Kohut, *The Restoration of the Self* (Madison: International Universities Press, 1977), 99.

을 통해 부모 상실감에 대한 상처와 슬픔을 겉으로 표현하고 아동의 부모도 상담을 통해 아동에게 안정애착을 다시 시도함으로써 아동은 치유되기 시작하였다.

마지막 단계는 16회기에서 20회기로 칼프 모래놀이치료의 세 번째 발달 단계에 적용된다. 칼프는 세 번째 단계를 적응의 단계라고 하였다. 무의식에서 자기가 생기기 시작하면서 삶의 질서와 의미를 재정리하게 되며 현실 또는 집단에의 적응을 경험하면서 치유와 변환의 과정으로 들어가게 된다는 것이다.[34] 노이만은 이 시기를 중심화라고 불렀으며, 초기 양육자와의 관계에서 새로운 질서가 생기면서 자연스럽게 자기가 표현된다고 보았다. 따라서 세계의 중심이 자기에게로 온다는 것이다.[35] 이 단계는 말러의 이론에서 제시된 분리-분화 과정의 마지막 단계와도 적용 가능하다. 이 단계에서는 어머니와 초기 공생 관계를 충분히 경험한 어린아이들이 어머니로부터 스스로 떨어져 독립적으로 지내는 경험을 하기 시작하고 관계의 범위를 넓히기 원하면서부터 발생한다.[36] 마지막 단계 기간 동안 아동은 치료자와의 안정애착 관계를 바탕으로 부모와의 애착이 안정되어 가면서 서서히 자신의 솔직한 감정을 부모에게도 표현하게 되었다. 그리고 산만함과 불안, 부모에 대한 미움과 분노에서 벗어나 안정감과 자신감, 의욕을 되찾게 되었다. 또 적극적이고 긍정적인 자기표현을 하게 되면서 또래 및 학교, 교회 활동에 잘 적응하게 되었다. 다음은 위와 같은 부모 상실 아동을 교회 공동체가 도와줄 수 있는 방법에 대한 시도로서 놀이를 여성신

---

34 김보애, 『모래놀이치료의 이론과 실제』, 43-45.
35 바바라 터너/김태련 · 강우선 · 김도연 옮김, 『모래놀이치료 핸드북』, 69-84.
36 존 패턴, 『목회적 돌봄과 상황』, 178.

학적 관점에서 적용한 '한-여성-놀이로서 성서 읽기'에 대하여 알아보겠다.

IV. 상실을 경험한 아동을 위한 여성신학적 놀이
목회상담 제안

여성신학적 입장은 인간의 고통을 더 잘 이해하기 위해서 개인 가족의 역사나 심리 내적 연구뿐만 아니라 그녀가 속해 있는 사회적 가치와 구조 속에서 이해되어져야 한다고 한다. 왜냐하면 인간의 고통은 그들이 속한 사회의 가치와 서로 연관 되어 있기 때문이다. 특별히 한국교회 내에서 힘없는 아동의 고통은 유교적 가치와 아동에 대한 전통적 신학이 아동의 생각과 행동에 영향을 미치는 데서 발생한다. 전통 신학에서는 부모에게 순종하고 효도하는 것이 아동의 덕목이다. 이러한 유교적 가치를 내면화한 어른들은 아동에게 자신들의 힘을 남용하게 되고 이러한 관계 속에서 아동들은 무능력함을 느낀다. 한국교회 안에 있는 아동에 대한 신학은 아동에게 필요 이상의 죄책감을 지니게 하는 경향성이 있다. 이는 아동의 시기가 하나님의 자녀라는 자아정체감 강조를 통해 높은 자존감을 형성하고 보호받아야 할 때임에도 불구하고, 죄책감으로 인해 아동 자신은 무능력한 존재helpless being라는 사실을 강조한다. 위와 같은 강조는 여성신학적 입장에서도 사회적 구성물로서의 어린이들을 보다 효과적으로 이해하고 돌보기 위해 재구성되어야 하는 부분으로 지적된다.[37]

---

37 최주혜, "어린이 돌봄에 대한 여성신학적 조명," 「신학과 실천」 39(2014), 307-327.

본 연구에서 사례 연구로 다루었던 아동은 여성이었다. 이 아동은 할머니와 함께 다니던 교회와 다시 부모님께 돌아와서 함께 다니던 교회 공동체와 성서로부터 상실의 상처를 치유해 줄 치유의 메시지를 경험하지 못하였다고 하였다. 이러한 상황에 대하여 여성신학자 정희성은 여성이라는 구체적인 성과 연관해 성서를 읽어나갈 때 여전히 성서는 여성을 위한 치유와 위로의 메시지가 절대적으로 부족하다고 지적한다. 또한 양적, 질적인 면에서 남성 인물들과 비교해 볼 때도 성서에서 자신의 삶을 주도적으로 살아간 여성의 자원은 매우 빈약하다고 한다.[38] 기존의 서구 여성신학자에 의한 성서 활용 방안은 기독교를 신앙하는 진실한 여성들의 논의임에도 불구하고, 실제 서구 유럽의 문화 배경을 전제하고 있다. 따라서 이들과 다른 문화에 살고 있고, 독특한 역사를 배경으로 하고 있는 한국교회 여성들의 구체적 삶과 상황을 반영하는 데 제한적이다. 그래서 한국 문화 속에서의 자기 존재, 한국의 종교문화, 또 다양한 한국의 역사적 경험을 존중하면서도 차이와 개별성을 존중하는 성서 읽기가 필요한 것이다.[39]

정희성은 한국적인 상황에서 상처받고 소외된 모든 연령의 여성들을 위하여 '한-여성-놀이로서 성서 읽기'를 제안한다. 그녀는 한국교회 여성의 재활과 생존을 위한 성서 읽기에서 중요한 것은 여성의 경험과 관점이 우선적으로 반영되는 성서 읽기여야 한다고 주장한다. 여기서 '한'은 다음의 세 차원을 포함한다. 첫째는 한(一), 즉 하나의 개별 여성의 읽기를 강조한다. 이전의 여성 중심적 관점이 여성이란 성을 보편화하고 남성과 대비되는 보편적 경험으로서 여성을 이야기했다

---

38 정희성, 『여성과 목회상담』 (서울: 이화여자대학교 출판부, 2011), 148.
39 앞의 책, 149.

면, 한(一) 여성의 읽기는 여성으로서 보편적인 경험을 공유하면서도 동시에 개인으로서 구체적이고 독특한 경험 사이의 긴장을 유지하는 읽기를 말한다. 둘째는 다중 정체성의 성서 읽기를 말한다. 순수한 한글로 한이란 또한 '크다, 많다(多)'의 뜻을 가지고 있다. 이에 기초할 때 한 여성의 성서 읽기는 여성의 다중적이고 복잡한 정체성의 현존에 개방되어 있는 읽기를 말한다. 인종, 연령뿐 아니라 수많은 방식의 다양한 정체성을 허용하며, 끊임없이 움직이는 자기정체성의 변화뿐 아니라 변화의 와중에 있는 주체로서의 읽기를 의미한다. 그렇기 때문에 타인들의 다양함과 복잡함, 그리고 변화에도 똑같이 개방되어 있다. 마지막으로는 '한'(韓), 즉 한국의 한국적, 종교적, 역사적 자원을 존중하는 성서 읽기이다. 한국이라는 문화 콘텍스트에서 살아온 자신을 인정하고 자각하고 존중하는 읽기다. 이는 오래된 한국 문화에 대한 원시적이고 자연적인 귀화가 아니라 현재 한민족이라는 정체성을 가지는 개별 인간이 다양한 문화자원을 활용하고 전복하는 자유를 의미한다.[40]

그 다음 '놀이'로서 성서 읽기란 무엇인가? 놀이란 정신분석학자 도날드 위니캇Donald Winnicott이 제안한 중요한 심리학적 개념이기도 하다. 위니캇은 『놀이와 현실』에서 강조하는 놀이의 치유적 특징에 대하여 놀이 자체가 치료 요법이라는 사실을 항상 기억해야 한다고 주장하였다. 그는 놀이를 통해 거짓 자아가 참 자아로 변화할 수 있으며, 자유로운 놀이 안에서 개인의 인격이 통합되고, 창조적인 삶이 유지된다고 하였다.[41] 놀이로서 성서 읽기 또한 비위계적이고 상호적인 관계 속에

---

40 앞의 책, 149-150.
41 도널드 위니캇/이재훈 옮김, 『놀이와 현실』 (서울: 한국심리치료연구소, 1997),

서 일어난다. 놀이 안에서는 어떤 이성적, 권위적 우월성도 존재하지 않으며 자유롭고 편안하다. 이는 '한-여성-놀이로서 성서 읽기'에도 적용된다. 그래서 성서 또한 놀이의 한 자원이며, 다른 자원에 의해 밀려날 수도 있고 경쟁 대상이 되기도 한다. 놀이 속에서 기독교의 모든 자원은 마치 조각 이불을 만들 때와 같이 한바탕 웃음 속에서 이루어진다.[42]

위니캇은 놀이란 내적 실재와 외적 실재의 연속성 위에 있고, 주관과 객관으로 지각되는 것 사이의 접경 위에 있다고 하였다.[43] 놀이로서 성서 읽기 역시 위니캇의 이해와 마찬가지로 객관적으로 지각된 실재와 주관적으로 지각된 실재를 연결시키며 인간의 창조성, 예술성, 치유가 이끌어지는 공간이며, 신적 존재와 의사소통을 돕고 하나님과의 통합과 인격이 발생하는 곳이라고 할 수 있다. 즉 '한-여성-놀이로서 성서 읽기'는 구체적으로 다양한 방식의 실험적 시도라고 할 수 있다. 무궁무진한 상상력이 다채롭고 무질서하게 연출되는 읽기이며, 마음 속 깊은 감정이나 욕망을 표출하는 읽기다. 여성적 글쓰기가 그 한 예일 수 있으며, 과거 역사적 자료, 그림, 음악, 성서 등 다양한 자원을 활용할 수 있다. 놀이로서 성서 읽기는 이들과 놀이하며, 행간과 행간사이의 읽기, 간격과 간격의 메시지를 읽어내는 유희이며, 질문의 한마당이다. 아무런 목표가 없어도 좋으며 아무런 의미를 찾아내지 않아도 된다.[44]

'한-여성-놀이로서 성서 읽기'는 성서를 희화화하거나 성서 해석의

<hr>

89-107.

42 정희성, 『여성과 목회상담』, 151.

43 도널드 위니캇/이재훈 옮김, 『놀이와 현실』, 87.

44 정희성, 『여성과 목회상담』, 152.

전문성을 약화시키기 위한 것은 아니다. 그보다는 끔찍한 경험 속에서도 좌절하지 않고 삶을 헤쳐 나가게 하기 위한 다양한 자원의 모색을 위해 시도된 것이다. 다말과 밧세바는 여성으로서, 또한 한 인간으로서 감당하기 힘든 경험을 일찍이 경험했다. 그러나 한-여성-놀이로서 이들을 다시 읽었을 때 이들은 자신의 삶을 포기하지 않고, 자기 앞에 놓인 삶의 경험에 매순간 자신을 개방했다. 이때, 공포스럽고 끔찍했던 경험이 축소되어 갔으며, 똑같이 의미 있는 좋은 경험들의 축적 속에 이들은 새롭고 주체적인 존재가 되어갔다. 상처 입은 여성들도 '한-여성-놀이로서 성서 읽기'를 통해 다말과 밧세바를 다시 만나며 피해 여성의 희미한 가능성이라도 붙잡고 한 걸음이나마 내디딜 수 있게 된다면 그것이 바로 성서에 기록된 하나님의 인간을 향한 핵심 메시지일 것이다.[45] 성서의 다말과 밧세바는 자신들의 공포스럽고 끔찍했던 경험을 포기하지 않고, 의미 있는 좋은 경험들의 축적 속에서 아픔을 개방하고 희미한 가능성을 붙잡았다. 따라서 부모 상실의 상처를 경험한 아동도 좋은 사역자나 상담사와 함께 '한-놀이로서 성서 읽기'를 통해 의미 있는 좋은 경험을 축적하고 치유된 삶을 살아갈 수 있는 가능성을 찾을 수 있다. 본 연구의 여아 사례도 아동의 언어인 놀이를 통해 상실의 아픔을 개방하고 목회상담자인 놀이치료사와 의미 있는 좋은 경험을 축적하여 삶의 희망을 찾기 시작한 사례이다.

---

45 앞의 책, 168.

V. 나가는 말

사회적으로 볼 때, 우리는 슬픔과 상실을 겪은 아동을 돕기 위한 과업을 효과적으로 수행하지 못했다. 우리의 아이들은 말할 것도 없이, 어른들 스스로가 상실의 문제에 직면하지 않으려 하기 때문에 우리 아이들이 상처받고 있는 것이다. 아이들을 보호한다는 명분 아래, 우리는 아이들로부터 정보를 차단시키고 이들에게 슬픔을 느낄 기회를 주지 않는다. 상실을 경험한 아이를 돕기 위해서는 아이가 느끼는 슬픔을 수용하고 상실의 다양한 측면들을 충분히 이해할 수 있도록 조명해 주는 것이 필요하다.[46]

최근 한국 사회에서 빈번하게 발생한 부모 상실 경험 아동들은 적절한 치유를 받지 못한다면 내면에 분노와 슬픔을 평생 안고 살아가게 된다. 이들의 상실 감정을 표현할 수 있도록 적절한 시기에 돕지 못한다면 남은 생애동안 억압된 감정들이 대인관계에 건강하지 못한 방법으로 표현되거나 스스로에게 다시 상처를 줄 수도 있다. 아동이 자신의 감정을 여과 없이 드러낼 수 있는 가장 보편적이고 쉬운 언어는 놀이이다. 따라서 본 연구에서는 상실을 경험한 아동을 위한 치유 방법으로써 놀이치료를 제안하였다. 특히 상실을 경험한 아동의 치유를 돕기 위해 먼저 이들을 심리학적으로 이해하였다.

대상관계 심리학자 마가렛 말러_{Margaret S. Mahler}는 유아가 안정적으로 발달해가기 위해서는 부모의 사랑과 양질의 돌봄이 제공되어야 한다고 하였다. 부모 돌봄의 질이 좋으면 좋은 대상의 내재화와 보상이 이

---

46 조디 J. 피오리니 · 조디 A. 뮬렌/하정희 옮김, 『슬픔과 상실을 겪은 아동 · 청소년 상담 및 사례』, 36.

뤄지고, 이로 인해 좋은 대상을 상실하는 것에 대한 불안을 누그러뜨릴 수 있다. 부모의 돌봄을 통해 주어지는 긍정적 경험이 충분하지 않으면 유아의 정서 조직은 우울적 자리에서 고착되고, 병리적 결과를 가져올 수 있다.[47] 따라서 상실을 경험한 아동이 치유되려면 좋은 대상으로부터 정기적으로 일정 기간 동안 따뜻한 돌봄을 받는 것이 가장 중요하다. 따뜻한 돌봄은 아동으로 하여금 자신에게 상처를 준 상실 대상이 좋은 면과 나쁜 점을 모두 포함한 전체 대상이라는 현실을 받아들이고 통합적인 자리로 나아가도록 도와주는 치유 과정이 될 수 있다.

특히 사랑하는 이들로부터 소외되어 상실을 경험한 아동은 자신의 아픈 경험을 언어로 모두 표현할 수 없다. 그러나 이들에게 놀이치료를 받을 수 있는 경험이 주어지면 놀이치료실 안에 있는 모든 놀이감은 이들의 언어가 된다. 본 연구는 상실을 경험한 아동이 크리스천 놀이치료사와의 안정 재애착 경험을 통해 상실의 상처를 표현하고 부모와의 관계를 회복하여 행복한 삶을 되찾는 과정을 실제 놀이치료 사례로 소개하였다. 아동 부모와의 상담에서 아동을 10년간 거의 보지 않고도 방치할 수 있었던 이유가 무의식적으로 내재해 있는 유교주의 가부장제 남아선호 사상의 영향 아래에 있었음을 짐작할 수 있었다. 이 사례에서처럼 아동은 본인의 주거조건에 대한 결정권조차 스스로 가지고 있지 못하기 때문에 이들의 고통은 부모와 사회의 지배적 가치에 의해 영향을 받는 경우가 많다. 또한 부모로부터 소외된 아동은 할머니가 열심히 다니는 교회에 함께 다녔지만 교회 공동체로부터도 소외되었다. 아동은 자신을 위로해 줄 대상을 찾아보았지만 아무도 없었다. 따

---

47 프랭크 써머즈/이재훈 옮김, 『대상관계 이론과 정신병리학』 (서울: 한국심리치료연구소, 2004), 135-136.

라서 본 연구는 이러한 교회 공동체의 한계를 극복하고 놀이와 성서를 통한 치유를 제안하기 위해 마지막 장에 '한-여성-놀이로서 성서 읽기'를 소개하였다. 그러나 이는 성서를 희화화하거나 성서 해석의 전문성을 약화시키기 위한 것은 아니다. 그보다 상실 경험 아동이 좌절하지 않고 삶을 헤쳐 나가게 하기 위한 다양한 성서 자원의 모색을 위해 시도된 것이다.

성서 이야기에서 아동에게 가장 힘을 줄 수 있는 이야기는 예수 이야기일 것이다. 어린 아이들은 학대당하거나 방치되기 전에는 본래 순전한 존재들이며 신약에서는 하나님 나라의 주인들로서 묘사되었다. 즉 어린 아이들은 하나님 나라의 가장 이상적인 구성원으로 제시되었다. 예수가 가르치는 이상적인 제자도란 어린 아이와 같은 권력의 부재에서 시작되기 때문이다.[48] 아동은 예수가 사역할 당시에도 권력의 가장 하위에 머물렀었으나 예수의 초대로 하나님 나라를 가진 자가 되었다. 예수는 아동, 즉 어린이들에게 하나님 나라가 속하였다고 선포함으로써 소외된 어린이들을 무리 가운데로 초대하였다. 예수가 어린이에게 직접 보인 행동은 그 당시 어른들로 하여금 소외된 어린이를 귀하게 여기도록 만들었고 이를 통해 어린이들이 자유로워지도록 하였다. 예수는 하나님 나라가 당시 사회의 네트워킹 중 가장 하위에 머물렀던 어린이에게 속했다고 함으로써 어린이를 하나님 나라의 멤버십을 위한 하나의 패러다임으로 선포하였다.[49] 예수는 하나님 나라 이

---

48 캐롤 A. 뉴섬·샤론 H. 린지/이화여성신학연구소 옮김, 『여성들을 위한 성서주석』 (서울: 대한기독교서회, 2012), 64.

49 John T. Carroll, "What then will this child become: perspectives on children in the Gospel of Luke," ed. Marcia J. Bunge, *The Child in the Bible* (Michigan: William B. Eerdmans Publishing Company, 2008), 178.

야기를 가져옴으로써, '작은 자'인 '어린이'도 우리에게 가까이 데려와 주었다. 그에게서 '작은 자'는 무엇보다도 '어린이'라는 인격 안에서 구체화되었다. 예수에게 '어린이'는 바로 '작은 자'의 인격적, 구체적 모델이었다. 예수 그리스도는 하나님 앞에서 그의 제자들에게 작은 자, 어린이로서 살아가기를 촉구하였다. 예수의 '어린이 신학'의 특징은 바로 이러한 관점 아래서 가장 확연하게 드러났다.[50]

본고에서 언급한 상실을 경험한 아동들 또한 이 땅에서 가장 소외되고 작은 자들이다. 그러나 예수는 천국이 이러한 아동들에게 속하였다고 이야기하였다. 따라서 상실을 경험한 아동들이 자신의 언어인 놀이로 상처를 자유롭게 이야기하고 내면에 예수의 사랑을 회복해가는 과정이야말로 그들의 인생에서 천국을 경험할 수 있는 선물이 되어 줄 수 있다. 또한 부모 상실의 고통 속에 있는 아동에게 하나님은 영적인 부모로서 임재하길 원하신다. 그러나 아동이 스스로 영적 부모인 하나님을 깨닫기에는 낳아준 부모로부터 받은 상실의 상처가 너무 크기에 건강한 하나님 표상을 갖기가 힘에 겹다. 그래서 이들에게는 하나님과의 관계 표상이 되어줄 따뜻한 다른 대상들이 꼭 필요하다. 그 대상 역할은 선생님, 사역자, 상담자, 이웃 등 여러 대상들이 감당해 줄 수 있다. 그러므로 부모 상실의 상처를 경험한 아동들에게 따뜻한 대상과의 만남과 초대는 구원의 메시지가 될 수 있다. 지금도 우리 가까이에서 상실의 고통으로 힘겨워하는 아동의 울음소리가 들리는지 귀 기울여 보자. 우리가 먼저 따뜻한 손을 내밀 수만 있다면 이들은 다시 이 세상을 살아낼 힘을 얻을 수 있을 것이다.

---

50 이신건, 『어린이 신학』, (서울: 한들, 1998), 92.

김광웅 · 유미숙 · 유재령. 『놀이치료학』. 서울: 학지사, 2011.

김보애. 『모래놀이치료의 이론과 실제』. 서울: 학지사, 2003.

김유숙. 『가족치료 이론과 실제 제3판』. 서울: 학지사, 2015.

______. "부모와의 이별이 아동의 정서 발달에 미치는 영향." 「여성연구논총」 28(2013). 1-20.

김현주 · 김혜숙 · 박숙희. 『심리검사의 이해』. 서울: 교육과학사, 2009.

도널드 위니캇/이재훈 옮김. 『놀이와 현실』. 서울: 한국심리치료연구소, 1997.

로버트 번스/김상식 옮김. 『동적 집-나무-사람 그림검사』. 서울: 하나의학사, 2001.

린다 호메이어 · 다니엘 스위니/황명숙 옮김. 『모래상자기법』. 서울: 학지사, 2007.

릴리 핀커스/이인복 옮김. 『죽는 이와 남는 이를 위하여』. 서울: 홍익제, 1979.

바바라 터너/김태련 외 옮김. 『모래놀이치료 핸드북』. 서울: 학지사, 2009.

송영혜. 『놀이치료 원리』. 대구: 대구대학교 출판부, 1997.

신민섭 외 서울대학교 어린이 병원 소아청소년 심리 학습 평가실. 『그림을 통한 아동의 진단과 이해』. 서울: 학지사, 2006.

에릭 에릭슨/송제훈 옮김. 『유년기와 사회』. 서울: 연암서가, 2014.

______/윤진 · 김인경 옮김. 『아동기와 사회』. 서울: 중앙적성출판사, 1988.

이소희 · 도미향 · 김민정 · 서우경. 『그것은 아동 학대에요』. 서울: 동문사, 2002.

이숙 · 최정미 · 김수미. 『현장중심 놀이치료』. 서울: 학지사, 2003.

이신건. 『어린이 신학』. 서울: 한들, 1998.

이희영 · 성형림 · 김은경 · 박서원. 『인간심리의 이해』. 서울: 시그마 프레스, 2013.

정 진 · 성원경. 『유아놀이와 게임활동의 실제』. 서울: 학지사, 1994.

정희성. 『여성과 목회상담』. 서울: 이화여자대학교출판부, 2011.

조디 J. 피오리니 & 조디 A. 뮬렌/하정희 옮김. 『슬픔과 상실을 겪은 아동 · 청소년 상담 및 사례』. 서울: 학지사, 2014.

최정윤. 『심리검사의 이해』. 서울: 시그마프레스, 2012.

최주혜. "어린이 돌봄에 대한 여성 신학적 조명." 「신학과 실천」 39(2014). 307-327.

최선재 · 안현의. "상실 경험의 의미 재구성과 심리적 적응의 관계." 「상담학 연구」 14(2013). 323-341

캐롤 A. 뉴섬 · 샤론 H. 린지/이화여성신학연구소 옮김. 『여성들을 위한 성서주석』. 서울:

대한기독교서회, 2012.

케빈 오코너/송영혜 외 옮김. 『놀이치료 입문』. 서울: 시그마프레스, 2003.

퍼거스 허지스/유미숙 · 박영애 · 유가효 · 방은령 · 장현숙 · 천혜숙 옮김. 『놀이와 아동발달』. 서울: 시그마프레스, 2012.

프랭크 써머즈/이재훈 옮김. 『대상관계 이론과 정신병리학』. 서울: 한국심리치료연구소, 2004.

한나 시갈/이재훈 옮김. 『멜라니 클라인: 멜라니 클라인의 정신분석학』. 서울: 한국심리치료연구소, 1999.

홍은주 외. 『놀이치료: 기법과 실제』. 서울: 창지사, 2011.

하세가와 히로시/김선영 옮김. 『병약한 아이를 위한 심리요법』. 서울: 샘터, 1994.

Dora Kalff, *Sandplay A Psychotherapeutic Approach to the Psyche*. Boston: Siego Press, 1980.

Garry L. Landreth, *Play Therapy: The Art of the Relationship*. Indiana: Accelerated Development Inc. Publishers, 1991.

Heinz Kohut, *The Restoration of the Self*. Madison: International Universities Press, 1977.

John T. Carroll, "What then Will This Child Become: Perspectives on Children in the Gospel of Luke," ed. Marcia J. Bunge, *The Child in the Bible*. Michigan: William B. Eerdmans Publishing Company, 2008.

Judith Stillion · Hannelore Wass, "Resources for Ministry" in *Death and Dying*, eds. Larry A. Platt · Rogers G. Branch. Nashville, TN: Broadman, 1980.

Kubler-Ross, *Death: The Final Stage of Growth*. New York: Touchstone, 1975.